fig.s de Bonasone

ACHILLIS BOCCHII BONON. SYMBOLICARVM QVAESTIONVM DE VNIVERSO GENERE QVAS SERIO LVDEBAT LIBRI QVINQVE.

CONDICTIO

ATTENDE LECTOR OPTIME,
SI FORTE QVID CONTRA PATRVM
DECRETA SANCTORVM PIA,
FACTVMVE DICTVMVE HIS LIBRIS,
INFECTVM ID, INDICTVMVE SIT.

SACROSANCTA IVLI.III. PON. MAX.
LEGE CAVTVM EST
NE QVIS HOC POEMA AVTORE INSCIO
INVITOVE DE CAETERO IMPRIMERE
NEVE VENALE HABERE
VSPIAM AVDEAT.

BONONIAE
IN AEDIB. NOVAE ACADEMIAE
BOCCHIANAE.
M. D. LV.

IVLIO . III . PONT . MAX.

HIC PONTIFEX EST IVLIVS TER MAXIMVS
QVI OMNES BEARE VNVS
SCIT , ET VVLT,
ET POTEST.

BEATVS est, nullo addito malo in bonis,
Et maximis illis quidem, non corporis
Mortalibus, sed mentis immortalibus,
Erectus, & mirabilia calcans videt ,
Qui neminem, quo se uelit mutarier,
Qui parte ea hominem existimat sola, qua homo est,
Qui semper vtitur magistra alma, optima
Natura, ad illiusq; leges inclytas
Componitur, sic viuit, ut diuinitus
Praescripsit ipsa, porrò cui bona illa excutit
Vis nulla: qui conuertit in bonum mala,
De rebus incorruptè, & aptè iudicans,
Intrepidus, inconcussus. hunc si vis mouet
Fortè aliqua, nil perturbat, in quem si potens
Fortuna telum quod habuit nocentius
Maiore vi intorsit, ciet, non vulnerat .
Hic Pontifex est IVLIVS *ter maximus,*
Qui omnes beare vnus scit, & vult, & potest .
Beabit is Academicam Domum quoque.

IVLIVS PAPA III.

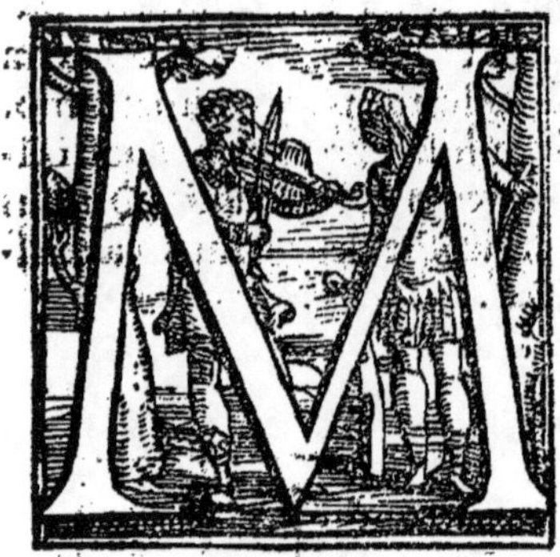

OTV proprio &c. Accepimus dilectum filium Achillem Bocchium Equitem Bononien.& sacræ Aulæ nostræ Lateranen. Comitem Palatinū Bononiensis Historiæ conditorem,& honestarum artium in Bononiēsi Academia professorē eximium, cōposuisse plures libros Symbolicarum Quæstionum carmine cum suis affigurationibus pulcherrimis in æs incisis, opus sanè non iocunditate solum,& utilitate, sed dignitate etiam maxima commendatissimum, unde studiosi omnes bonarum,& honestarum artium uberrimos,& suauissimos fructus percipere ualeant, libros præterea eosdem, eiusdem Achillis Bocchii iussu, Bononiæ in ædibus suis imprimi formulis ahæneis cœpisse, ut ad commune uniuersæ Reip. literariæ commodum & ornamentum ex publica descriptione repræsententur: cupere tamen ne infra quindecim annos ab alio quoquam imprimi, uel uendi possint absque ipsius Achillis, eiusue hæredum,& successorum licentia. Nos igitur attendentes præmissa ad beneficium utilitatis publicæ pertinere, neque sine maximis sumptibus hæc fieri posse, ac eundem Achillem specialibus fauorib. & gratiis prosequi uolentes. Motu proprio,& ex certa scientia eidem Achilli huiusmodi libros siue opera Symbolicarum Quæstionum Bononiæ & alibi ubicunque sibi uidebitur imprimendi, seu ab aliis imprimi faciendi ac uendendi seu uendi faciendi liberam facultatem indulgemus ac licentiam,& nihilominus uniuersis & singulis Stāpatoribus, sculptoribus, Bibliotechariis,& aliis quibuscūque, cuiuscunque dignitatis uel officio fungeñ. per præsentes in uirtute sanctæ obedientiæ.& sub excommunicationis latæ sententiæ ac amissionis librorum & artificii huiusmodi ac ducentorum ducatorum auri de camera pro medietate cameræ Apostolicæ & pro altera medietate eidem Achilli eiusq̃ue hæredibus ac successoribus irremissibiliter loco damnorum applicādis pœnis pro qualibet uice per quenlibet contrafacientem ipso facto incurrendis quindecim annis proxime futuris durātibus audeat uel præsumat absque expressa ipsius Achillis uel eius hæredum,& successorum licentia librum seu opus huiusmodi imprimere, aut imprimi facere, aut ab aliis impressum tenere uendere, seu uēdi facere, districtius inhibemus.& ita per quoscunque iudices,&c. Iudicandum fore sublata,&c. Irritum,&c. Decernimus de gratiā speciali mandantes etiam sub eisdem pœnis uniuersis & singulis Legatis,& Vicelegatis,& aliis quibuscunque iudicibus in terris Romanæ Ecclesiæ mediate, vel immediate subiectis, Quatenus cum pro parte euisdem Achillis,& successorum fuerint requisiti eidem Achilli, ac successoribus in præmissis efficacis defensionis præsidiis assistentes faciant ipsum Achillem eiusque successores præfatos concessione & indulto huiusmodi pacifice frui,& gaudere non permittentes contra prædicta aliquid fieri per quas eius uidebitur sententias censuras & pœnas cum facultate aggrauandi,&c.Inuocato. &c. auxilio brachii secularis . Volumus autem præsentis nostri Motus proprii solam signaturam sufficere,&ubique fidem facere in iudicio uel extra etiam si uidebitur absque registratura constitutionibus & ordinationib. Apostolicis statutis,ac ptiuilegiis quoque,& indultis ac literis Apostolicis quibusuis aliis etiam Motu proprio &c. concessis & innouatis. Quibus omnibus tenores &c.pro expressis habentes latissime derogamus cæterisque contrariis non obstan. quibuscunque &c.

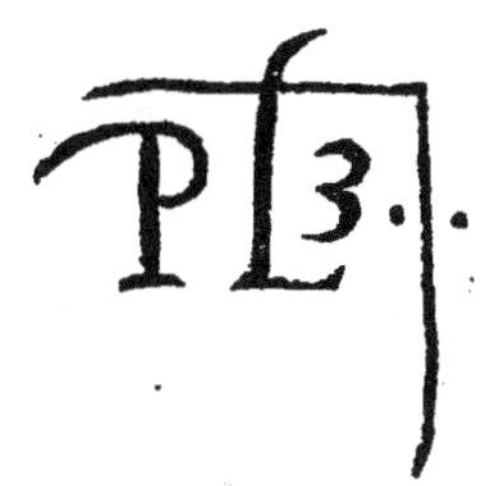

CHRISTIANISS. REGIS.

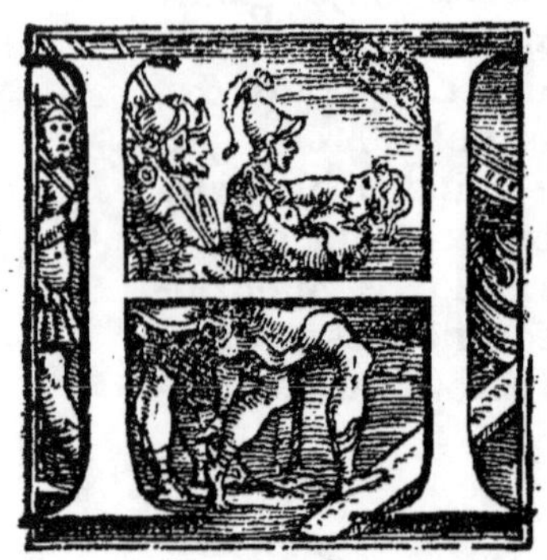

HENRY par la grace de dieu Roy de France, Au preuoest de Paris, Seneschal de Lion, tholouse, & a tous noz autres baillifz, Seneschaulx, Iusticiers, Officiers, ou leurs lieutenans & a chascun deuxz, si comme a luy appartiendra. Salut. Nostre cher & bien ame Achilles Bocchij gentilhomme de Boulongne la grasse, Nous a faict exposer, que auec grãt trauail & peine, Il a compose certain liure, que soubz son nom il a faict imprimer, & Icelluy diuise en cinq liures, auec les figures, soubz le tiltre Symbolicarum quæstionum de uniuerso genere, le quel liure, sil lexposoit en uente, Il doubte que autres imprimeurs le uoulsissent pareillement imprimer, ou faire imprimer. Et que par ce moy en, il feust en uoye de perdre ses fraiz & estre frustre de ses labeurs. si par nous ne luy estoit surce pourueu de nostre grace humblement requerant i celle. Inclinans liberallemẽt a la quelle requeste du dict suppliant, ne uoullans le merite de ses labeurs, luy estre tollu ne le recouurement de ses denyers fraiz & mises luy estre empesche. Pour ces causes & autres a ce nous mouuans, A icelluy exposant, de nostre grace speciale plaine puissance & autorite Royale, Auons donne & octroye, donnons & octroyons, par ces presentes, preuilleige, conge, licence, & permission d'imprimer, faire imprimer, & mectre en uente le dict liure cy dessus mencionne, faisant inhibitions & deffences, a tous autres libraires & imprimeurs, & autres quil appartiendra de non imprimer ou faire imprimer ne mestre en uente, le dict liure sans le gre & consentement du dict suppliant, iusques au temps & terme de dix ans prochainement uenans, en suyuans & consecutifz. A commancer au iour, & date que le dict liure sera acheue d'imprimer, Sur peine de confiscation du dict liure, & dadmende arbitraire. Si uous mandons & a chascun de uous endroict soy et si comme a luy appartiendra, que le dict suppliant uous faictes souffrez & laissez iouyr, & user plainement & paisiblement de nostre dict presente preuilleige, conge, & permission, & de tout le contenu cy dessus. Laisans & faissans cesser tous troubles & empeschemens au contraire de ce faire uous donnons & a chascun de uous plain pouuoir & puissanse, Car tel est nostre plaisir. Donne a Bloys le xxix me iour de Ianuier. Lan de grace mil cinq cens cinquante cinq. Et de nostre regne le neufiesme.

PAR LE ROY EN SON CONSEIL.

LVRAVLT

PAVLO IIII. PONT. MAX. ET OPT.

Maxima de toto genere hæc tibi, & optima PAVLE
Debentur, qui ſcis, uiſq; iuuare bonos.
Ocia te hinc ſperant præclaris artibus omnes
Numine facturum, ac nomine digna tuo.
Tertius hæc iuſſit me ludere ſeria PAVLVS,
Vt foret humanis certa medela animis.
Ac uelut in tabula aſpicerentur uitæ utriuſq;
Dogmata, quæ faciunt morte carere homines.

DO tibi, quò mihi des aliquid mage, quàm nihil; abs te
Non nimium, neque Nil: sed peto quod satis est.
Id satis est, tua quod virtus, Pietasq;, fidesq;,
Atque Amor erga omnes iusserit eximius.
Est mihi mox plenis virguncula nubilis annis,
Iure suo, & meritis filia chara Patri.
Prospicienda illi Dos nostro stemmate digna,
Nil non sperandum te auspice, teq; duce.
Res mi angusta domi: tibi res Augusta merendo
Iam potes ipse tui nos memores facere.
Et quia fortasse addubitas, ut paucula si des,
Ne uoto possis sat facere ipse meo,
Vnde aliquid damni faceres, centena quibusq;
Pro denis statuo accepta referre tibi.

A. BOCCHIVS CLIENS SERIO
LVDEBAT. BONONIAE NONIS
APRILIB. MDLVI.

ACHILLIS BOCCHII BONON. SYMBOLICARVM QVAESTIONVM LIBER I.

ALBERICI LONGI SALENTINI

Tityrus Ausonij natus propè littora Minti,
Quo sene non Musis charior alter erat.
Ante diem lethi affixis Heliconis in antro
Hæc calamis, tremulo pollice uerba notat,
Tityrus hos calamos Phœbo moriturus, & omni
Deposuit Charitum, Pieridumq́ choro.
Multi hos Damœtæ, multi nitentur Amyntæ
Auferre: at nostros seruet Apollo pater.
Quandocunq́ tamē musa petet auspice uestra hæc
Antra nepos, hæres Bocchius esto meus.
Annuit his uotis Phœbus, tibi Tityre Musis
Depositos calamos Bocchius unus habet.

TIRESIAE FOSCARARII.

Delectas alto ingenio, studioq́ꝫ frequenti
Aspice quas genius prompsit Achillis opes:
Siue quis inuentis animum, seu flectere pictis
Artificum signis, carminibusq́ꝫ uelit:
Hæc natura sagax longè admiratur, & ultrò
Se uictam, fractis uiribus, ingemuit.
Elige quod mauis, nanque hic comprendere nõ est.
Quod uotis poßit displicuisse tuis.

ΕΙΣ ΤΑ ΣΥΜΒΟΛΙΚΑ ΤΟΥ ΑΧΙΛΛΕΩΣ ΒΟΚΧΙΟΥ, ΑΝΔΡΟΣ ΕΝΔΟΞΟΥ, ΕΓΚΩΜΙΟΝ ΤΟΥ ΙΩΑΝΝΟΥ ΒΑΠΤΙΣΤΟΥ ΚΑΜΩΤΙΟΥ ΑΣΟΛΑΝΟΥ.

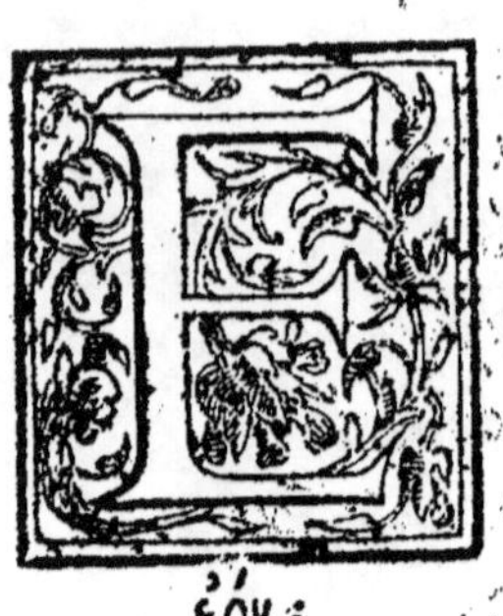

Ἔκ ποθεν οὐρανόθεν, καὶ ἀπ' αἰγλήεντος ὀλύμπου
Ἑρμοῦ ἐοῦσα γόνος συμβολικὴ σοφία.
Ποῦ κέκρυπτο τοσόνδε χρόνον πολὺ φίλτατον ἡμῖν
Ὦ τέκος, ὦ σεμνῆς Παλλάδος ἀπωτὶς ἐόν;
Ἦ ῥά σ' ἐν ἀμβροσίῃ κάτεχον θεοὶ οὐρανίωνες,
Καὶ νῦν δειλοῖσιν σ' ἐκδιδόασι βροτοῖς;
Ἢ μοῦσαι σοῦ τὴν παρνάσσιον ἄντρος ἔχουσαι
Πέμπονται λαμπροῖς ἀνδράσιν ὠφελίμην;
Οὐ μόνον ἀνδρὸς ἔσαν σοφοί, οἴομαι, ὁππότε καὶ σὲ
Δεξαμένων αὐτῶν χρύσεος ἔσκε βίος.
Ἀλλὰ θεοὶ πάντως εὐδαίμονες ἄστρα λιπόντες
Πολλάκις ἀνθρώπων ναιετάοντο πόλεις.
Ἀλλ' ὅταν εἰσέπεσον θόρυβοι πόλεμοί τε μάχαι τε,
Σμερδαλέαι δ' ἔριδες, νείκεά τ' ἀργαλέα,
Οὐρανὸν εἰσανιόντες ἔβαν ποτὶ δώματα πατρὸς,
Ποινὰς δ' ἀνθρώποις ἔλλιπον ἀφροσύνας.
Καὶ γὰρ ἀλιτρόντας μακάρους εἰς ὦπα ἰδέσθαι
Οὐ θέμις ἀλλήλους, οὐδὲ φιλεῖν καὶ ὁρᾶν.
Ταῦτ' ἦν, ἀλλά τε πολλὰ κατὰ χθόνα πουλυβότειραν
Καλὰ παρῆν, ἦσαν τρεῖς ἅμα αἱ χάριτες.
Αἵ δ' ἀρεταὶ ξύμπασαι ὁμοῦ διάγοντο χορείας,
Καὶ Θέμις εἰρήνην εἶχε, καὶ ἡσυχίην.
Καὶ σὺ χαριζομένη γαῖαν διέλαμπες ἅπασαν.
Πᾶσι τε παντοδαπὴν ἀγλαΐην ἔφερες.

Ὦ σοφίη σώζουσα πόληας, σώζουσά τε λαούς,
χαῖρε φίλη, πάντας καὶ δίδου εὐφροσύνας·
Καὶ δὸς σωφροσύνην τε, καὶ ἡσυχίην ἐρατεινήν,
Πλοῦτον, καὶ δόξαν, μυρία τ' ἄλλ' ἀγαθά·
Ὅστις γὰρ συμβάλλει, ὅπως βουλεύεται ἔργα
Ἀνθρώπων, καὶ πῶς ἔρχεται οὐρανόθεν.
Οὗτος ἂν ὠκεανόν, πᾶσάν τε διέρχεται αἶαν,
Τίμιος, εὐδαίμων, ὄλβιος ἀσφαλέως.
Οὗτος ἂν ἀνθρώποις αὐγὴν ἐς πείρατα γαίης
Πέμπει ἀμ' ἐς χώρην τηλόθεν ἀλλοδαπήν·
Οὗτος ἐν ὑψηλῷ μακάρων παρὰ πατρὶ κάθηται
Ὑψιμέδοντι, ἐὼν καίπερ ἐπιχθόνιος.
Ἀλλ' ἄγε μοῦσα λίγεια ἐπιφαυσκέμεν εἴλεο γ' ἡμῖν,
Πῶς αὕτη σοφίη πέμπεται ἐκ θεόθεν.
Καὶ σὺ γὰρ οὐκ ἀέκητι θεῶν κατέβησας ὀλύμπου
Ὦ σοφίη πάντων κτῆμα βεβαιότατον,
Φασὶ γὰρ ἀθανάτοις Δία πάντοτε συγκαλέσαντα
Πρὸς πάντας λέξαι τὸν πτερόεντα λόγον·
Κέκλυτε μεῦ πάντες τε θεοί, πᾶσαί τε θέαιναι,
Ὄφρα μάθητε, ὅπως ἔσσεται ἔργα τάδε.
Καὶ γὰρ πάντες ἴσασι θεοί, τοὶ ὄλυμπον ἔχουσι,
Ὡς ἀεὶ ἀνθρώπων εὖ πεφίληκα γένος·
Ἄνδρας δ' εὐσεβέας μᾶλλον πεφιλημένοι ἡμῖν,
Εὖ ἐργαζόμενοι πατρίδας, ἠδὲ πόλεις.
Ἴστε καὶ ἀνθρώποις κακοδαίμονας, ὡς ὅταν αὐτοὺς
Τιμωροῦμαι, ἑλὼ καὶ φρένα καὶ σοφίην·
Αὐτίκα δ' ἀφρονέοντες, ἀπολλύμενοι τ' ἀλάληνται.
Ἐμπίπτωσι κακὸν μέχρις ἂν ἐς ζοφερόν.
Ὥστ' ἂν ἐγὼ καλεσδὼν σύμπαν γένος ἀνθρώπειον
Σύμπαν ἀμαρτωλόν, πάντα τε μαινόμενον,
Πᾶσιν τοῖσι βροτοῖς, πᾶσιν βασιλεῦσι ζηλωθεὶς
Μυρία τὸν πρόσθεν ἄλγε' ἔθηκα χρόνον.

Καὶ τότε δὴ πρόρριζα νεηκῶς ἀπολέσθαι ἔμελλον
Ἄνθρωποι τῆς μεγάλου μήνιος ἐκ συμφορᾶς.
Ἀλλ' ὑμεῖς προσπίπτοντες ἐμοῦ πρὸς γούνατα πάντες
Ἐγνάμψατε λιταῖς τὴν φρένα χωσαμένην.
Αὐτίκα δὴ τότ' ἐγὼ βουλευσάμενος τάδε εἶπον,
Οἰκτείρων βροτέην πᾶσαν ὁμοῦ γενεάν,
Μή γ' ἄχνυσθε θεοί, θνητοὺς ἐλεοῦντες ἅπαντας
Φθειρομένους, δεινῶν ἔσχατα πεισομένους.
Καὶ γὰρ ἐγὼν εἴκων τοῖς νῦν βουλεύμασιν ὑμῶν
Ἀνθρώποις σώζειν αὖτε μάλιστ' ἐθέλω.
Ὕστερον ἀλλὰ χρόνου τετελεσμένον ἔσσεται ἔργον
Τοῦτο, καὶ ἐλλάμψει δὴ τότε σωφροσύνη.
Δὴ τότ' ὅταν μεγάλοι, δεινοὶ δύο ἄνδρες ἔσονται
Πολλοῖς ἀνθρώπων ἔθνεσιν ὠφέλιμοι.
Ὧν ἕτερος πολλὸν πεφιλημένος ἐννέα μούσαις
Τὴν ὄπα τὴν λιγυρὰν πέμψει ἀπὸ στόματος.
Ἀλλ' ἕτερος πάντων τε θεῶν, πάντων τ' ἀνθρώπων
Ἔξοχα σωφρονέων ἔσσεται ἀρχιερεύς.
Νῦν ταῦτ' ἐστὶ θεοί, καὶ νῦν τάδε πάντα τελεῖται.
Καὶ βούλευμα ἐμὸν νῦν τετέλεσται ἅπαν
Ἤλυθεν εὐδόκιμος, δεινός, μέγας ἤλυθεν ἀοιδός.
Κτησάμενος φήμην, οὐράνιόν τε κλέος.
Βόκχιον οἱ θνητοὶ πάντες καλέουσιν ἀχιλλῆ,
Σχήματα συμβολικῶν πολλὰ γράφοντα λόγων.
Τοῦτον καὶ ῥητῆρ' ἔμμεναι πρηκτῆρα καὶ ἔργων
Γίγνεσθαι Φοῖνιξ ἐξεδίδασκε σοφός.
Τῷ δ' Ἑλικωνιάδες μοῦσαι, καὶ Φοῖβος Ἀπόλλων
Δῶκεν ἀοιδούσης ποικίλα πλῆκτρα λύρας.
Τοῦ καὶ ἀπὸ στόματος μέλιτος γλυκίων ῥέει αὐδή.
Ἡ δὲ σταζομένη πάνσοφος εὐεπίη.
Ἄλλος δ' αὖτε θεοῖς ἐναλίγκιος, ἰσόθεος φώς.
Αὐτοκράτωρ ἱερεύς, πᾶσιν ἐπικρατέων.

Ὃν, θεὸν ὡς τίουσιν ὑπ' ἠοῦ τ' ἠέλιόν τε
οὐρανίης ἀρχῆς κλεῖδας ἔχοντα μόνον.
Παῦλος εὐφρονέων ἱερὴν Φρωνήσιος ἀρχὴν
Εὐθύνει, τοῖον τ' οὔνομ' ἔθεντο βροτοί.
Ἡμεῖς δ' ἀθάνατοι πάντες καλήσκομεν αὐτὸν
Φροντιστῆρα μέγαν, καὶ σοφὸν ἀρχιερῆ.
Τοῖον δ' ἄνδρα ἐγὼ πάντων πεφίληκα μάλιστα,
ὅσσοι ἀφ' ἡμείων εἰσὶ διοτρεφέες.
Καὶ διό περ καλὰς πέμψω φρένας ἀνδρὶ ἐκείνῳ;
Εἰσκενίην κύκλον μέχρις ἂν αἰθέριον.
Τοὔνεκα μὲν θέλομεν θεὸν ὡς πάντεσσιν ἀνάσσειν,
Αὐτῷ θαυμάσιον καὶ διδόμεσθα κράτος.
Οὐ γὰρ ἄρ' αὐτονόμους τελετὰς διαπέμπει ἐς ἡμᾶς
Ῥέζων ἀθανάτοις θύματα καλὰ θεοῖς.
Λαμπρύνει τε πόλεις, δήμους τε καὶ ἔθνεα πάντα.
Τὰ τ' ἄλλων νουθεσίαις κόσμον ἀεὶ περιπέσι.
Καὶ διὸ τοῦδε πατρὸς ζῶντος διὰ σύμβολα δῶμεν
Σώτειραν σοφίην τοῖς μερόπεσσι βροτοῖς.
Τοῖς γὰρ ἀληθεύων νοῦς οὐχ οἷός τε δίδοσθαι,
Νωθρὸν γὰρ ποιεῖ σώματα φῶς νοθρόν.
Ζεὺς οὕτω φράζας πέμψεν διὰ Παλλάδ' Ἀθήνην
Βόκχιον ὡς Ἀχιλλῆ συμβολικὴν σοφίην.
Χαῖρε φίλη Σοφίη, καὶ ποίει σώφρονας ἡμᾶς.
Χαῖρ' Ἀχιλλεῦ, ἡμῖν σύμβολα καλὰ γράφων.

IANI VITALIS.

Quis pinxit omnes omnium mortalium
Mores disertè, & lucidè?
Vitam quis omnem sedulò uiuentium
Ditauit unus symbolis?
Formauit artes quis disertus artifex?
Deditq́ honesti terminos,
Quos transgredi nunquam licet bonis uiris?
Quis nos ligauit legibus
Santissimarum mentium decentibus?
Vitæ magister Bocchius.

IO. BAPTISTAE PIGNAE FERRARIENSIS.

Intermiſſa nouis arte recondita
Naturæ ratio nominibus, patet
Nunc uirtute uiri, & carmine, Felſinæ
Qui doctæ decus inclytum.
Nam quæ Cælicolum uis regat infima;
Quæ terrena notæ ſint ſuperùm ſtatus;
Et noſtris animis qui uigor inſitus;
Quod uitæ genus optimum;
Quæ rerum pariter cauſa ſit omnium;
Expreſſa, atque latenti ſub imagine
Contemplanda ſacris uatibus indicant
Magni Symbola Bocchij.

SAPIENTIA PRIMA EST STVLTITIA CARVISSE.

AD LECTOREM.

Symbola lector habe: nunquam inſpexiſſe pigebit,
Ne te pœniteat, ſi potes inſpicere.
Non ſum: inquis: Lynceus: atqui collyria lippus
Sis memor affectis poſcere luminibus.
Cæcus es? audire, & meliori credere diſce.
Irrides? opus eſt iam tribus anticyris.
Non uis? nunc actum eſt. caput inſanabile prorſum.
Ergo miſer uinclis dignus es, & baculo.

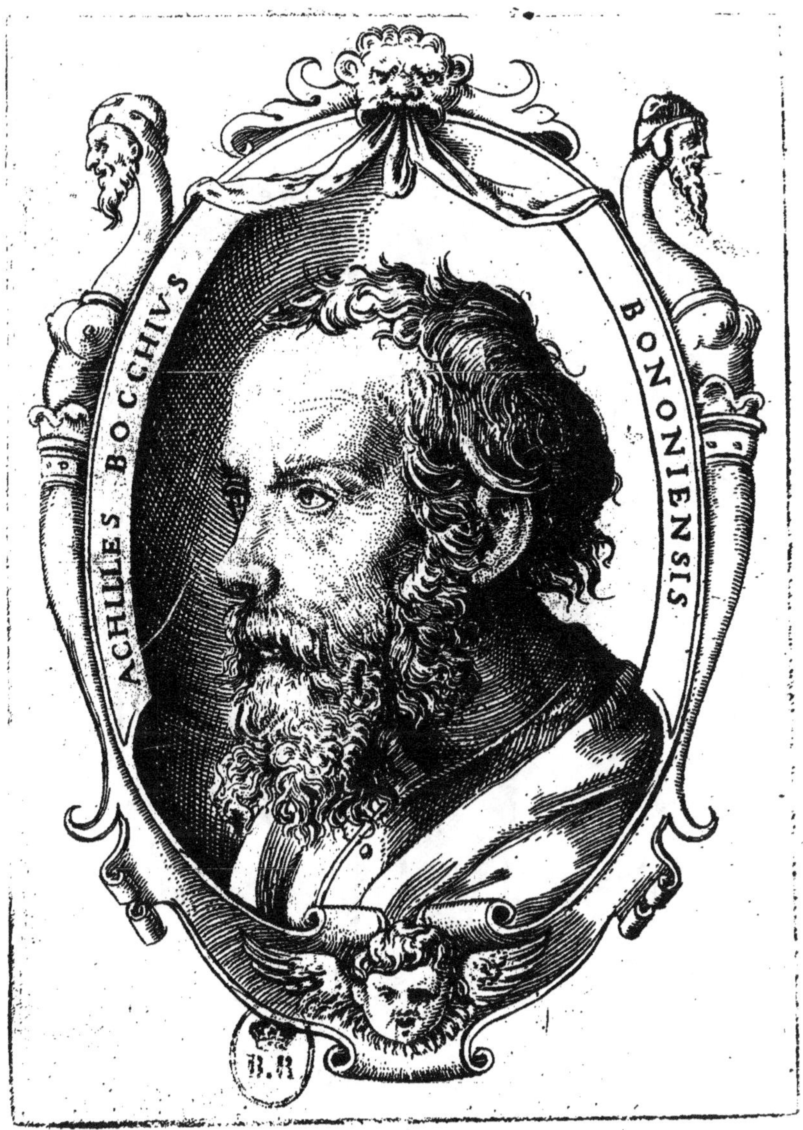
ACHILLES BOCCHIVS
BONONIENSIS

VICTORIA EX LABORE
HONESTA ET VTILIS.

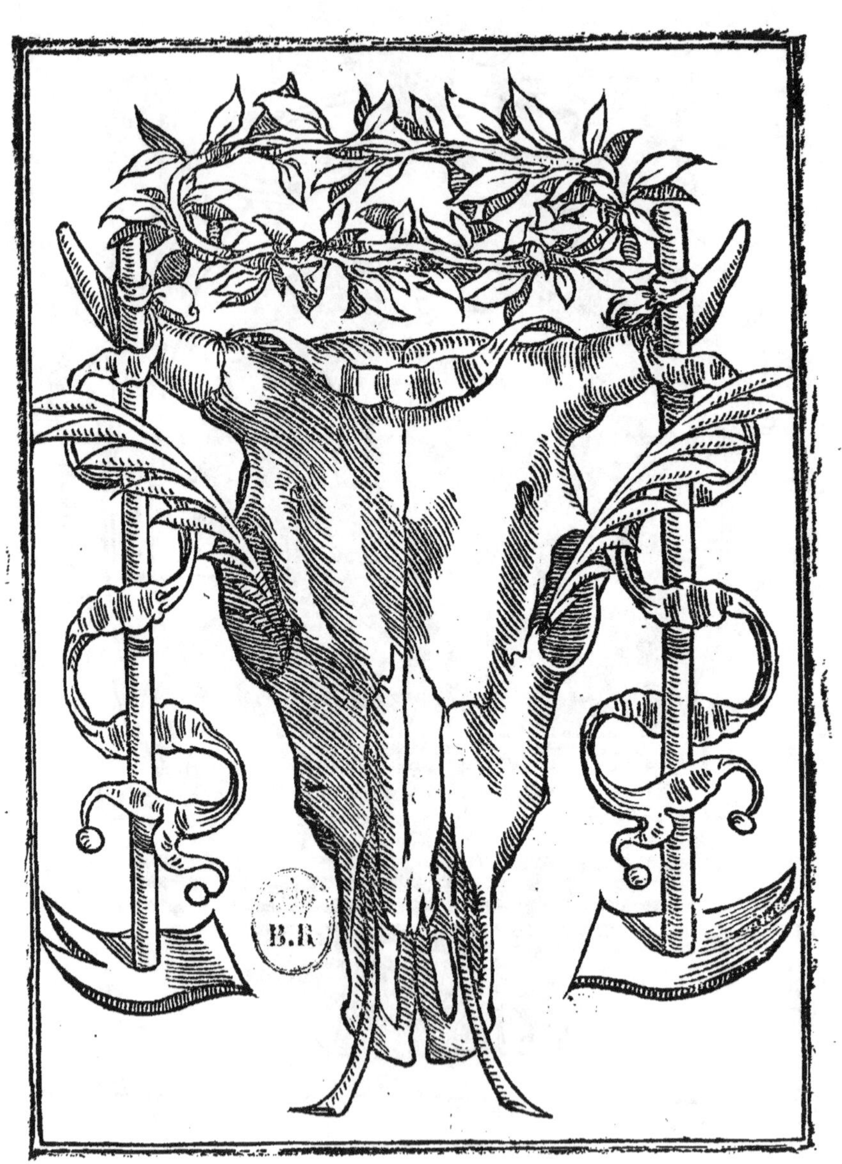

LECTORI STVDIOSO, ET ELEGANTI.

SYMB. SYMBOLORVM.

Quid symbolum sit, ne amplius
Roges, breuissime, ut potest,
Conabimur nunc edere.
Est nanq; signum ΣΥΜΒΟΛΟΝ
Vt signa militaria.
Collatio etiam dicitur,
Quòd multi in unum conferunt.
Hinc symbolum Terentius
Poeta dixit nobilis.
Orator ARPINAS *notam,*
Sed Anulum Graij *uocant*
Plærunq; signatorium.
Porrò omen, atq; insignia.
Isto quoq; ipso nomine
Quædam notantur tesseræ,
Quæ à ciuitatibus dari
Solent quibusdam, publicè
Vt quenq; par sit accipi,
In fœderatis oppidis,
Amicè, & hospitaliter.
Sic possumus iam tesseras

Vocare collybisticas,
Quasi institutas omnibus
Mutandam ad externam locis
Pecuniam, quæ litteræ
Vulgò feruntur cambij.
Pollux nomisma paruulum,
Stagyræus ille maximus
Vocabulorum originem:
Quam originationem ait
Fabius. fuere symbola
Priscorum in arcanis diu
Mysterijs, ut gratia
Verbi, papauer fertilem
Signabat annum. Huiusmodi
Sunt Pythagorica symbola
ΑΛΛΗΓΟΡΙΑΙ, ΑΙΝΙΓΜΑΤΑ,
VT ALCIATI *Emblemata*
Dicuntur & ΣΥΝΘΗΜΑΤΑ,
Mysteriorum plena, quæ
Documenta commodissima
Illa omnium, & pulcherrima
Vitæ, atq; morum continent,
Sanis retecta, cæterùm
Incognita imprudentibus.
Nolim putes carissime

Lector, figuratè ista, quæ
Diuinitus sunt tradita,
Sic prodita esse de nihilo,
Et sensum in illum, quem indicant,
Exaudienda protinus,
Sed inuolucra esse abdita
Scientiæ haud erraticæ,
Nec peruagatæ, scilicet
Ne sacra polluant mali,
Et sancta quiq; perditi.
Patere quæ debent bonis,
Ac puritatem candidam
Tantummodo colentibus,
Qui summouere prorsus, &
Arcere procul à mentibus
Vulgi sciunt, queunt, uolunt
Sensus prophanos quoslibet.

IN BOCCHIANIS SYMBOLIS INTELLIGI PLVS, QVAM EXPRIMI.

SYMB. II

PROSPERVS *os potuit, non mentem pingere Achillis.*
Res minimo pingi maxima in orbe nequit.
Pura tamen Mens ipsa potest comprendere Mentem.
Qui sapit, heic plus intelligit, ac legitur.

A ii

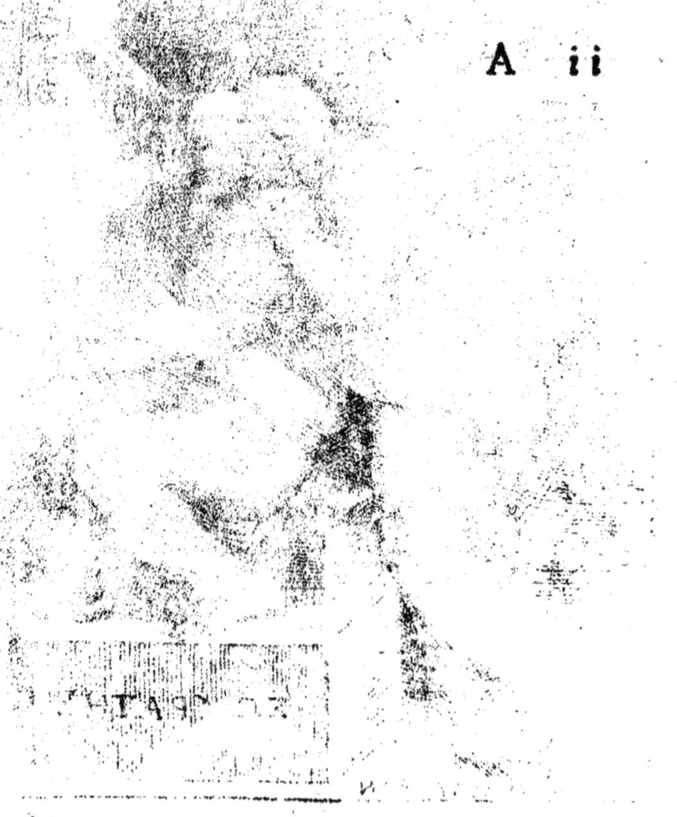

PICTVRA GRAVIVM OSTENDVN TVR PONDERA RERVM.
QVAEQ. LATENT MAGIS, HAEC PER MAGE APERTA PATENT.

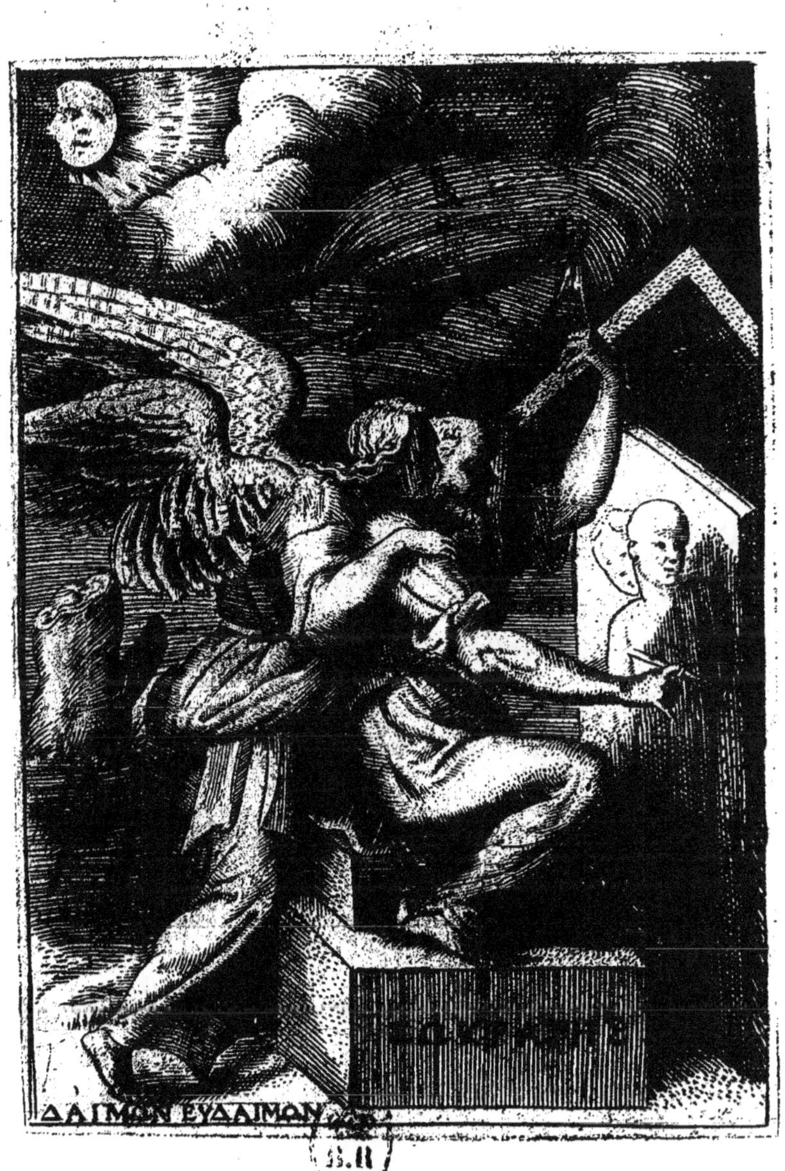

AD ALEXANDRVM FARNESIVM CARD. AMPLISSIMVM.

SYMB. III

Iudicio Phœbi sapientum maximus ille
Et fons, & lumen, si fortè obscura prophani
Vulgi in cognitionem olim deducere uellet,
Quæque sibi in primis notissima proponebat.
Sic etenim haud ab re firmissima cuncta putabat
Ac tutissima, non modò lucida, de quibus ipse
Disserere aggrediebatur. Sic magnus Homerus
Securum oratorem Ithacum laudauit Vlyssem.
Quippè animos hominum trahere is quocunq; liberet,
Concilians sibi passim omnes per maximè aperta.
Propterea quicunq; bonis fœliciter essent
Progressi in studijs, non sunt tam arcana secuti
Omnia, ut assequerentur prorsus: at esse putabant
Quædam pauca satis, possent si attingere parcè,
Quæ ipsa irritamenta forent gratissima deinceps
Veri indagandi. Vates sic condidit ille
Fabellas Phrygius bellas. sua symbola quondam
Panthoides samius. Sic dia poemata uates
Pinxere, atq; homines mirè allexere, libenter
Auribus ut uellent haurire, & credere honesta,
Quæ fuerant

Quæ fuerant oculis ſubiecta fidelibus ante.
Ergò mihi nemo obijciat, quòd ſeria inani
Pictura grauium oſtendendo pondera rerum,
Miſcere annitar ſumma cura utile dulci,
Si quà fortè queam laudis punctum omne tuliſſe,
Ne ſatias quenquam capiat, Naturam imitari
Conſtitui, & uarias ſenſis inducere formas,
Nil ut iners, nil non aliquid ſit agenſue, loquensùe.
Me ſanè impediunt nullius uincula ſectæ.
Sed quocunq; trahit ſpecies pulcherrima Veri,
Deferor hoſpes, apisq; Matinæ more, modoq;
Lilia per multum libantis grata laborem
Fingo itidem tenui, aſt operoſa carmina Muſa,
Aurea depaſcens ueterum decreta sophorum.
Tu uerò interea, Farneſi Maxime, noſtra
Ne rogo ne ſpernas hæc qualiacunq; : repoſco
Gratiam ego inuentis, ſed omiſsis, ut Stagyræus
Optime Ariſtoteles, ueniam. mihi ſat uoluiſſe,
At facilem erratis par eſt te ignoſcere noſtris.
Nam ſimul inuentum, & perfectum nil fuit unquam.

PASTORIS OPTIMI SCOPVS.

SYMB. IV

Curſus ſecundus ut magiſtro nauium,
Medico ſalus: ſummo Duci uictoria,
Ita moderatori inclyto Reipublicæ
Primum omnium beata uita ciuium eſt
Propoſita, ut opibus firma ſemper, copiis
Prædiues, ampla gloria, uirtutéq;
Honeſta ſit. nanq; huiusoperis ter maximi
Inter homines, atq; optimi, effector qui erit,
Hic ille erit paſtor bonus, ſimilis Deo,
Quò nemo non referre debet omnia.

REFERRE DEBENT IN DEVM OMNES OMNIA.

SYMB. IIII.

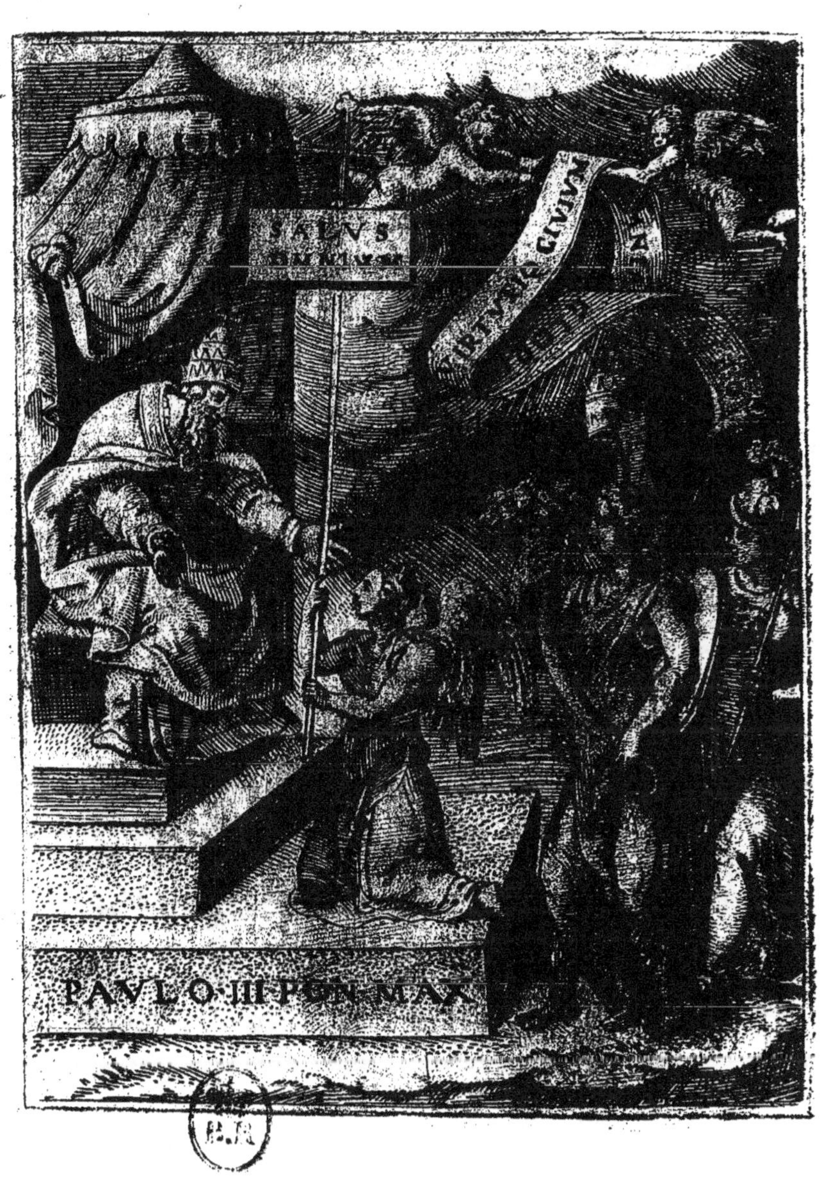

INSIGNIA GENTILITIA BOCCHIORVM.

SYMB. V.

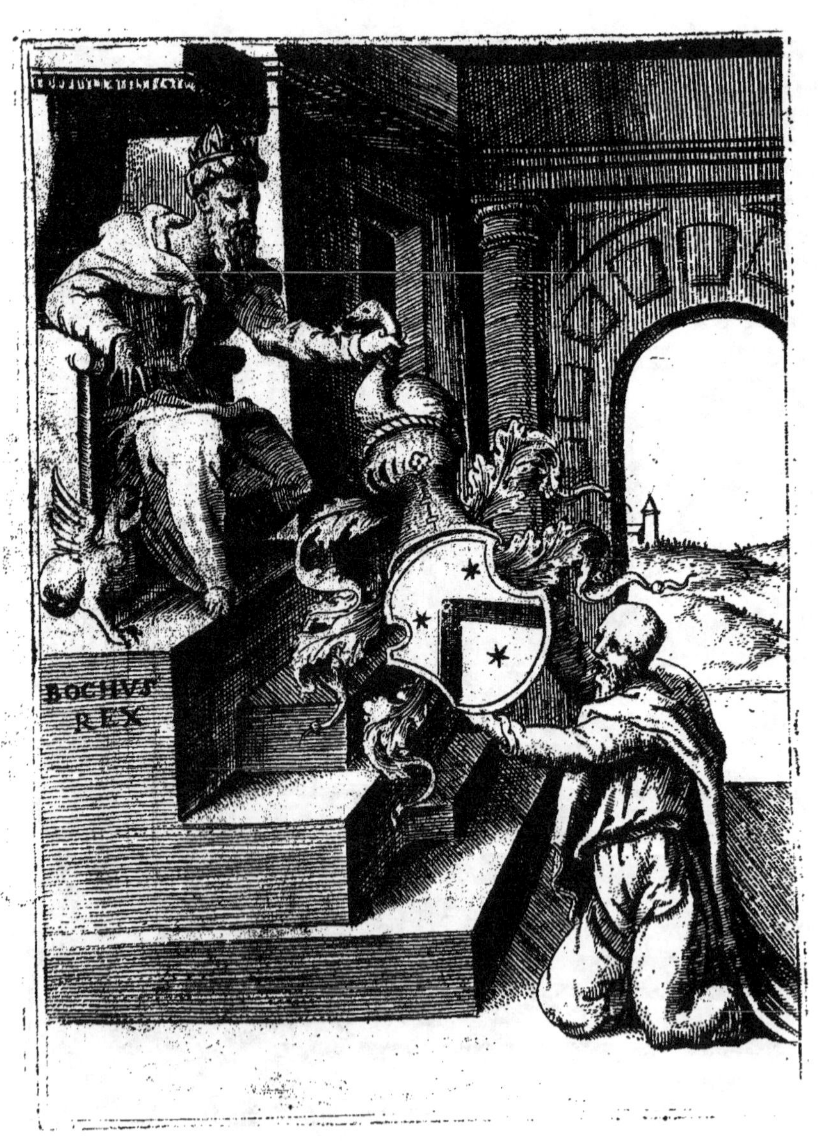

PVRA MENTE DEVM OMNIB. COLENDVM.

SYMB. V.

Aurea norma tribus ſtellis circundata signat
Cæruleo, Bocchi, ſtemma tuum in ſpatio.
At niueus galeæ paſſis olor insidet alis,
Roſtro aliud sydus qui uomit ætherium.
Optima nimirum Ratio eſt illa aurea norma,
Quæ trino, atq; uno à lumine lumen habet.
Hinc candor uitæ illæſus, diuináq; fandi
Copia: præsidio hinc additur omne decus.
Maurus auis quondam hæc noſtris insignia Bocchus,
Et gentilitium nomen habere dedit.
Ad ſummam tota ſemper ratione colendum
Eſſe Deum tota mente nomiſmá monet.

RIVALITAS CVPIDINIS DVRISSIMA.

SYMB. VI.

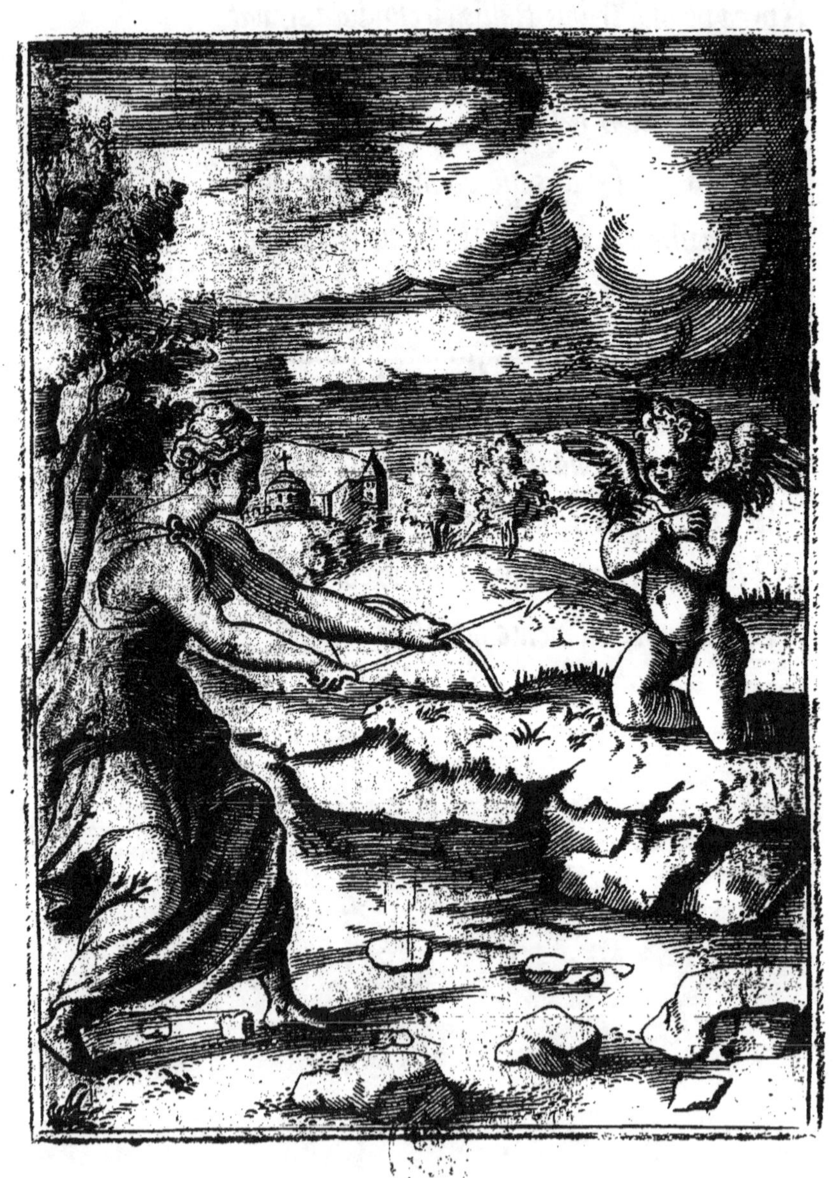

MAGNO EX AMORE SAEPE MAGNVS EST TIMOR.

SYMB. VI.

Aurea dum precibus miſeri exoratus amantis
Tenderet in dominam tela Cupido trucem,
Illa dolos ſensit, petosq́; retorsit ocellos,
Et ridens pueri tela ferocis, ait.
Nil opus eſt pharetra, sinuoſo nil opus arcu.
Congredere, & uires experiare meas.
Dixerat. hæc tenero placuit ſententia Amori.
Tanta fuit dominæ gratia, tanta Venus.
Aſt ubi ſunt arcus positi, positæq́; ſagittæ,
Has rapit ultrici protinus illa manu.
Nec mora protendens arcum furialiter acrem:
Incauti figit pectora nuda Dei.
Ictus Amor totus ſubito inflammatus amore
Victricem in dominæ ſe dedit ipſe manum.
Prò dolor, ille mihi quem nuper adeſſe putaram,
Riualis iam nunc, durus & hoſtis erit?

AMOR NEGOCIOSVS EST IN OCIO.

SYMB. VII.

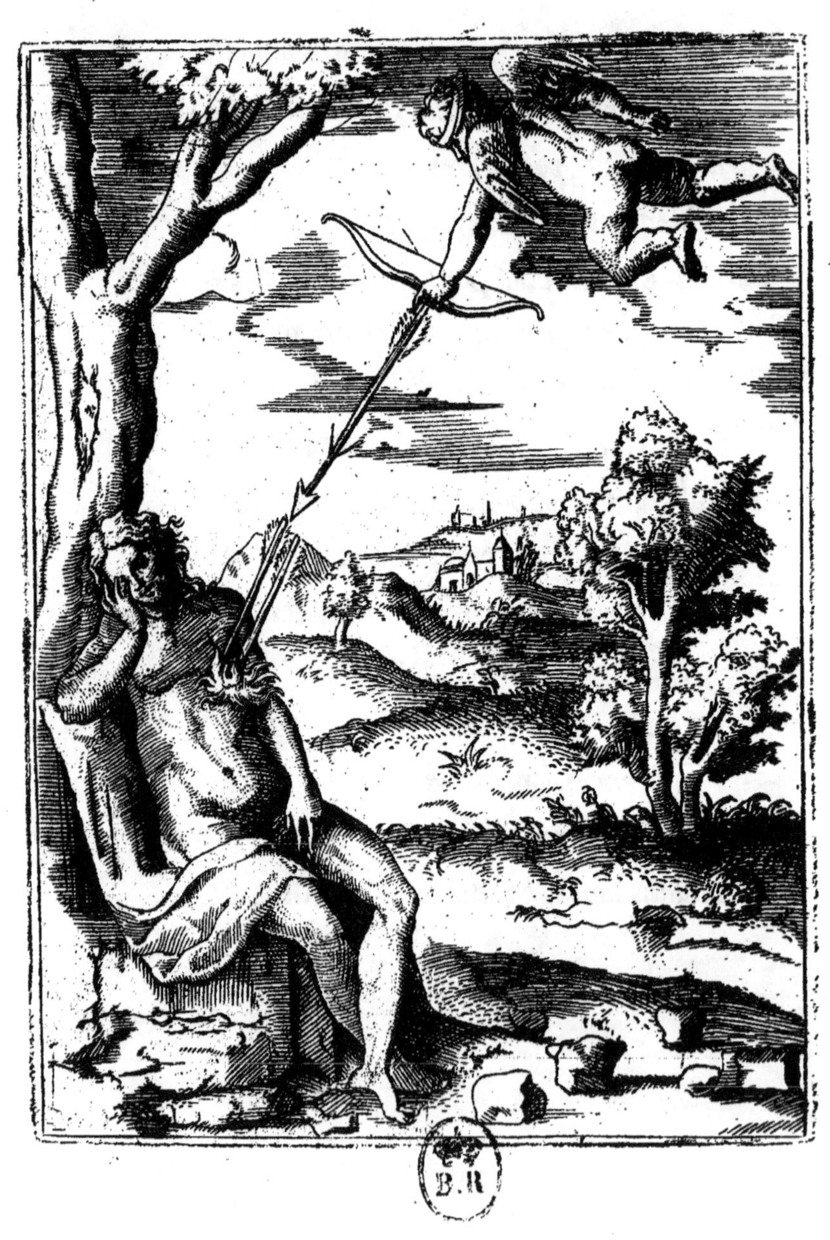

QVANTVM POSSIT AMOR, QVI VITAM IN MORTE MINISTRAT.

SYMB. VII

Iam dudum in tenues ierunt mea corda fauillas,
Iamq; cinis factus qui modò pruna fui.
Sed licet in tenues ierint mea corda fauillas,
Iamq; cinis factus qui modò pruna fui,
Hæc tamen assiduis uruntur pectora flammis,
Quoq; magis flagrant, hoc magis ipse gemo.
Vndè igitur flagrant? rediuiui unde ignis origo,
Si sunt in cinerem corda redacta semel?
Nempè faces ipsæ flagrant, non cordis imago,
Quam uacuus nunquàm figere cessat amor.
Cur lacrymas augent incendia? liquitur igni
Humoris toto corpore quicquid inest.
Vix credam tanto uitam superesse calori.
Albia sed uitam sufficit una mihi.
Vrenteis pariunt semper lenta otia amores,
Vnde est mors uiuens, irrequieta quies.

MEDIO DE FONTE LEPORVM SVRGIT AMARI ALIQVID.

SYMB. VIII.

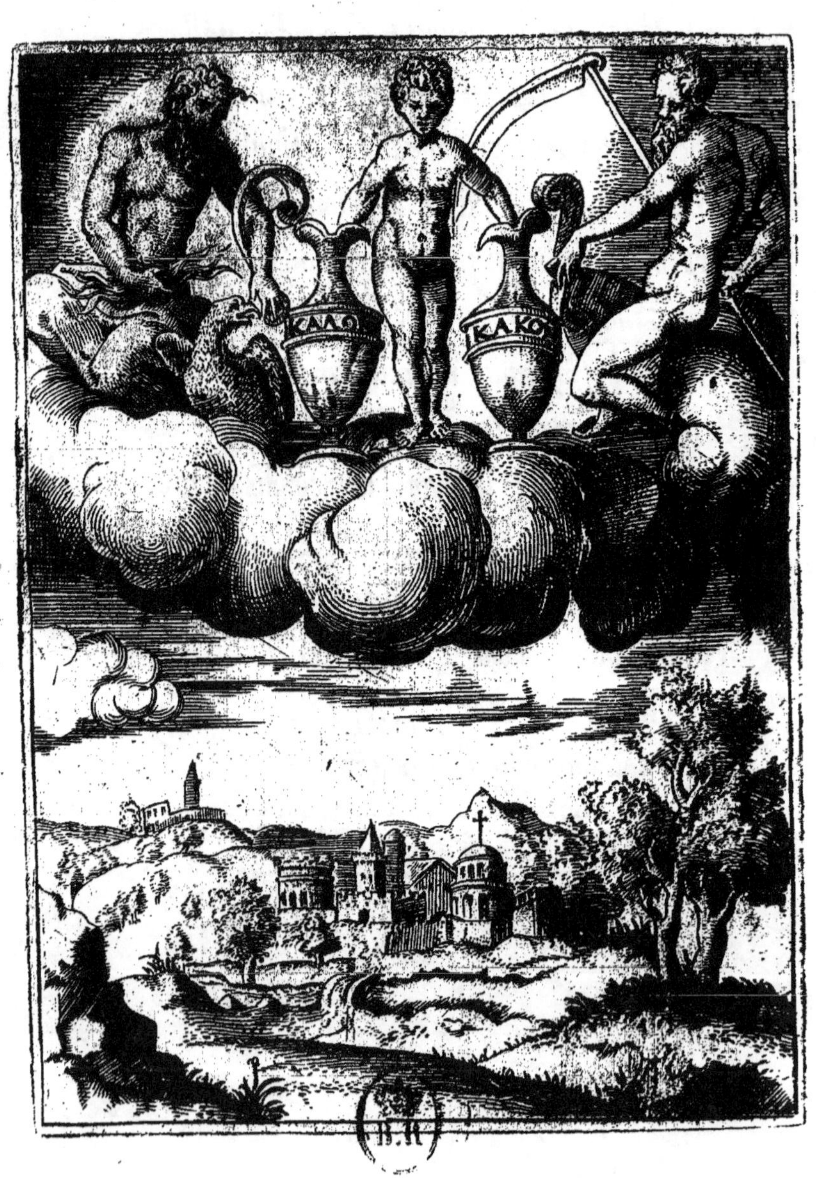

COMES VOLVPTATIS DOLOR.

SYMB. VIII.

Ipsa dies pia nunc mater, nunc sæua nouerca est
Namq; aliquid semper miscet Saturnus amari.
Hinc geminas prudens urnas in limine primo
Stare Iouis quondam pulchrè est commenta uetustas,
Ex quibus una malis scatet: altera plena bonorum est,
Vndè agitant superi mortalia pectora, lætis
Tristia miscentes. ipsi lætantur, & omni
Aeternum moerore carent, nulloq; senescunt
Tempore, sed stabili cursus circùm æthera lege
Deproperare suos, nulloq; fatiscere seclo
Hos iubet omnipotens summi regnator Olympi.

CONSTANTIA HEIC EFFINGITVR.

SYMB. IX.

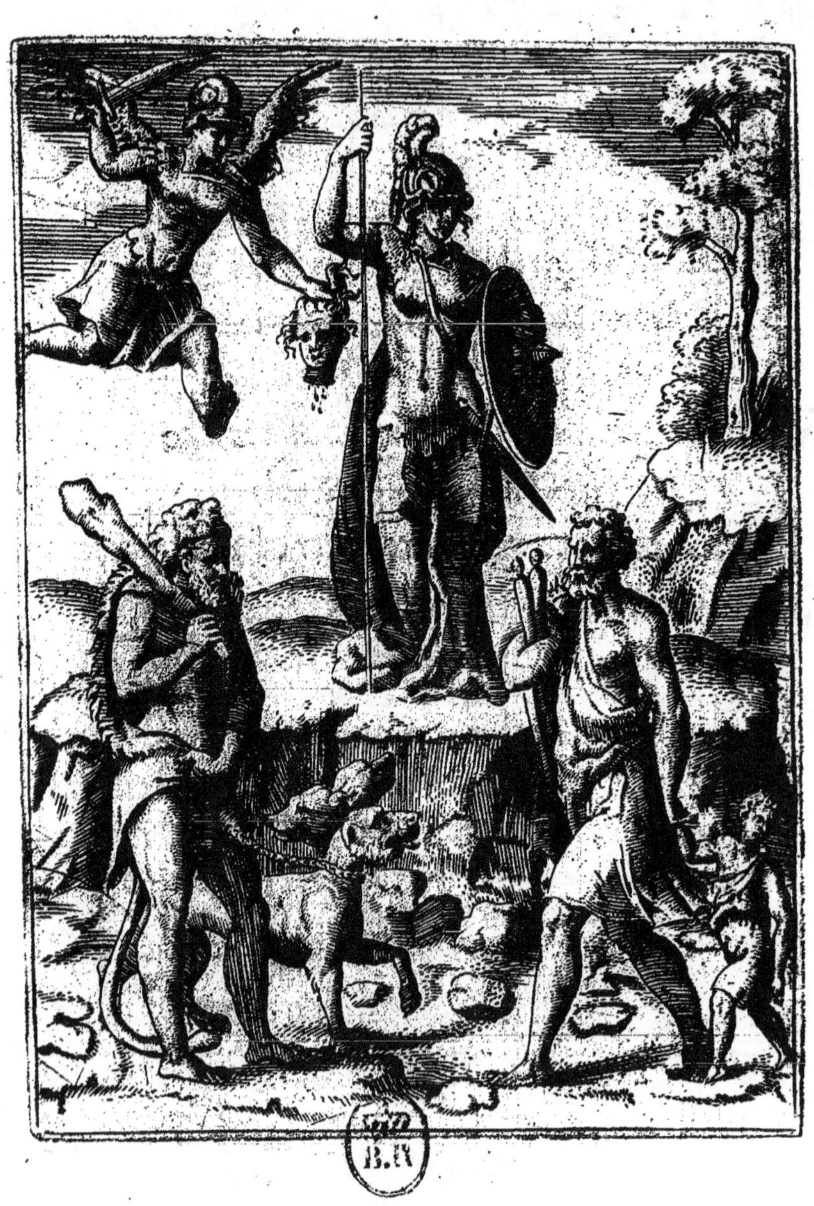

BARTHOLOMEO VOLTEIO. BON. EQV. AVRATO.

SYMB. IX.

Stat læto indefessa comes Constantia uultu,
Indomitum munita fero latus ense, tenetq;
Aegida lemniaca sudatam incude, nec ullas
Pertimet insidias, nullis dat terga periclis,
Sed cunctis immota malis, animosáq; semper
Rebus in aduersis, pugnaci prælia dextra
Exercet, ualidáq; ferox confidit in hasta.
Hac duce per uarios casus, longosq; labores
Aeneas olim fatis iactatus iniquis
Italiam profugus, lauináq; regna petiuit.
Hac duce Gorgoneos angues Danaeius Heros,
Nec minus Alcides tot monstra ingentia fudit.
Non hic Lernæi timuit fera colla Draconis,
Non sæui Diomedis equos, non dira Leonis
Ora Molorchei, ualidi nec cornua Tauri.
Quin stygij est ausus penetrare in regna Tonantis
Et trahere ad superas captiuum cerberon auras.

CVM VIRTVTE ALMA CONSENTIT VERA VOLVPTAS.

SYMB. X

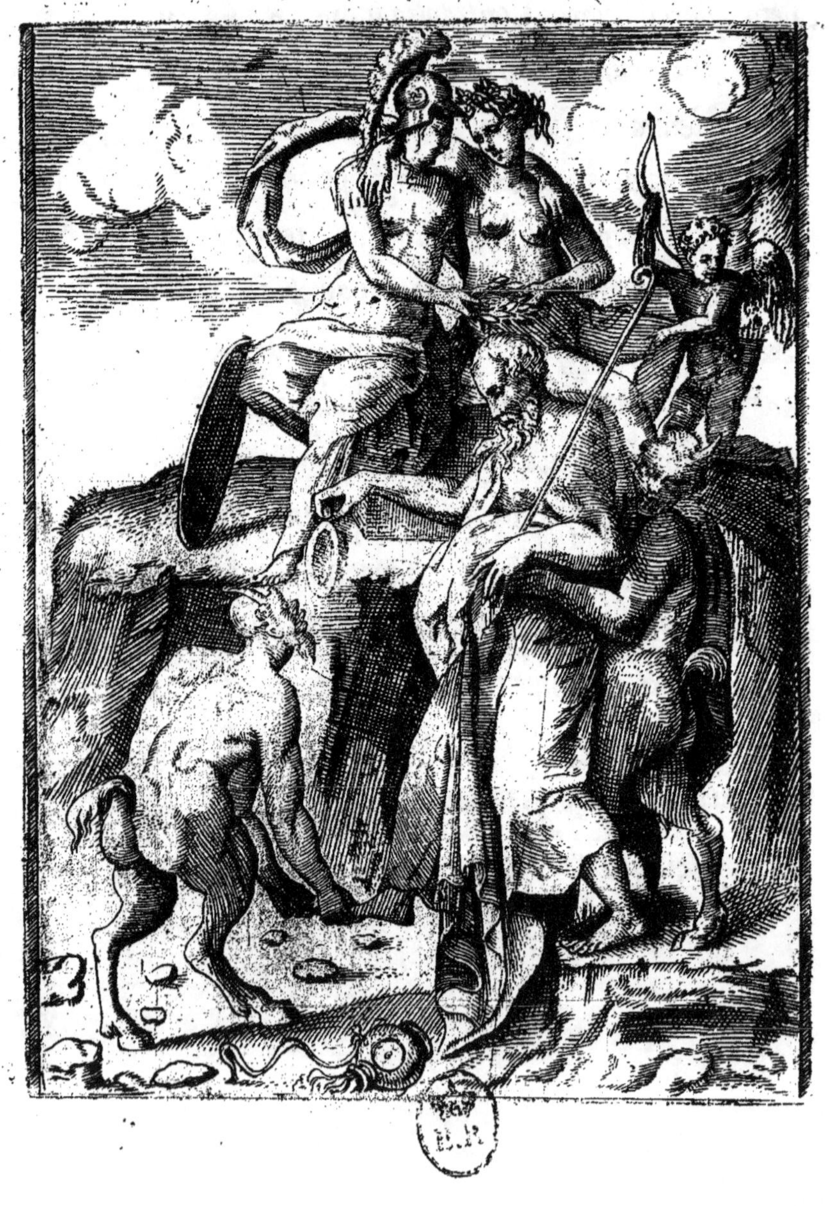

DE SILENO, ET CHROMI, ET MNASYLO

SYMB. X.

Sileno Pallas simul & Venus alma corolla
Dum caput exornant, ipse beatus ait:
Quid discors te adeo torques de fine bonorum
Græcule? res eadem est, uerba sonant aliud
Viue bene, atq; illud quod uiuis uiue, Voluptas
Vna etenim, & Virtus in statione sedent.
Sustinet assensum interea Mnasylus utranq;
In partem, & tutus nescio quid meminit.
At Chromis irritans sensus, pateramq; Lyæi
Nequicquam expectans, ocia læta agitat.

SAPIENTIAE SPECIES INENARRABILIS.

SYMB. XI.

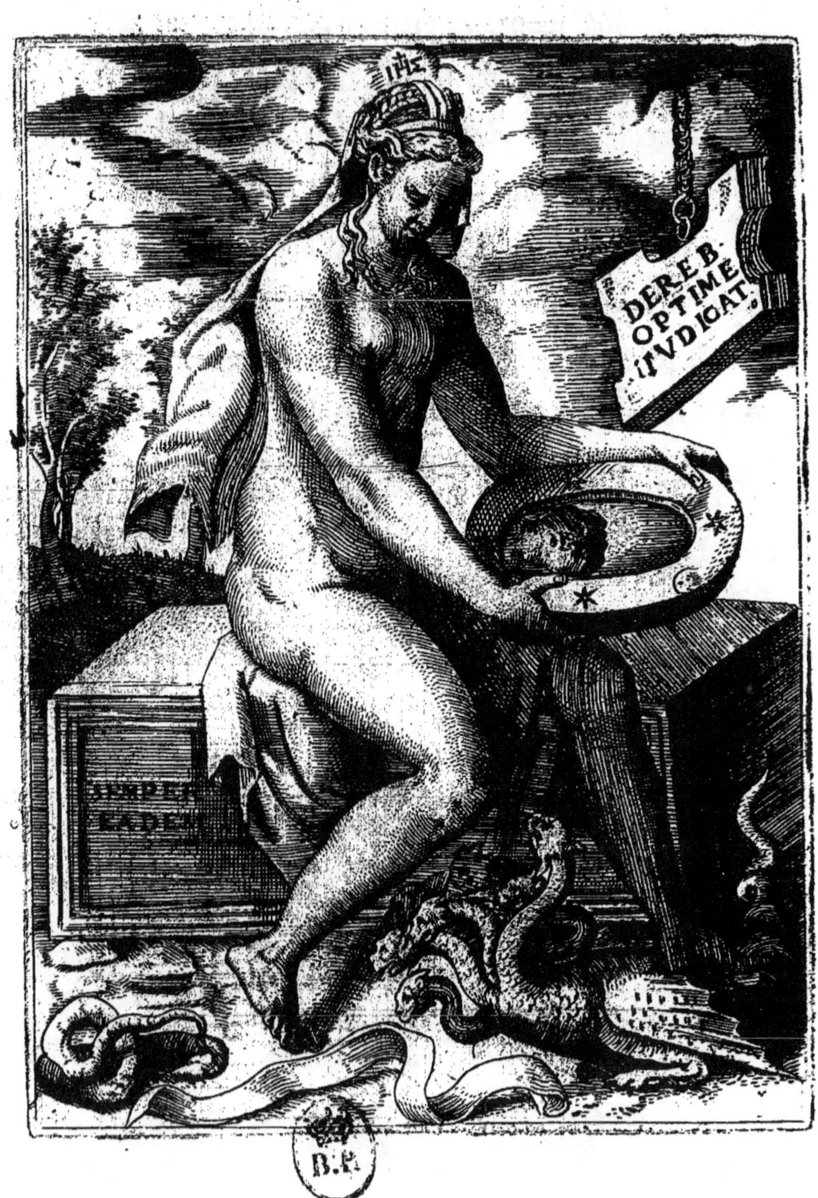

COSMO MEDICI DVCI FLORENTIAE

SYMB. XI.

Quænam ſeſe offert? Quænam hæc tam Lucida, tamq́;
Formoſa exoritur? roſeisne euecta quadrigis
Fulgida Tithoni coniux? an candida Phoebe?
An magè inexhauſta flammantia mœnia mundi
Lampade qui luſtrat Sol aureus? an Venus ipſa,
Purpuream reſerans lucem mortalibus ægris?
Pace tua coniux Tithoni, & candida Phoebe,
Et Sol, atq; adeo Solis prænuncia dicam.
En maius iubar exoritur, cui ſydera cedunt
Omnia, cui ſuperi aſſurgunt, aſſurgit Olympus.
Huc ades ò ſecli decus: ah mihi pande ſerenam
Illam illam frontem, ſub qua duo lumina fulgent,
Quæ triſteis animi tenebras, & nubila pellunt.
Pande illa illa roſis certantia tempora uernis,
Quæ uer perpetuum referunt, dulciq; pudore
Formam ipſam ſuperant, ſeu quid formoſius illa eſt.
Huc ades, & totum me dulcibus obrue flammis,
Trayce ſexcentis præcordia noſtra ſagittis,
Vulnera, adure, neca. ſic ſic uiuat uſq; perire.
Iſta mihi longe eſt uita mors dulcior omni.

CVPIDINI CAECO PVELLO HAVD CREDITO.

SYMB XII

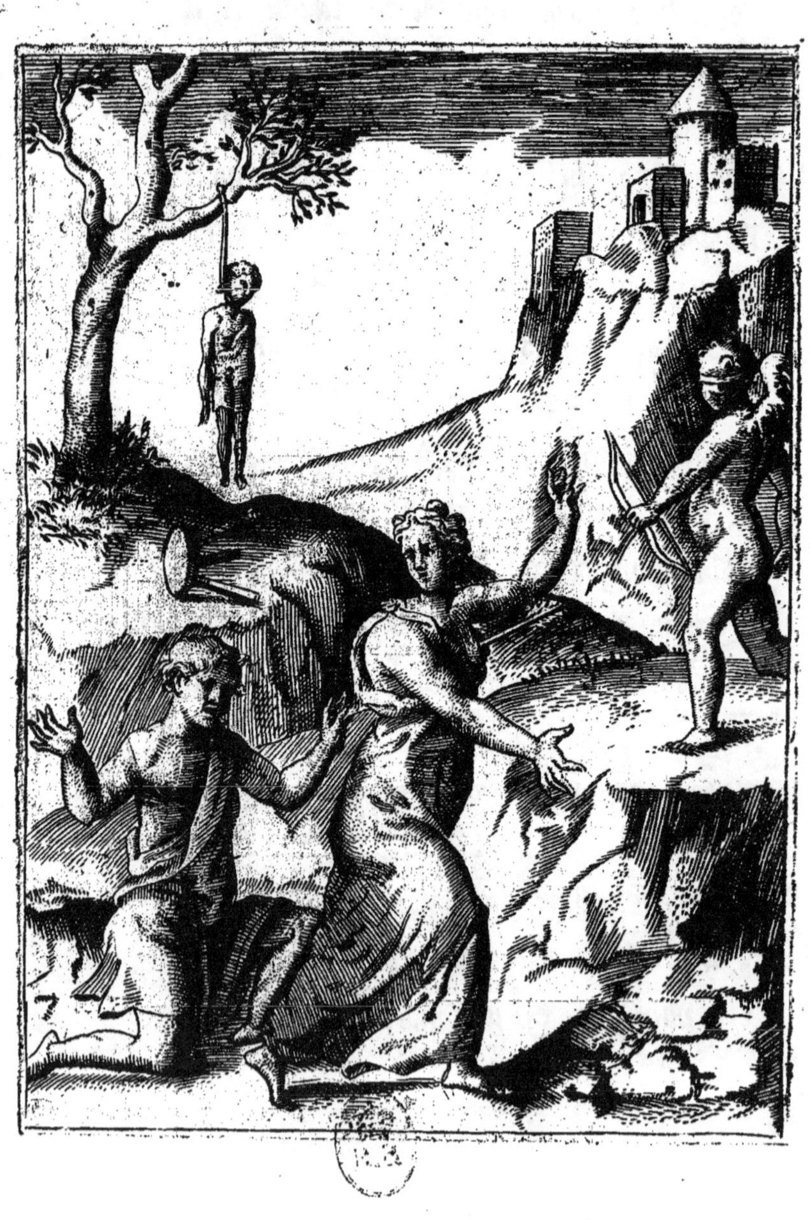

DE TOTTO MVTINENSI.

SYMB. XIII.

Dum sæuam Tottus toto ardet corde puellam,
Nec ualet hanc precibus flectere, nec precio,
Supplicibus tenerum lacrymis exorat amorem,
Illius ut feriat uulnere corda pari:
Aut sua restinguat liuenti incendia plumbo.
Tunc Deus in Tottum plumbea tela iacit.
Quæ subitò sese opponens, ac pectore duro
Excipiens, solitò obduruit illa magis.
Mox etiam insultantis, & aurea spicula iam iam
Tendentis pueri ui rapit è manibus.
Inde ferox miseri rursum transfigit amantis
Saucia Lætiferis pectora uulneribus,
Atq; age, dixit, abei. iam te suspende. Quid ultra?
Ille libens dominæ paruit imperio:
Sexcentasq; neces una nece uicit, & uno
Innumeros laqueos dissoluit laqueo.
I nunc fide armis pueri. eius castra sequaris.
Militiæ hæc referes præmia digna tuæ.

AMORIS ANTIPHARMACVM.

SYMB. XIII.

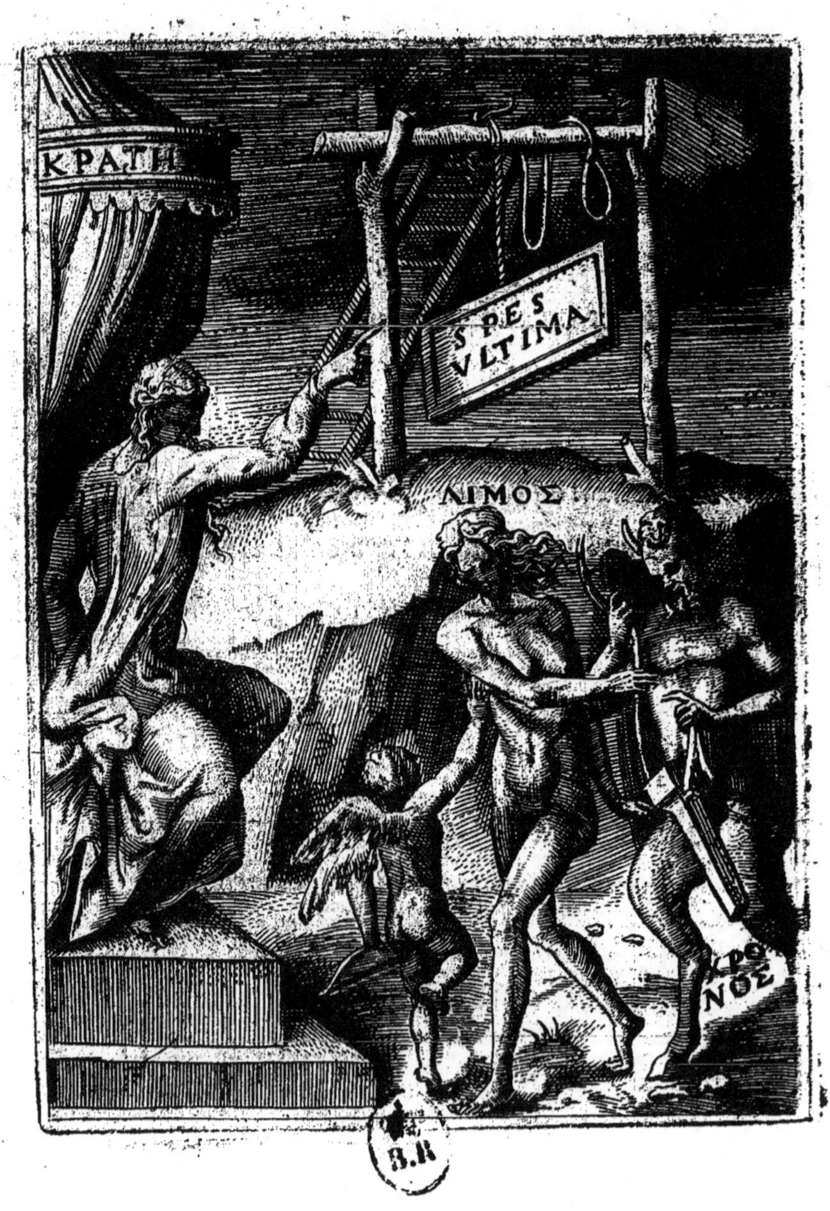

SENTENTIA MEMORABILIS.

SYMB. XIII.

Fames amorem ſedat atra. ſin minus,
Tempus. niſi hoc: Laqueus erit tandem ſatis,
Sententiam hanc Crates tulit. ſi quis negat
Probabit illicò, ut periclum fecerit,
Ita laqueo laqueum ipſum amoris ſoluier.

SORS INSTABILIS HAVD EXPETENDA EST ADMODVM.

SYMB. XIIII.

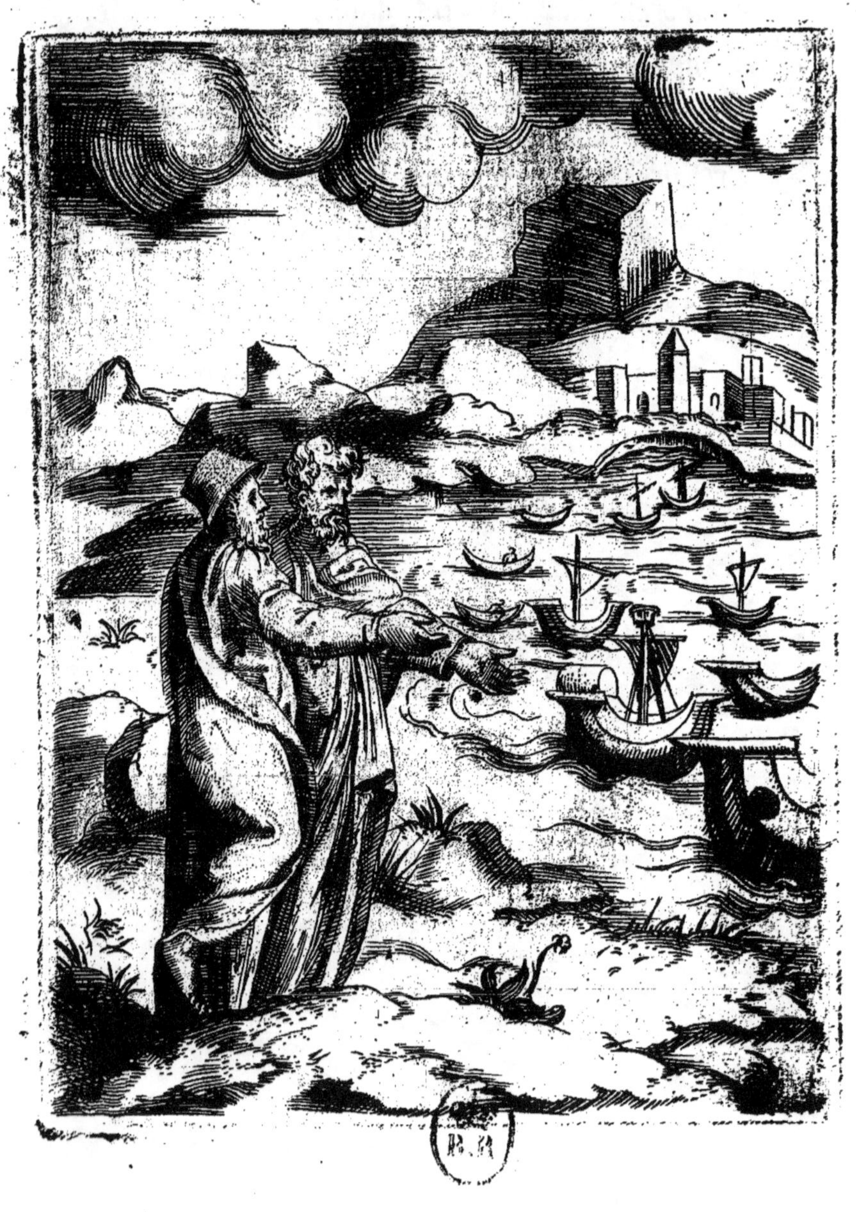

DE MERCATORE ET LACONE.

SYMB. XIIII.

Quum forte diues gloriaretur nimis
Mercator olim, quippe qui dimiserat
Naues in omnem oram maritimam plurimas,
Tunc sic Lacon. *haud ista sane optabilis*
Est admodum, inquit, apta sors rudentibus.

VITAE IMMORTALIS STVDIO MORS TEMNITVR ATRA.

SYMB. XV.

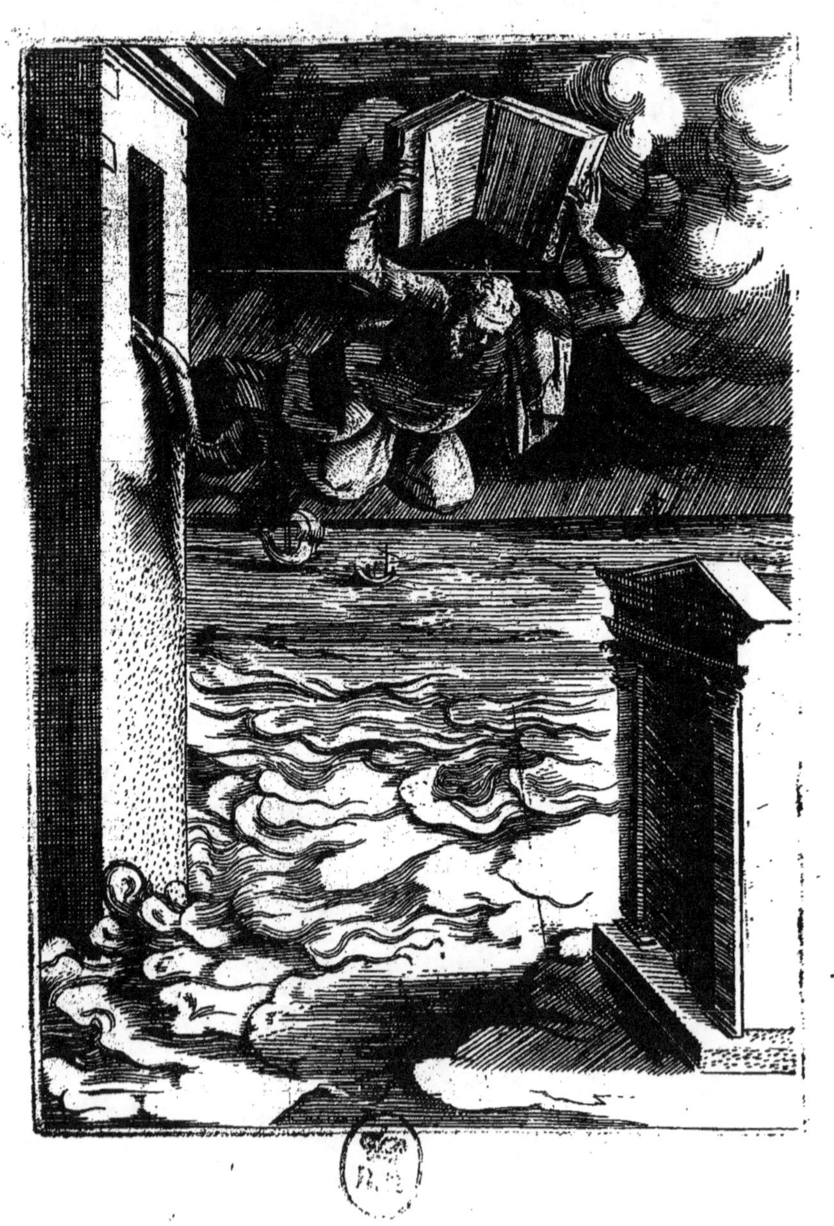

TVMVLVS CLEOMBROTI AMBRACIOTAE.

SYMB. XV.

Ambraciota mari situs ille Cleombrotus alto est,
Alto qui potuit temnere mortem animo.
Nanq; ubi melliflui legit diuina Platonis
Scripta, & si aduersi tum nihil acciderat
Præcipitem è muro dedit huc se ut fluctibus istis
Curarum fluctus obrueret uarios.
Felix ò pelagus titulo hoc: felicia & ossa
Quo tumulo poterant nobiliore tegi?

CONTRA GRAECVM ILLVD EPIGR.

ΕΙΠΑΣ ΗΛΙΕ ΧΑΙΡΕ ΚΛΕΟΜΒΡΟΤΟΣ
ΑΜΒΡΑΚΙΩΤΗΣ
ΗΛΛΑΤ ΑΦ ΗΨΗΛΟΥ ΤΕΙΧΕΟΣ ΕΙΣ ΑΙΔΟΥ
ΑΞΙΟΝ ΟΥΔΕΝ ΙΔΩΝ ΘΑΝΑΤΟΥ ΚΑΚΟΝ
ΑΛΛΑ ΠΛΑΤΩΝΟΣ
ΕΝ ΤΩΙ ΠΕΡΙ ΨΥΧΗΣ ΓΡΑΜΜΑΤΙ
ΑΝΑΛΕΞΑΜΕΝΟΣ.

Latine sic Pomp. Gauricus reddidit.

Vita uale, muro præceps delatus ab alto
Dixisti moriens Ambraciota puer,
Nullum in morte malum credens. sed dicta Platonis
Non ita erant animo percipienda tuo.

LABORIS ONVS HONOS LEVAT.

SYMB. XVI.

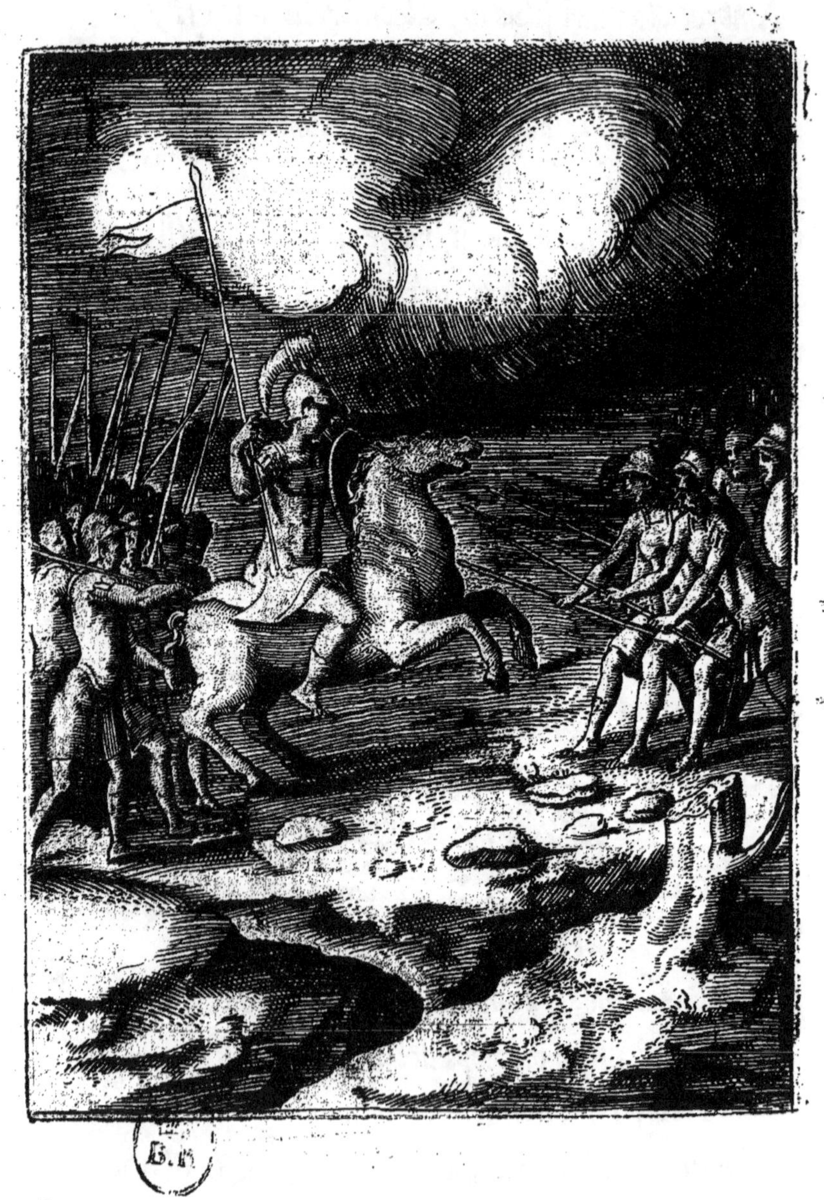

CAMILLO VRSINO BELLI DVCI FORTISSIMO

ONVS DVCIS MINVS GRAVE EST, AC MILITIS

SYMB. XVI.

Iidem labores haud graues
Sunt imperatori æque, & militi,
Quòd ipse honor magis leues
Semper labores imperatorum facit.

QVALIS BONI SIT MILITIS IN IMPERATOREM METVS

Dux inclytorum nobilis
Lacedæmonum consueuerat
Clearchus olim dicere.
Metui imperatorem magis
Debere, quam hostem à milite.
Rectè quidem ille.. ego attamen
Miles metuat hostem meus.
Nolim. Imperatorem uelim.

NONNVLLA EST ETIAM CAECIS IN NOCTE VOLVPTAS.

SYMB. XVII

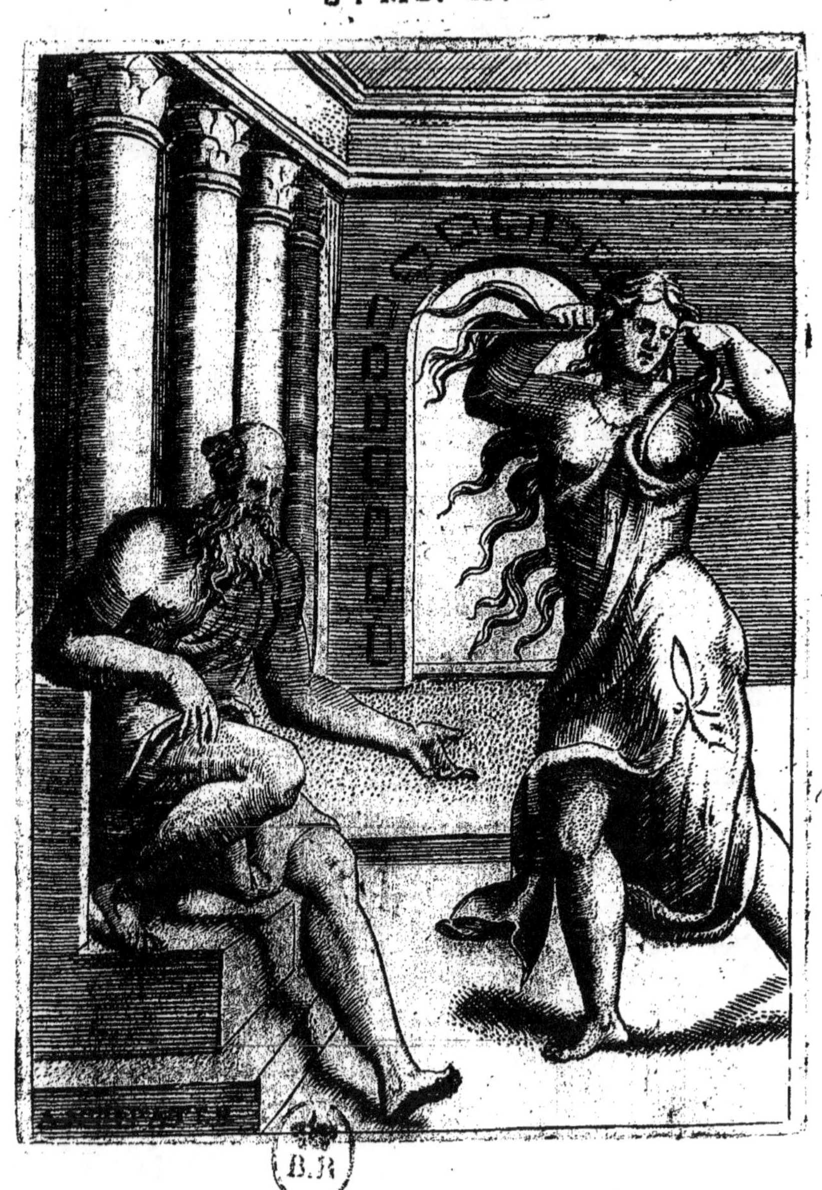

DE ANTIPATRO CYRENAICO CAECO.

SYMB. XVII.

Fortè Cyrenaicum Antipatrum muliercula quædam
Luminibus captum uidit, & ingemuit,
Prò dolor, exclamans passos laniata capillos,
Quæ porrò in tenebris uita futura tua est?
Ille autem, Quid agis stulta? an nocturna uoluptas
Esse tibi prorsus nulla uidetur? ait.

MAGNANIMVS SANCTIS PARET VIR LEGIB. VLTRO.

SYMB. XIIX.

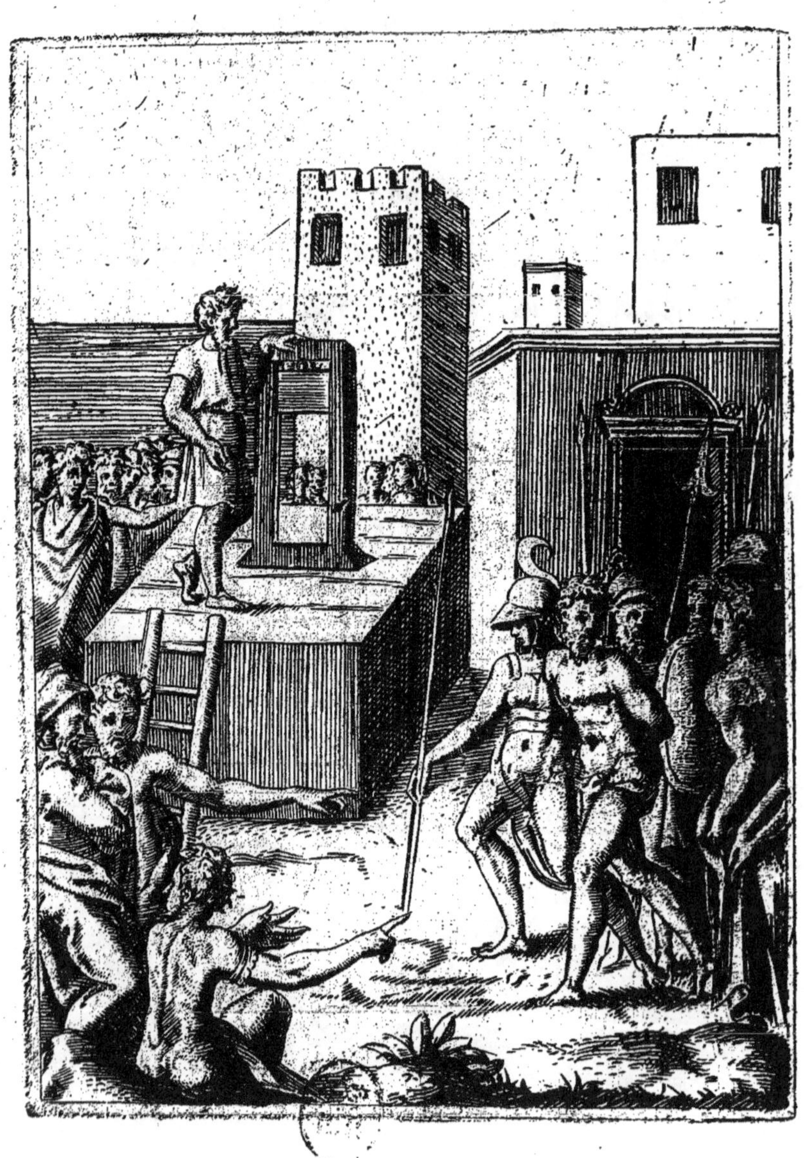

SPARTANI ANIMI MAGNITVDO.

SYMB. XVIII

Damnatus ab Ephoris Lacon
Cum duceretur ad necem, & uultu admodum
Hilari esset, ac læto, tum eum
Quidam rogauit hostis, an contemneret
Leges Licurgi? Quin ego
Habeo: inquit: illi gratiam uel maximam,
Qui pœna ea multauerit
Me, quam absq; mutuatione, & fœnore
Et absq; uersura graui
Possem illico dissoluere. O dignissimum
Sparta uirum: ut mihi quidem
Quicunq; animi magnitudine præditus
Tanta fuerit, is per nefas
Damnatus esse censeatur innocens.

MORS FORTIB. FINIS MALOR. EST OMNIVM

SYMB. XIX.

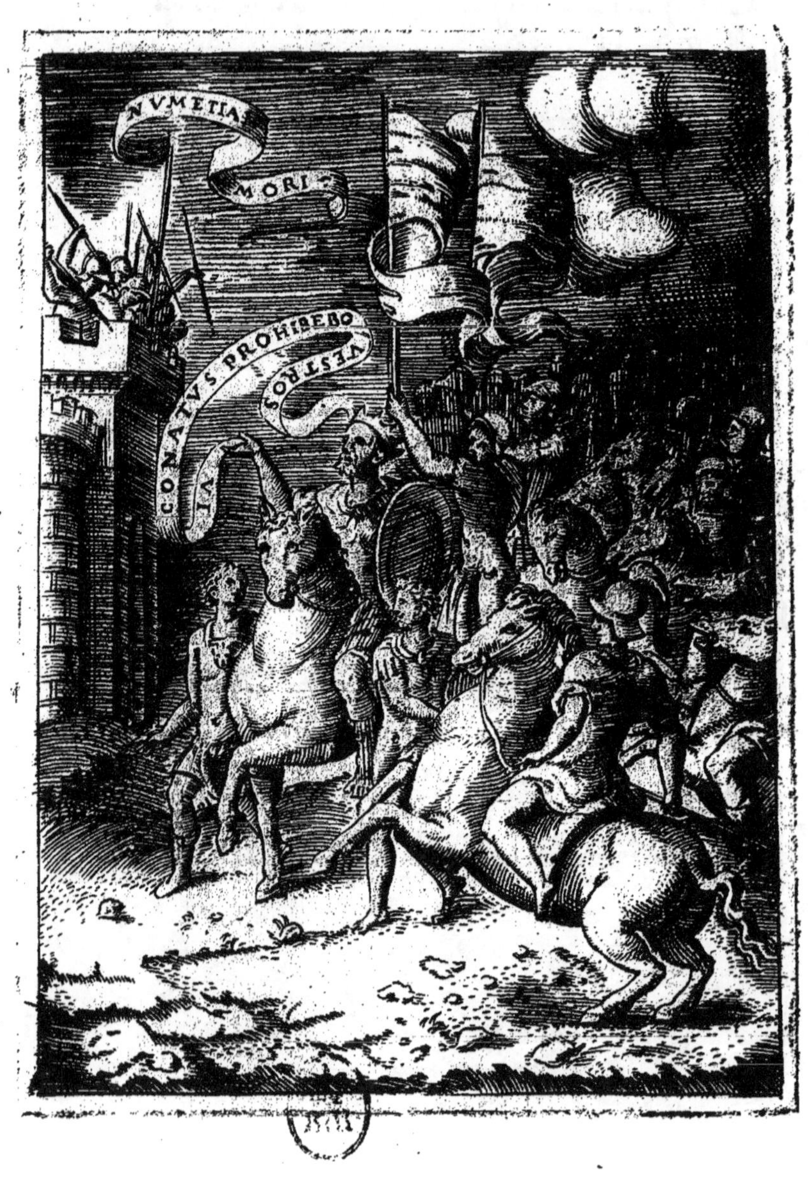

DE PHILIPPO ET LACEDAEMONIB.

SYMB. XIX

O fortitudinem inclytam Lacedæmonum,
Qui quum Philippus insolenter admodum
Per litteras minatus esset, omnia,
Quæcunq; conarentur ipsi, sedulò
Se prohibiturum: quæsierunt, nùm mori
Se prohibiturus esset etiam sedulò?

SEBASTIANO SELEVPENERIO GERMANO
DISCIPVLO CARISS.

NIHIL MAGE EXPETENDVM AMORE DIVINO

SYMB. XX

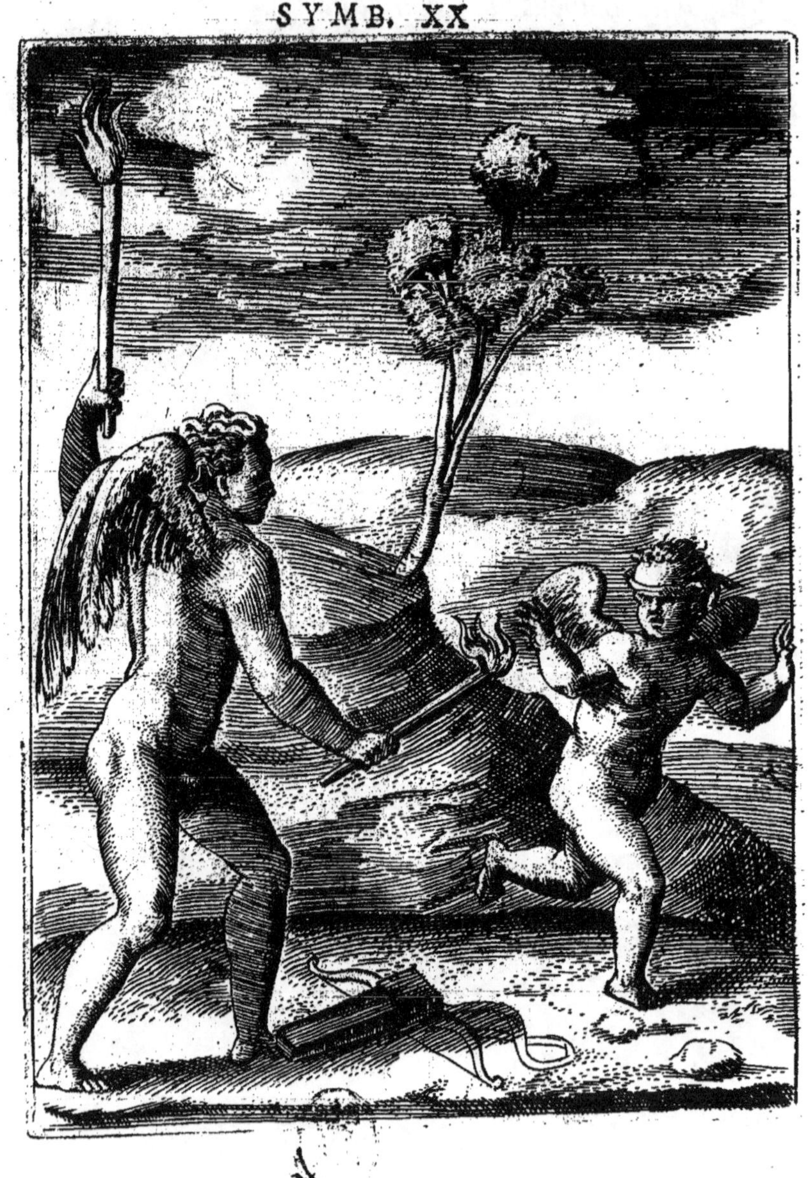

PLATONICO CVPIDINI
SYMB. XX

Vulgi profani indocta cohors tuam
Nil percipit, diuine Amor inclytam
Virtutem, & illam flammulam, unde
Certa hominum, atq; Deûm est uoluptas.
Mens nanq; uerum capta oculis bonum
Dum nescit usquam cernere, fallitur,
Semperq; uitans expetenda
Insequitur sua damna præceps.
Ast cognitum immortale decus tuum
Mortalibus si esset miseris, uti
Dis est beatis, qui soluti
Carcere corporeo, & tenebris
Viuo fruuntur lumine, rectius
Exempta sæuis nostra doloribus
Vita hæc iter, securiusq;,
Quòd minimè assequitur, teneret.
Tunc omnium pulcherrima denuò
Forma illa rerum, secula & aurea
Prorsus redirent. deniq; omnes
Ambrosia frueremur alma.
O aure uotis si facili adnuas
Olim uocatus, sancte puer, meis.
En uror, uror, toto ab illis
Corde tuis facibus p[illegible]

PRINCIPIVM ET FINEM PRINCEPS HABET AB IOVE SVMMO.

SYMB. XXI

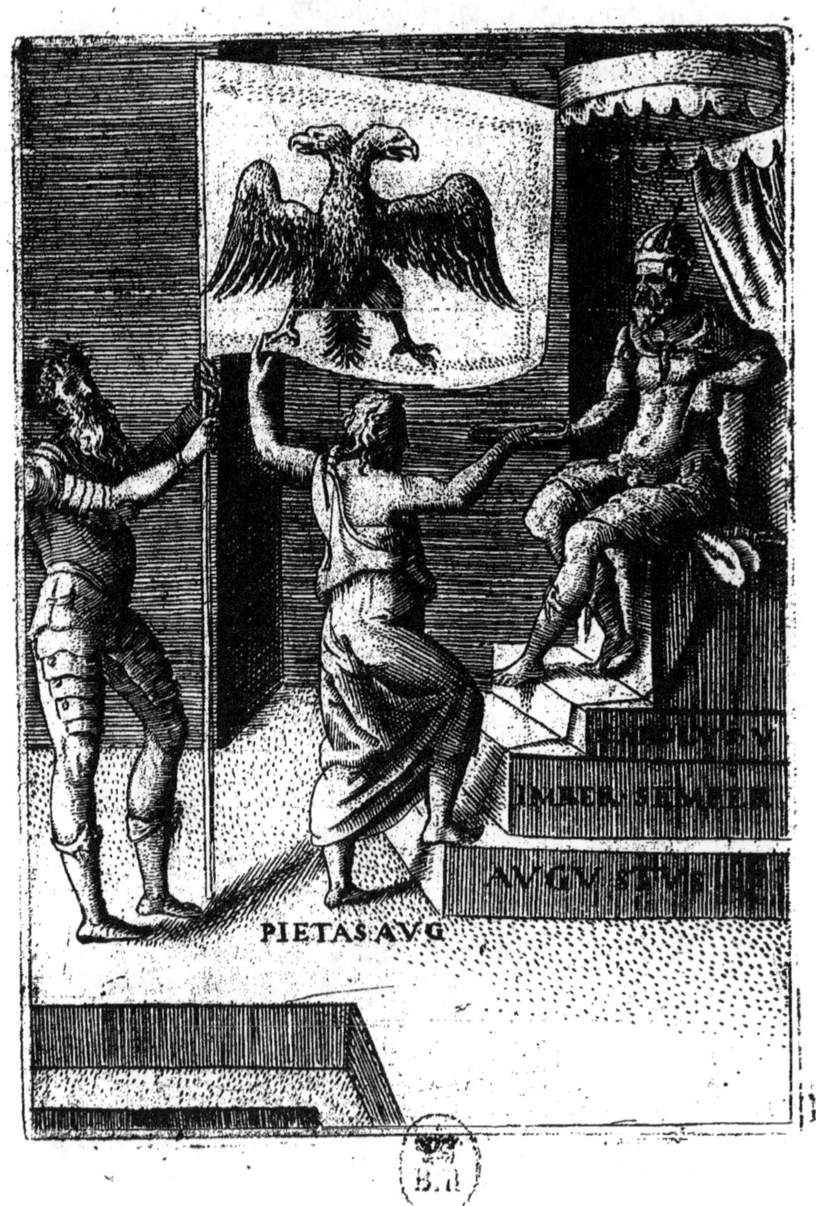

CAROLI .V. CAES. AVGVSTI.
SAPIENTIA IMMORTALIS.

SYMB. XXI

Imperio Augustus, pietate augustior alma es,
  Maior enim in te omni est imperio pietas.
Quin etiam imperio Augustum, & te Carole uincis,
  Qui regis arbitrio fataq; teq; tuo.
Quid sibi uult insigne biceps Iouis armiger ales?
  An quia dat duplex Iuppiter imperium?
Inde animi humana, hinc Mentis diuina potestas,
  Qua tibi que fuerint, suntq; futura, patent.
Iustitia hinc, animi & robur, prudentia, uisq;,
  Quæ docet humano quid sat in officio est.
Talibus auspicijs duceris ad alta beatus
  Sydera, fructurus nectare & ambrosia.

OMNIA SVNT PRESTO CVI PRESTO EST INCLYTA VIRTVS.

SYMB. XXII

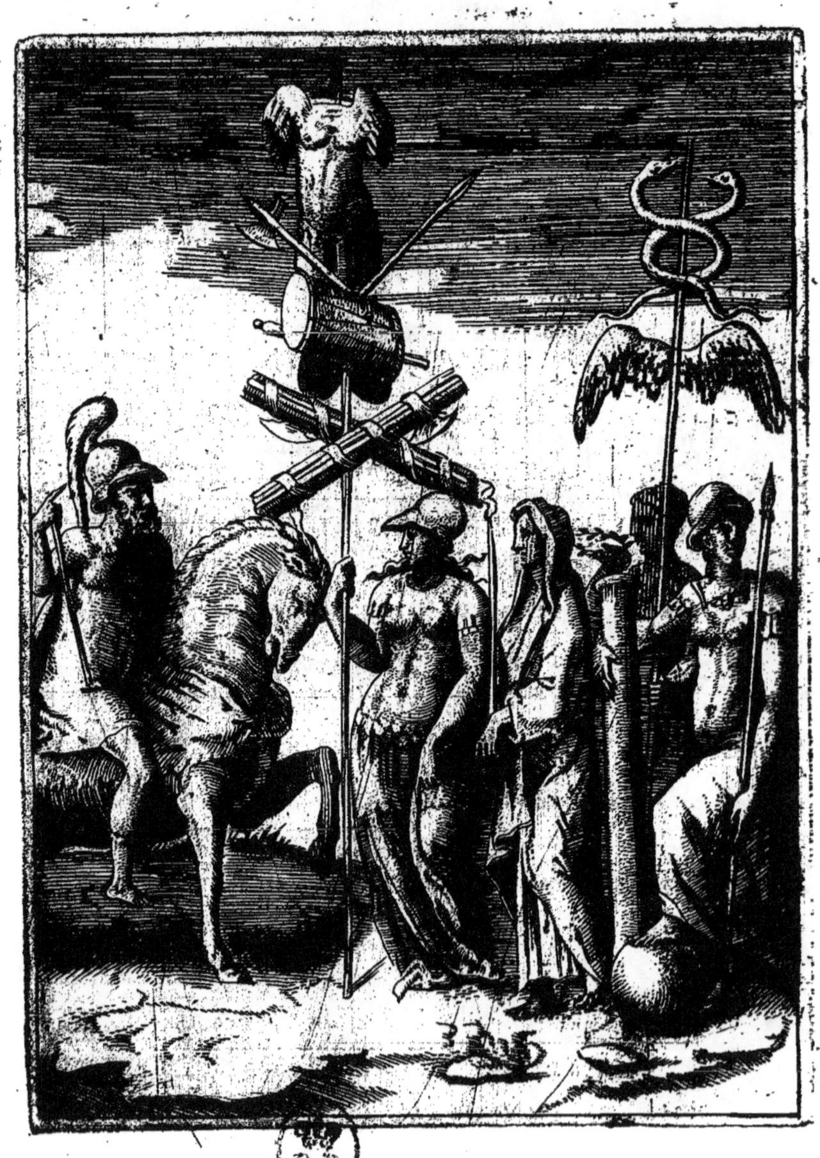

EIVSDEM

IMPERATORIAE VIRTVTES QVATTVOR.

SYMB. XXII

Rei militans plurimis ſcientia,
Inuicta pluribus animi præſtantia,
Autoritas pleriſq; : raris omnium
Petita uotis contigit felicitas.
Quin ſingula hæc præſtare uix paucis licet,
Quæ cuncta ſumma Cæſare in uno Carolo
Extare iam uident uel ÿ, qui nil uident.
Iamq; ipſe Momus *id fateri cogitur.*
Mirantur autem multi. ego haud quaq;. Quid hoc?
Nempè omnia adſunt illa abundè quem penes
Eſt uera Virtus*, maxima una, & optima.*

AVREA SORS REGVM EST ET VELLE ET POSSE BEARE.

SYMB. XXIII.

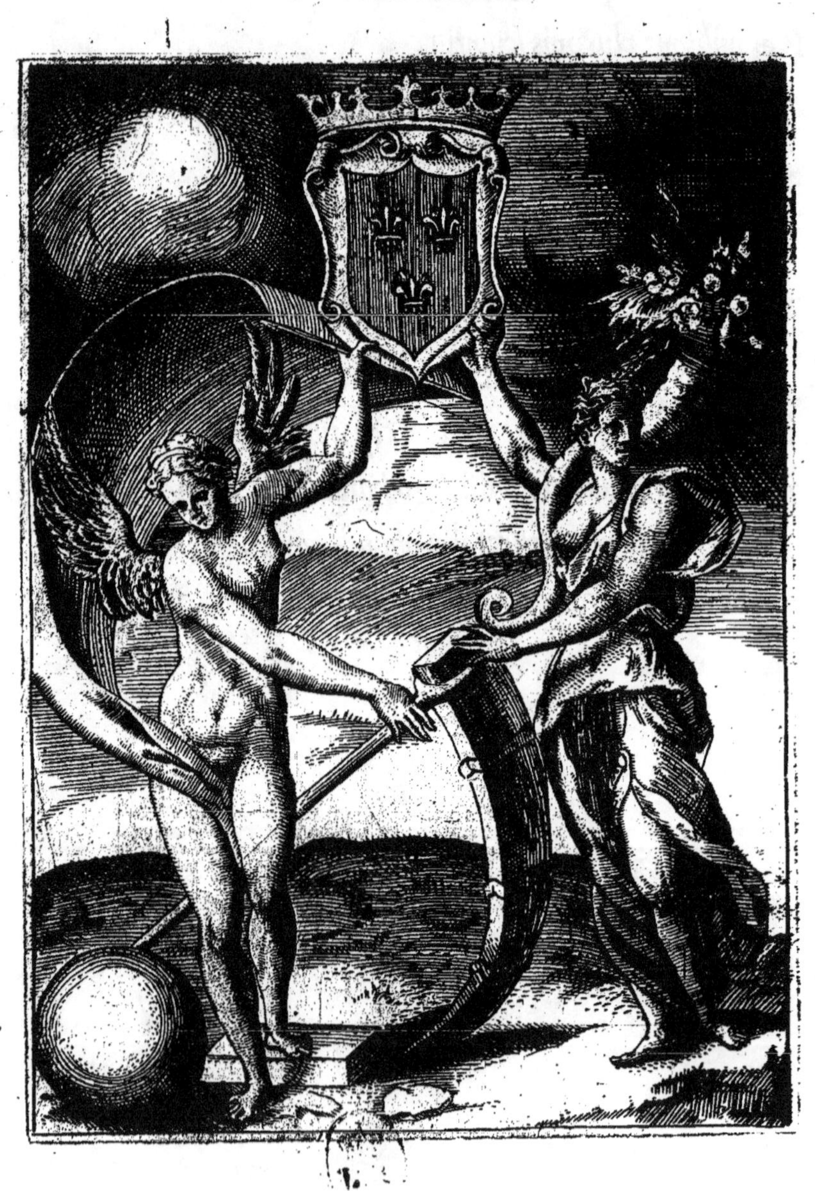

AD HENRICVM VALESIVM GALLIAR REGEM.

SYMB. XXIII

Augustis olim in thalamis fortuna solebat
Poni ab Romuleis aurea Principibus,
Nempè id magnanimos Reges insigne monebat,
Omni ut deberent, & cuperent studio
Fortunare homines. nam cæca, uolubilis illa est
Vulgaris, paßim quæ fauet immeritis.
Verũ oculata ipsa, & stabilis, quæ sceptra gubernat
Regia. cui clauum copia diua tenet.
Ergo si regum fortuna est aurea multos
Pro meritis posse, & uelle beare homines,
Hæc Henrice eadem digno tibi Lilia defert
Aurea, qui nostra hæc florida secla beas.

NON VINCI POTIS EST NEQ. FINGI REGIA VIRTVS

SYMB. XXIIII.

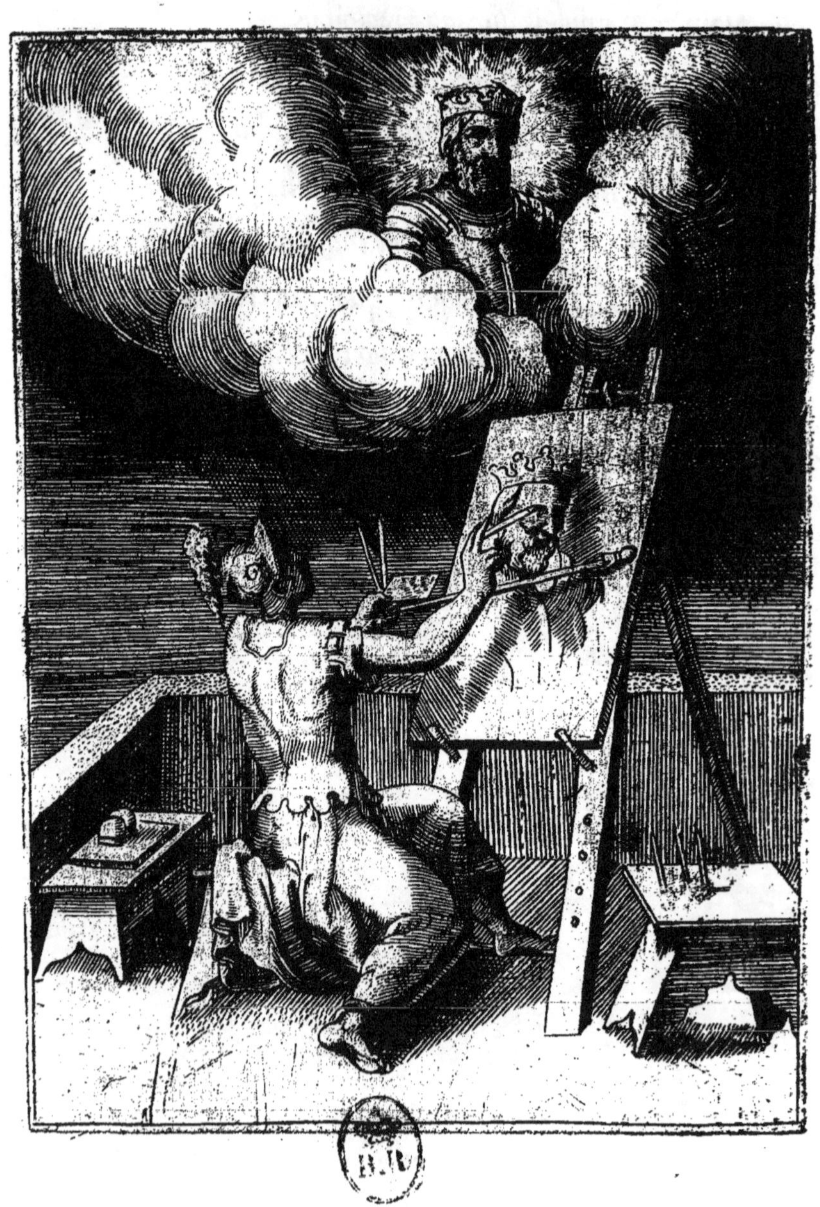

FRANCISCO VALESIO GALLIAR. REGI.

VIRTVS VIRTVTEM FINGERE SOLA POTEST.

SYMB. XXIIII

Dum tua fortunæ cedit, Rex inclyte, Virtus:
Victricem subigit cedere uicta sibi.
Quid duce te faciet uictrix, si uicta triumphat?
Non hominis Virtus, sed magis ista Dei est.
Ergò diuinus quum sis, ò Maxime Regum,
Quis tam mortalis fingere te potuit?
Ipsa tamen potuit talem te fingere Virtus,
Qualem animus possit cernere non oculi.

SVSPECTA IVRE EST IN SVPERBO COMITAS.

SYMB. XXV

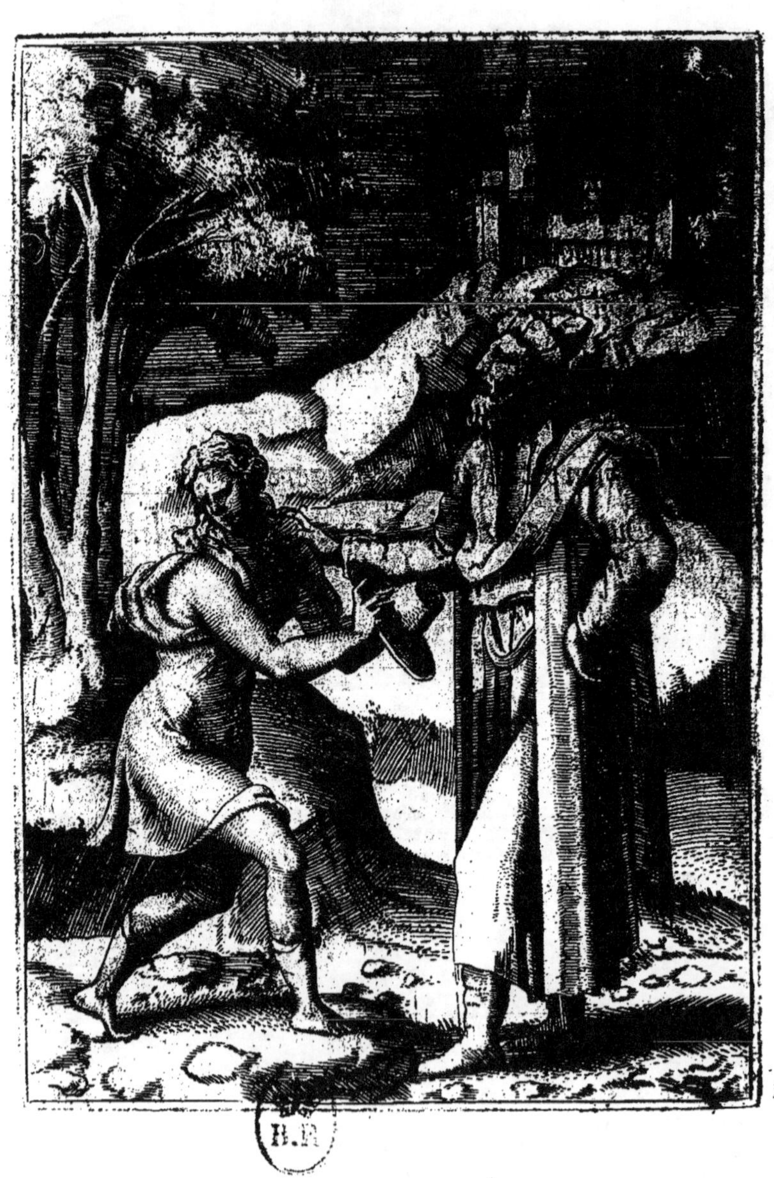

ΕΙΣ ΟΓΚΟΝ ΤΟΥ ΑΣΓΕΙΣΩ ΠΛΕΟΝΕΚΤΙΚΟΥ

SYMB. XXV.

Idem sis licet omnibus superbus,
Et magna tamen esse comitate
Interdum cupias mihi uideri.
Si cur defugiam tuum frequentem
Congressum rogitas Philippe, dicam.
Suspecta est mihi comitas superbi.

DE VITANDA SVPERBIA.

Est Vitanda Superbia Sola, uel in benefactis,
Et si alia in male factis ualeant uitia.
Ne captus fortasse cupidine laudis inani
Amittas prorsus quæ benefacta ualent.

INTEMPESTA DIES, VT NOX. EST DESIDIOSO.

SYMB. XXVI

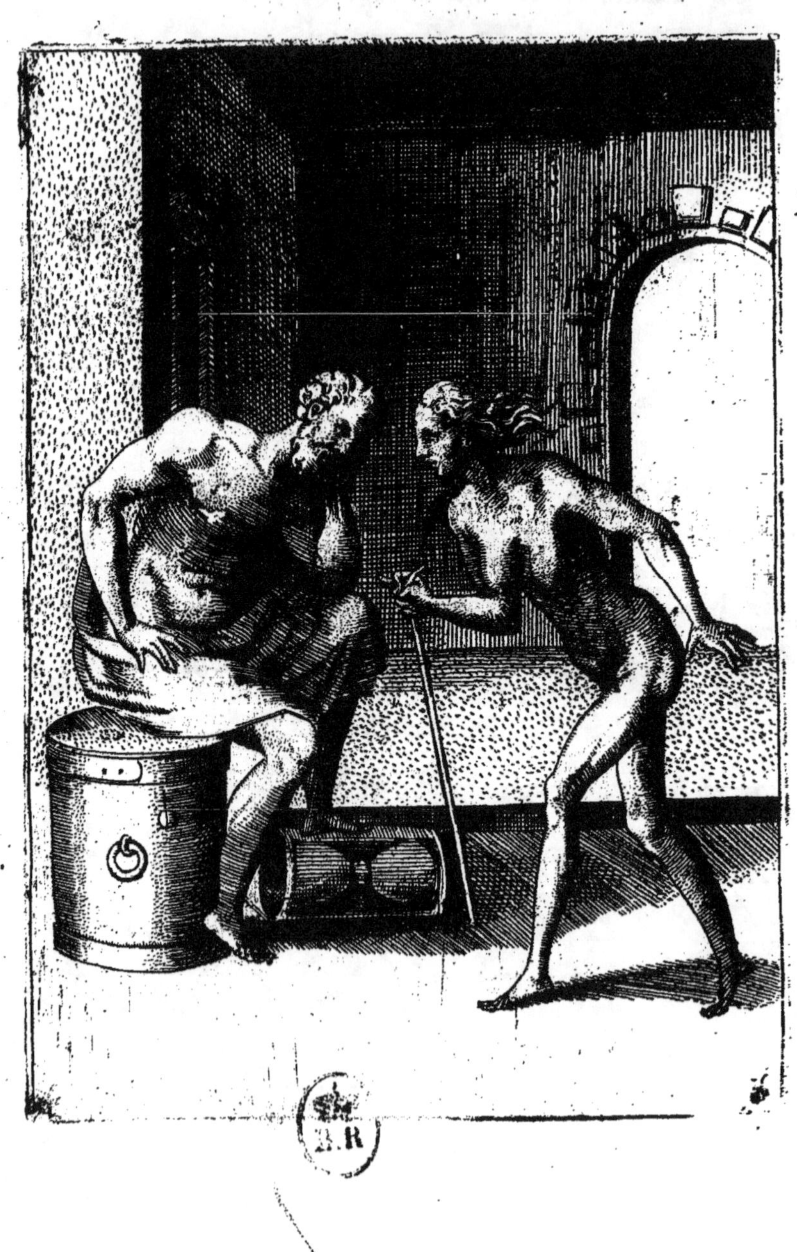

IN LENTVM INERTEM ET OTIOSVM TVRPITER.

SYMB. XXVI

Intempesta alijs si nox sine tempore agendi est,
Tempus enim humanis actibus aspicitur,
Quum tu desideas semper sine tempore agendi,
Intempesta dies est quoq; Lente tibi.
Quid mereare sedens in Choenice quaeris? ut ipsum
Perdant te lenta tristia fata fame.

PABVLA LAETA ANIMI HAEC NE SPERNE, BEABERIS VLTRO.
HOC ILLVD BOCCHI NOBILE SYMPOSIVM EST

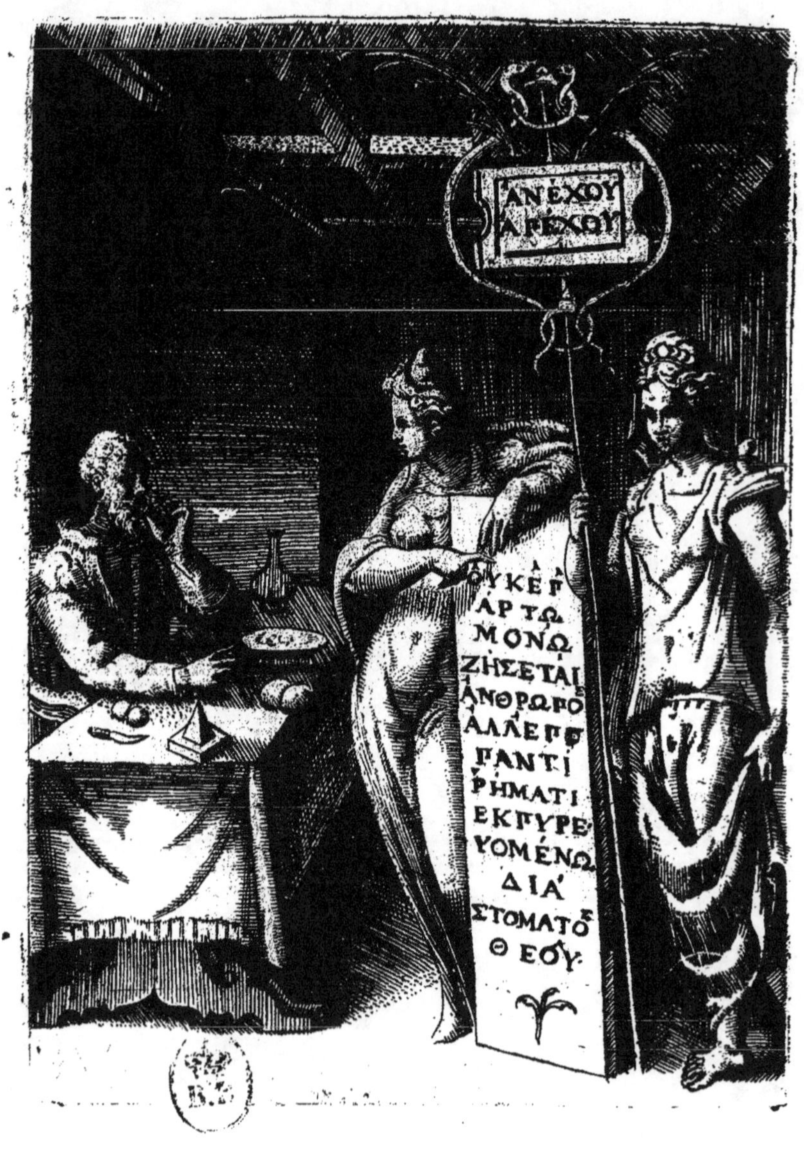

MENSAE DOMESTICAE DECEM HAEC SVNT SYMBOLA.

SYMB. XXVII

Corpus simplicibus cibis: Deiq;
Verbo paſce animum tuum uſq;, & uſq;.
Teſtem quicquid agis Deum inuocato.
Quod ſat eſt cupiens nihil dolebis.
Naturam ſequere omnibus magiſtram.
Continentia te beabit una.
Semper quid decet, expeditue noſce.
Vita eſt moribus in bonis beata.
Quiſquis ſuſtinet, abſtinetue Rex eſt.
Id tantum cupias quod eſt amandum.

PRIMA TENET PRIMAS RERVM SAPIENTIA CAVSSAS.

SYMB. XXVIII.

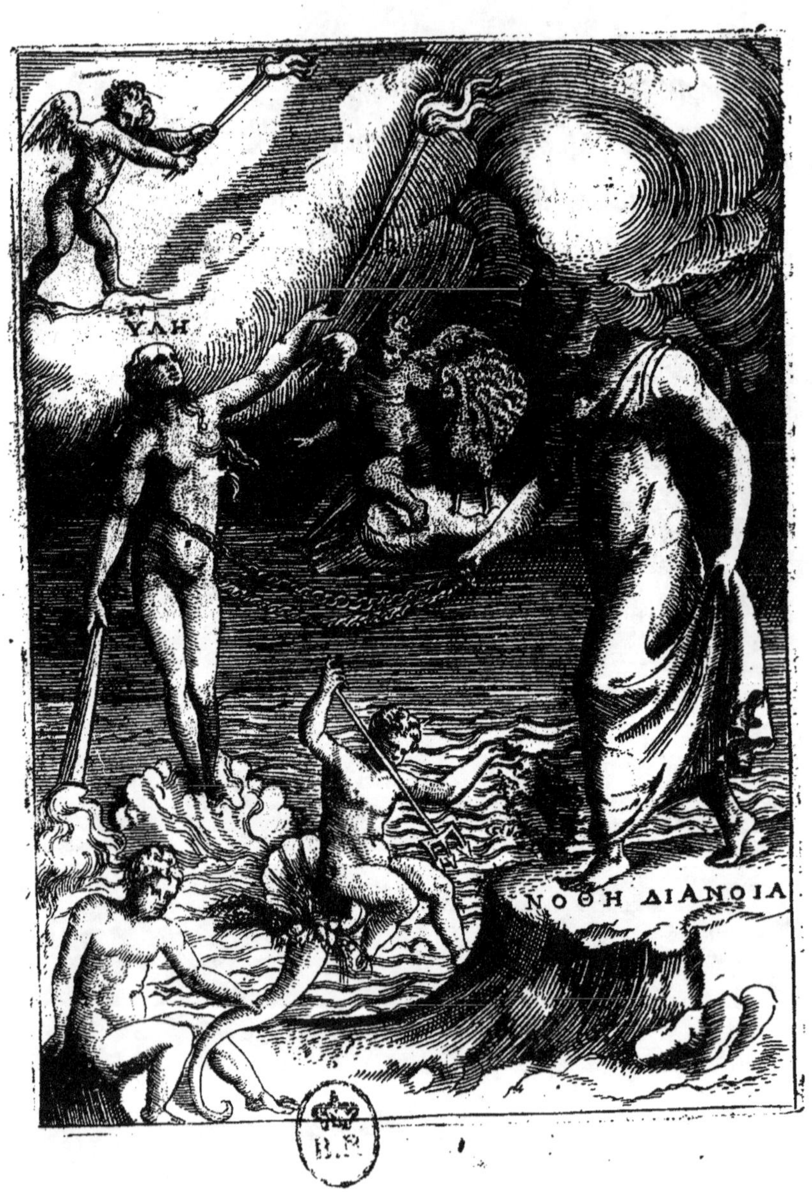

IN MATERIAM PRIMAM MENS NOTHA SOLATENET.

SYMB' XXVIII.

Orta ſalo, uro ſalum, atq; ſolum, cælumq́; profundum
Vna ego corrumpens omnia progenero.
A me omneis Natura creat res, auctat alitq́;,
In me res omnis rurſum eadem ſolüit
At licet hac uidear, quæ picta eſt, prædita forma,
Omni forma prorſum ipſa tamen careo.
Sumq́; mea, ac propria ratione incognita prima
Materia illa ego, quam Mens notha ſola tenet.

SIC ARS DEPRENDITVR ARTE

SYMB. XXIX

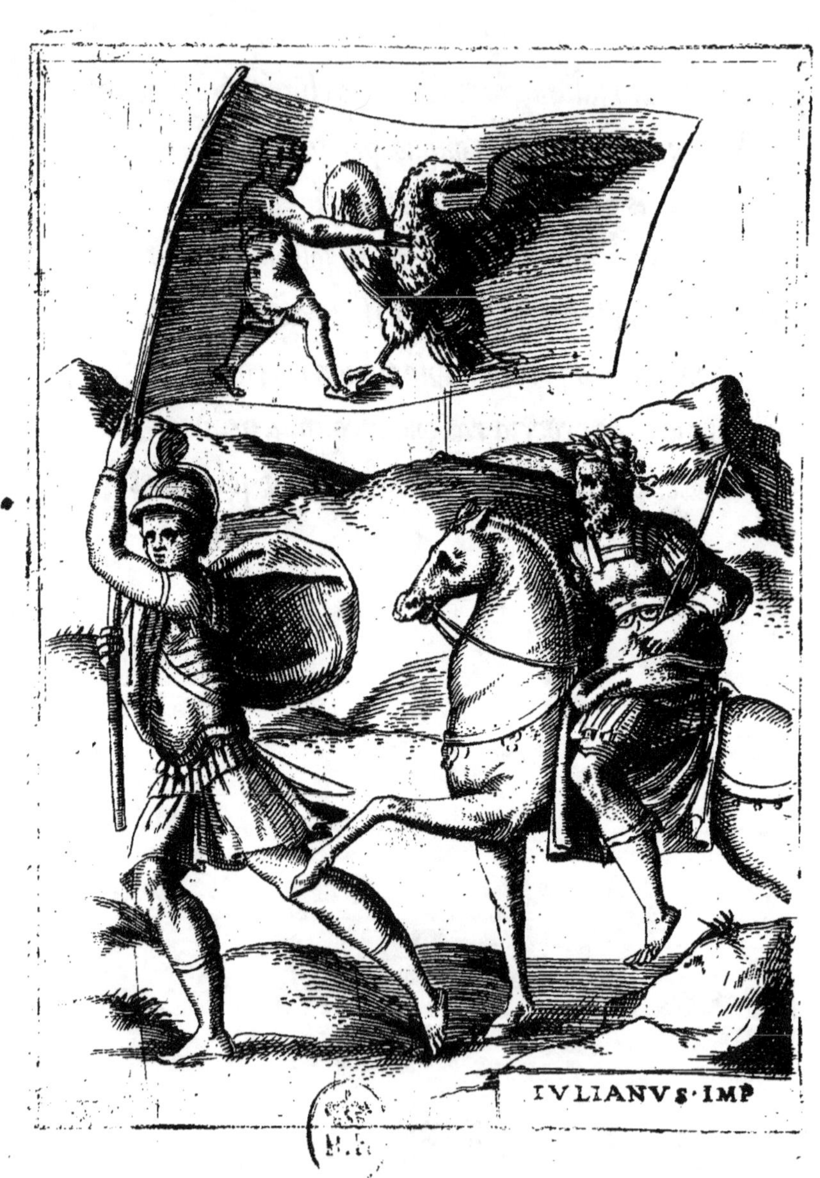

DEPRENSVS ARTIB. SVIS

SYMB. XXIX

Impostor ille Iulianus, maximè
Qui christianos persequi decreuerat
Artes eos docere uetuit liberis
Dignas hominibus, scilicet ne præpetes
Euellerent de aquila sua pennas, quibus
Configerent etiam aquilam. Qua imagine
Vsum ferunt illum esse, ubi primum artibus
Sese impetitum fortè deprehendit suis.

NON MVLTA POSSIDENS, SED IMPERANS SIBI DICENDVS EST DITISSIMVS.

SYMB. XXX

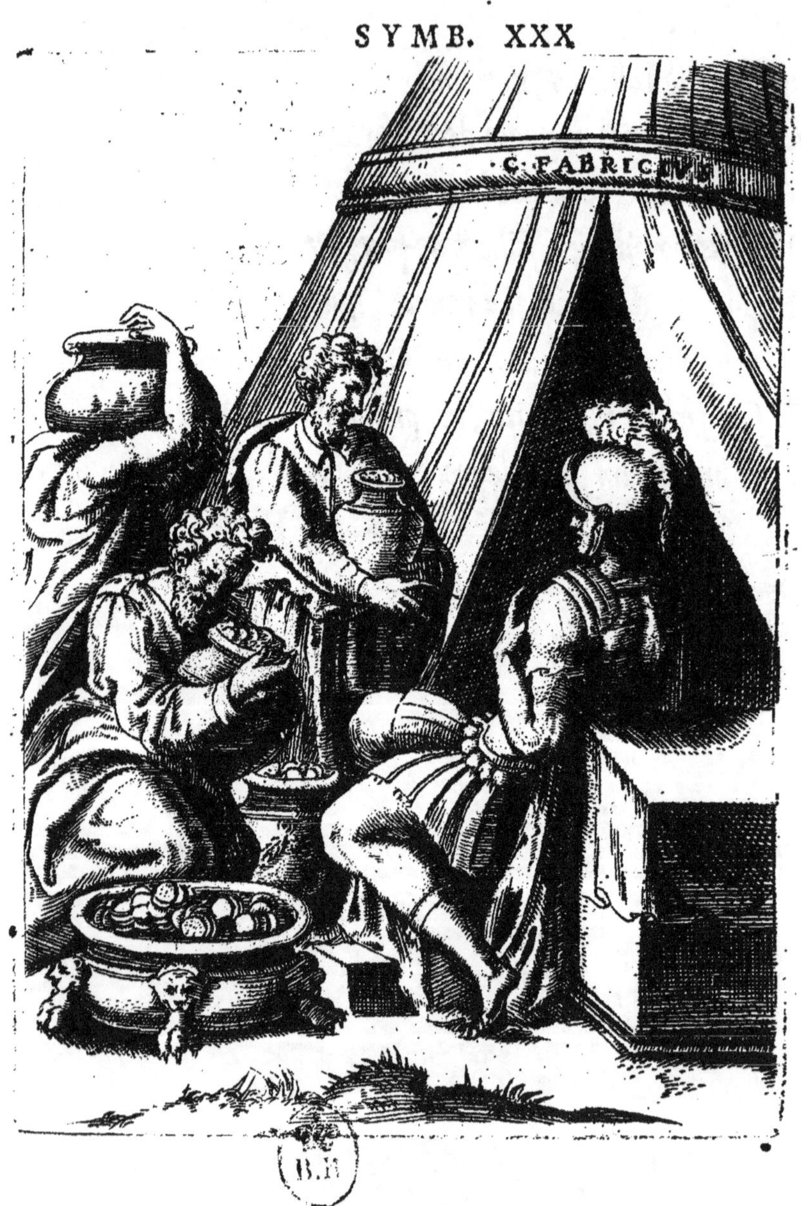

SYMB. XXX

Contentus esse qui suis rebus potest,
Aliena nec cupit, uocetur continens.
Sic Fabricius existimatus omnium
Mortalium est iure optimo ditissimus,
Nec multa possidens, sed imperans sibi.
Ipsimet, ipsis imperauit hostibus:
Quorum quidem oratoribus pecuniæ
Vim maximam offerentibus dono, simul
Rogantibus ne sperneret, tum protinus
Planas ab auribus manus ad lumina,
Exinde ad os, & guttur, ac uentrem infimum
Deduxit, inquiens. dum ego hisce sensibus
Obsistere, imperareq; potero, mihi
Nil deerit unquam.. Ergò pecuniam, qua opus
Nil mihi est, non accipiam ab illis, quibus
Eam usui esse neutiquam sum nescius.

PECVNIA HAVD CORRVMPITVR
VIR FORTIS ET FRVGI, NEC ACIE VINCITVR

SYMB. XXXI

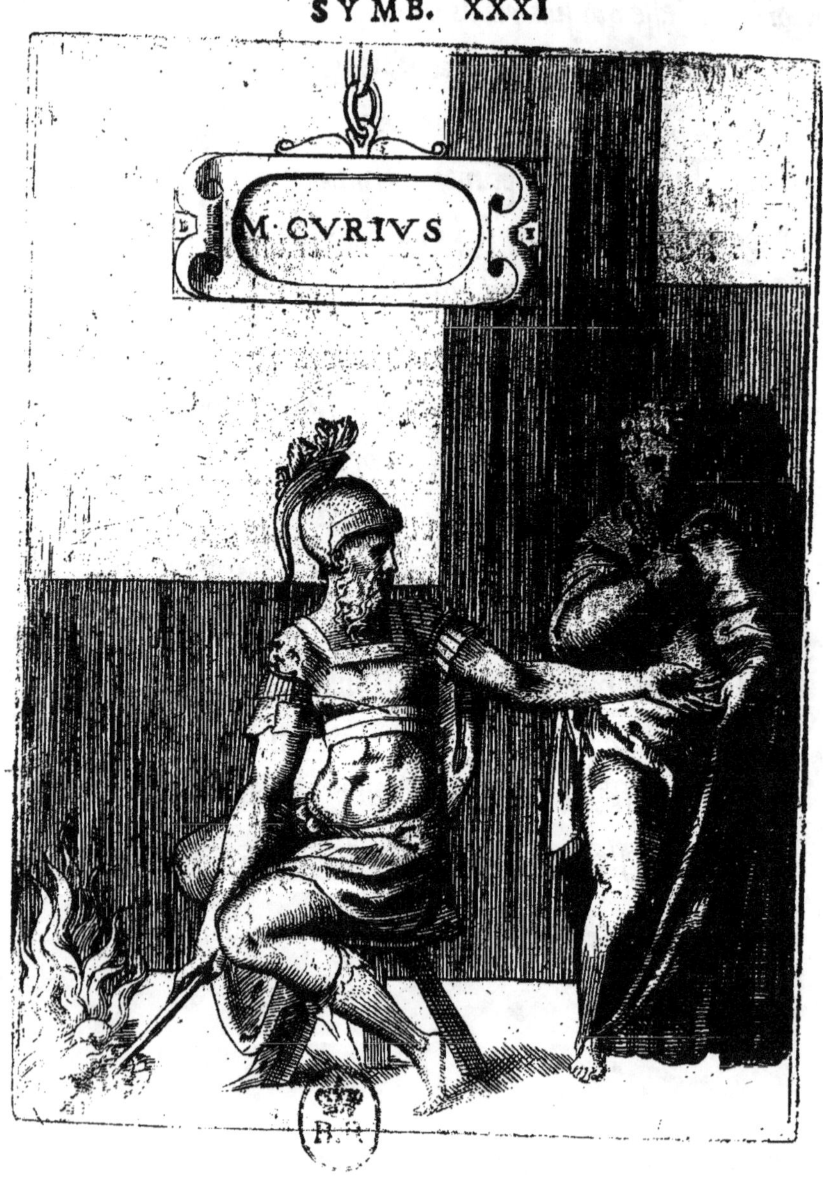

SYMB. XXXI

Marcus curius olim ad focum rapas coquens
Sedebat . auri pondus afferentibus
Samnitibus magnum , idq; missum publicè ,
Verbis benignis , uteretur ut libens ,
Rogatus illusit . tum , abite uos , ait ,
Ministri inepti ineptioris istius
Legationis . dicite samnitibus ,
Mauelle Curium imperare ditibus ,
Quàm diuitem effici ipsum . abite inquam , & malo
Hoc munus hominum excogitatum protinus
Referte : memores me , nec acie uincier
Pote esse , nec pecunia corrumpier .

SAT EXTAT IPSA VERITAS
VANA ABSIT OSTENTATIO

SYMB. XXXII

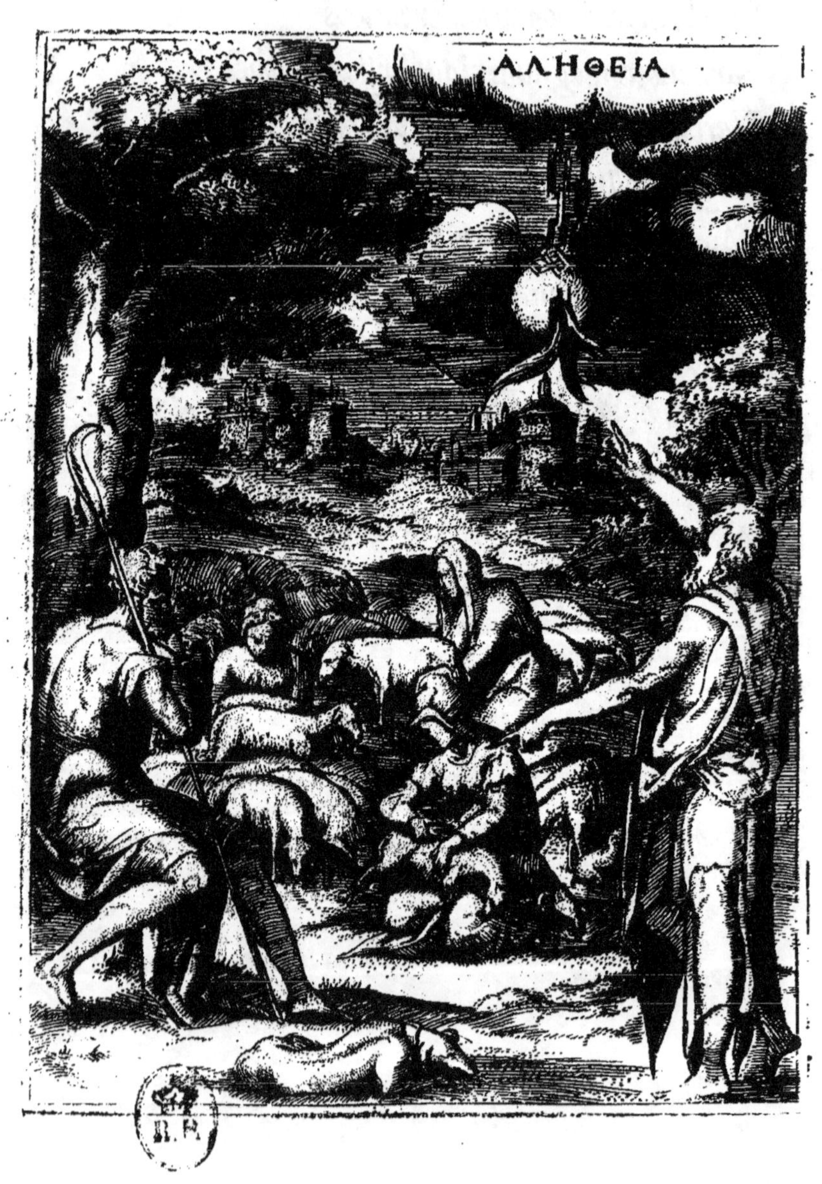

NE TE FACERE PVDEAT PARVM
RECTE ILLA, QVAE
NON POSSE MELIVS NOVERIS.

SYMB. XXXII

Nil veritatis luce clarius, licet
Enim occulatur interim, igneo tamen
Fulgore ſemper ipſa proditur ſuo.
Non iactitant opimæ apud paſtorem oues,
Quantum diebus ſingulis comederint.
Teſtantur id re, lacte, lana, fœtibus.
Hoc ſtoicus Epictetus olim oſtenderat.
At ſtulta uulgi turba ſeculum uocat
Felix, quod eruditione plurima eſt.
Quin ſeculum id felix nego eſſe. rectius
Felix uocatur illud, ubi docti uiri
Præſtant reapſe quod legunt, quod prædicant,
Aliјſq; præſcribunt, ubi bonus qui audiat,
Et uideat exclamare cogatur ſtatim
Certè hi loquuntur ita, ut agunt uitam, optimè,
Atq; ut loquuntur uitam agunt ſanctiſſimè.
Facere parùm rectè quæ ipſe haud melius potes
Cur erubeſcis? præſtat erubeſcere
Malè facere ea, quæ neutiq; potes benè.

SCOPVS BONOR. VERITAS EST OMNIVM.

Candorem amat syncera ſemper Veritas:
Odit latebras: fucum abhorret: quæritat
Aditus patentes: libera, alta: neſcia
Seruire, non cupit aliena umbra tegi:
Atqui ſuo oblectatur ipſa lumine,
Nec ulla cum ſeruili habet commertia,
Teterimóq; hominum genere: ſed liberis
Puriſſimiſq; preſto adeſt tantummodo.
Hic deniq; omnis eſt ſcientiæ ſcopus

LIBER SECVNDVS.

VIRTVS VESTIBVLVM EST HONORIS ALMA.

SYMB. XXXIII

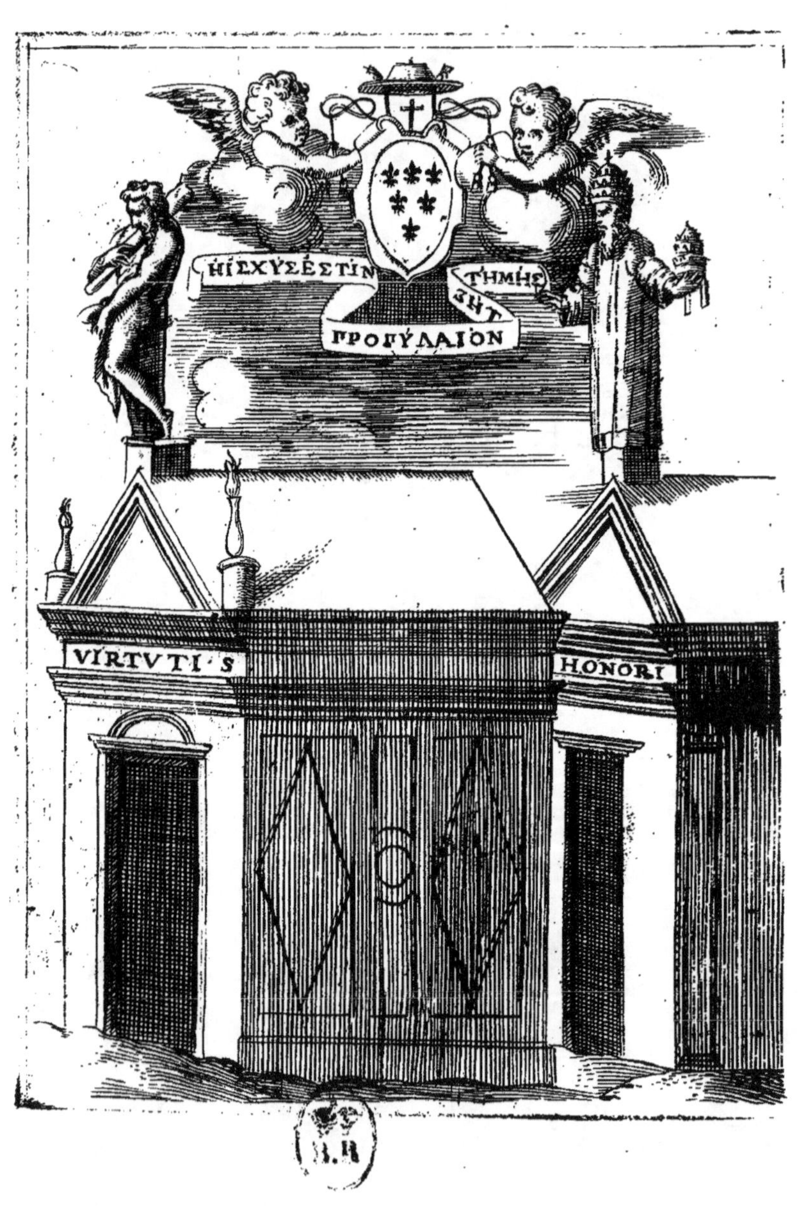

RAYNVTII FARNESII NEPOT. PAVLI III. PON. MAX. CARD. S. ANG.

SYMB. XXXIII

Astat uestibulo templi Tirynthius heros,
Posterior signum cællula Honoris habet.
Dis una fieri, nisi certis sacra duobus,
Consule Marcello, Relligio uetuit.
Nam sua debetur seiunctim gratia cuiq;,
Si qua fortè aliquid prodigij acciderit.
Prodigium est quando alterutruum contingit abesse.
Abdita caussa latet, cognita quæ superis.
Indè timore homines perculsi, numina diuum
Implorant ipso in tempore suppliciter.
At natura parens almæ Virtutis honorem
Constituit proprium, ac perpetuum comitem.
Ad summam uerum decus ex uirtute parari,
Hocce monet uitæ nobile propositum.
Quod sibi prudenter statuit Raynutius Heros
Altera spes animi, & gloria Paule tui.

NVNQVAM BEARI POSSE AVARVM DIVITEM

SYMB. XXXIIII

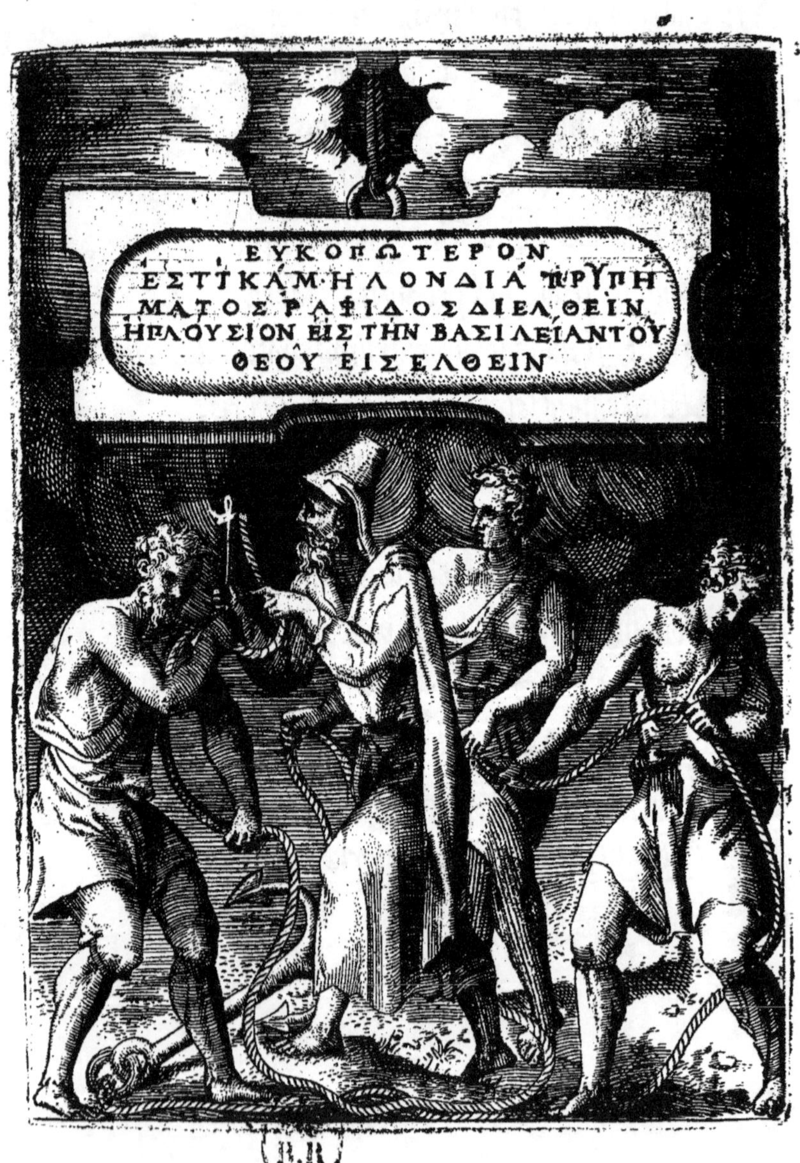

SENTENTIA EX ORACVLO CHRISTI DEI DE DIVITE

SYMB. XXXIIII

Ante foramen acus penetrabit nauticus arctum
Funis, quo proras anchora iacta tenet,
Quàm ualeat locuples, ullo unquam tempore auarus
Scandere syderei regna beata poli
Ingenium fortuna bonum labefactat opima,
Et mala Luxus iners omnia progenerat.

ILLE DEI FACILE EST QVISQVIS SAPIENTIAE AMATOR.

DVRA PATI DIDICIT PLVRIMA QVISQVIS AMAT

SYMB. XXXV.

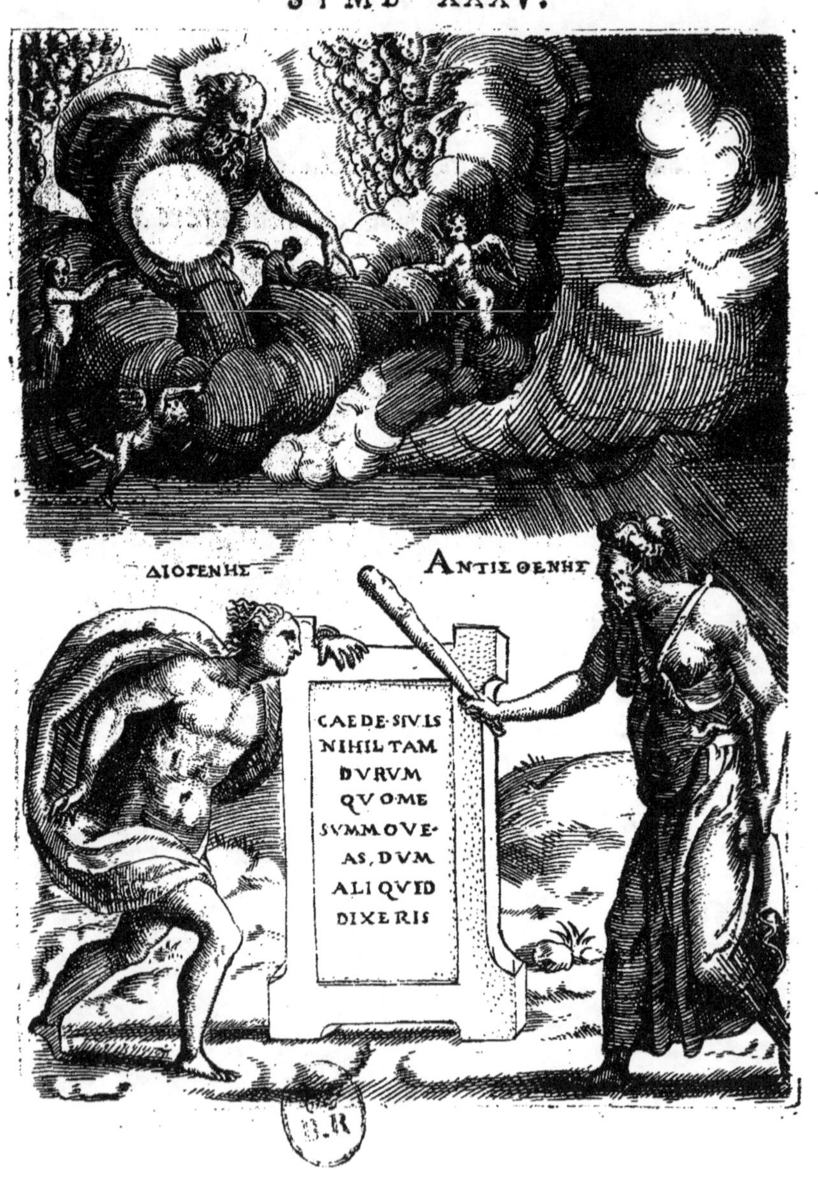

DE CYNICO DIOGENE ET ANTISTHENE

SYMB. XXXV.

Quis ſapientiæ amator ſit fortaſſe requiris,
Dicam equidem, & Pythio uera magis tripode.
Si Deus omnipotens uera eſt ſapientia, uerus
Huius amator erit qui Dei amator erit.
Verus amator erit, nullo qui tempore amare
Desinet. at ſi opus eſt omnia dura feret
Olim Antiſthenico Cynicus clariſſimus ille
Terreri haud quaquam ſi potuit baculo,
Poſſet ut humanas res diſcere: Quid faciet qui
Diuinas omni perſequitur ſtudio?

K

ARS DOCTA NATVRAM AEMVLATVR
VT POTEST
QVIN VINCIT: VSVS DVM ADSIT
ET DVRVS LABOR.

SYMB. XXXVI

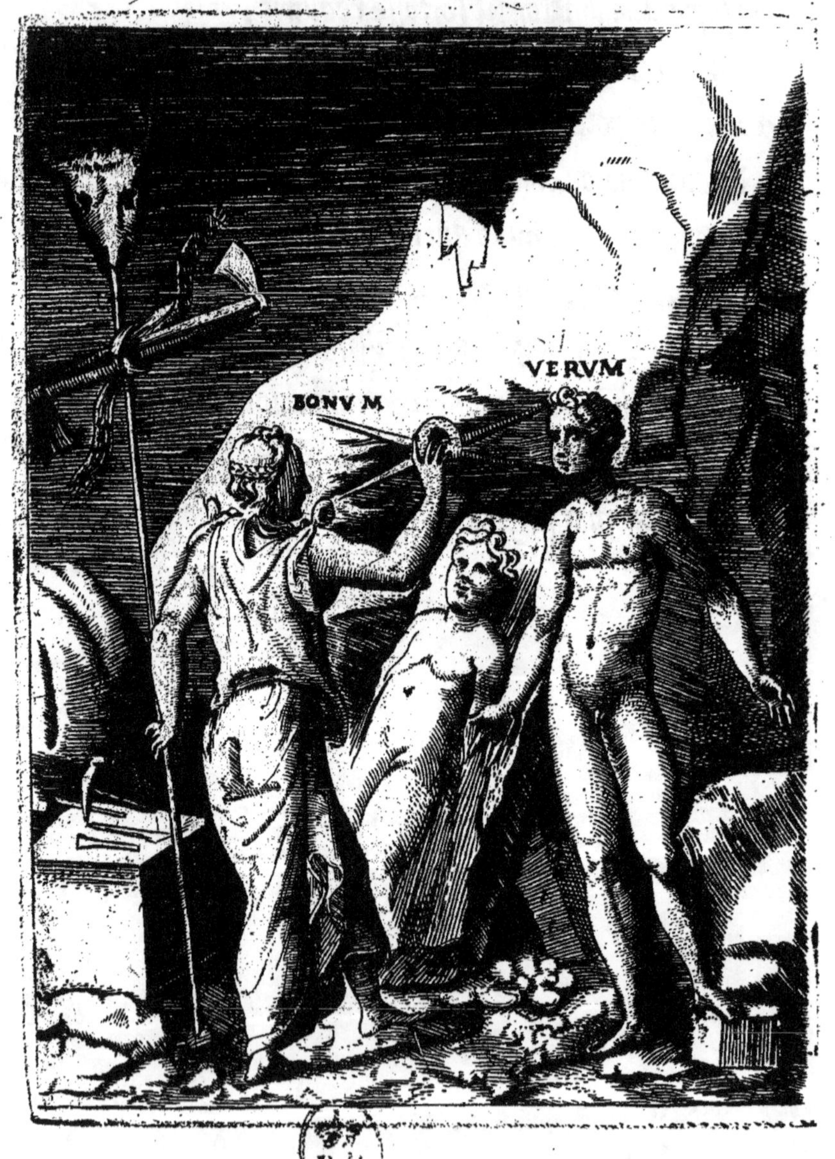

QVIS AGERE MENSVRAM VLLIVS REI POTEST
SI NESCIT IPSE MET SVI ?

SYMB. XXXVI

Lucidulis quænam hæc oculis tam uiuida uirgo ?
Ars eſt. Quis dedit id nominis huic ? ΑΡΕΤΗ.
Nil magis ingenij uires, quàm conſcia uirtus
Excitat. Effingit cur hominem potius ?
Ipſum unum ut fingens simul omnia fingere poſſit.
Porrò quid duplex circinus ille refert ?
Altera ſtans centrum pars, altera perficit orbem
Indagat uerum hæc : inuenit illa BONUM.
Hinc intus ſapit inde foris ſpeculatur utrinq;
Finem animo aduertit callida. docta notat.
Sed quid ΒΡΕΧΜΑ *bouis, quid agreſtia fixa tropæo*
Arma uolunt ? labor eſt acer, & aſſiduus.
Dædala NATURAM *pro uiribus* ARS *imitatur,*
Et uincit, dum uſus præsit, & ipſe labor.

K ij

MVLIEBRIS INCONSTANTIA

SYMB. XXXVII

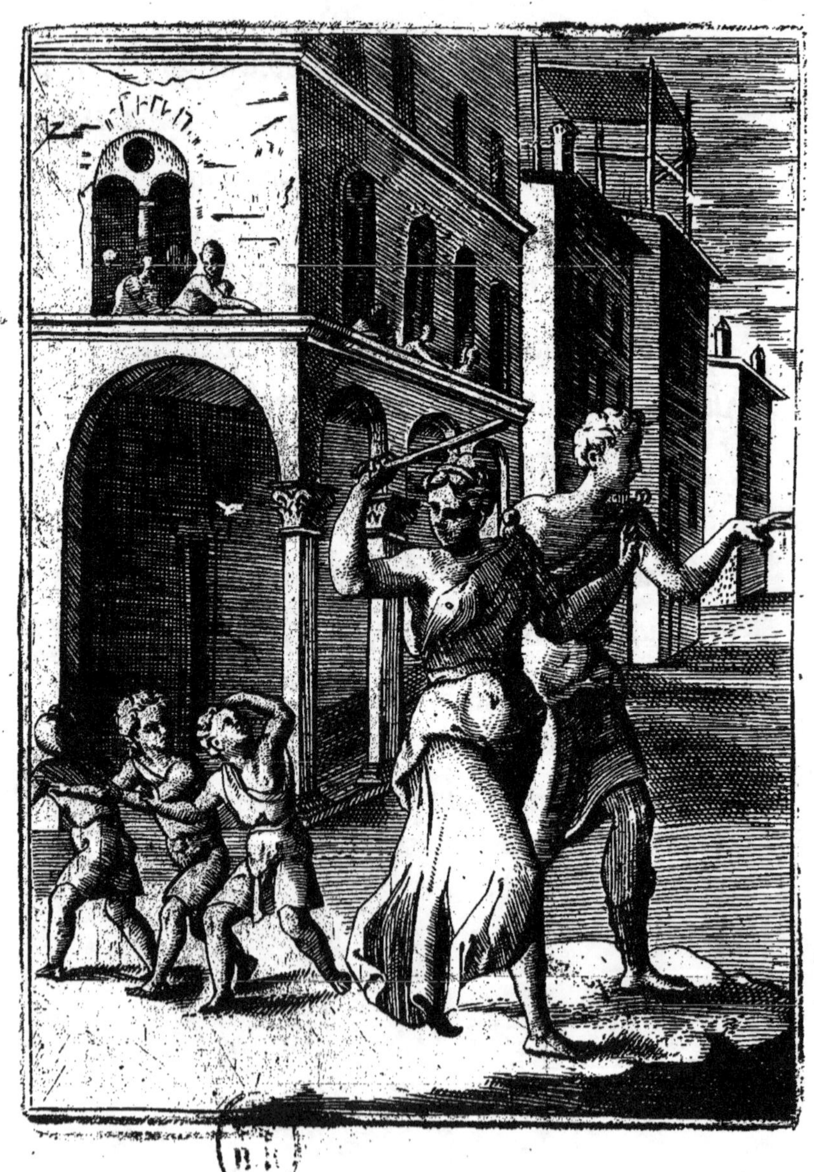

VERSA EX HOMERO NOBILIS SENTENTIA

SYMB. XXXVII

Sat nosti qualis muliebri in pectore mens est,
Quæ cuicunq; uiro post nupserit, illius omni
Vult studio ditare domum, prorsusq; iuuare
Non animo nati sua pignora cara priores,
Non coniux dulci defunctus munere uitæ
Versantur, sed cura noui subit una mariti.

FORMICAE ARATRA, NON SIBI FERVNT BOVES.

SYMB. XXXVIII

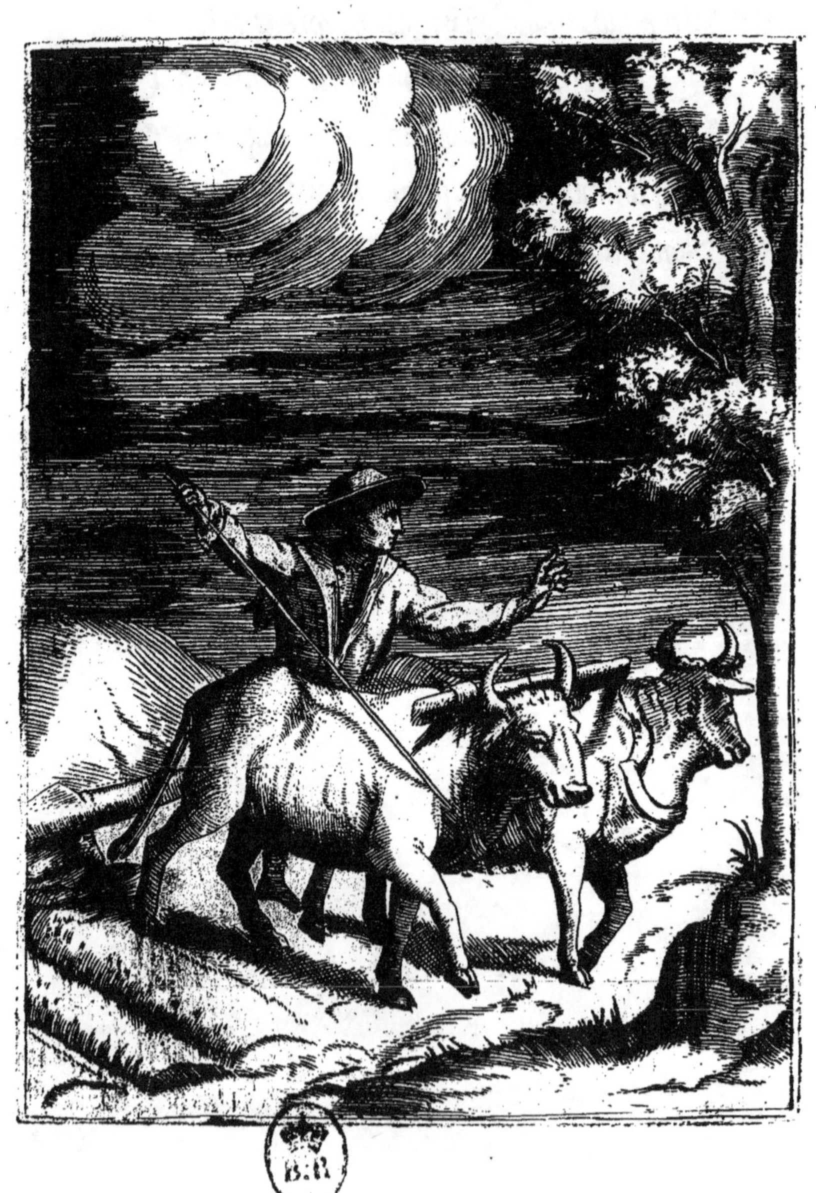

IN EOS QVI ALIENIS LABORIB. PERFRVVNTVR.

SYMB. XXXVIII

Arantis olim fortè per cornu bouis
Formica uiſa errare, Arare ſe dixit.
Sic uos aratra fertis haud uobis, boues.

Aliter.

Per cornu formica bouis dum fortè uagatur,
Quidnam ageret quidam petit, aramus, ait.

QVAERENS NIMIS SVBTILITER ARCANA NIL PRORSVS SAPIT.

SYMB. XXXIX

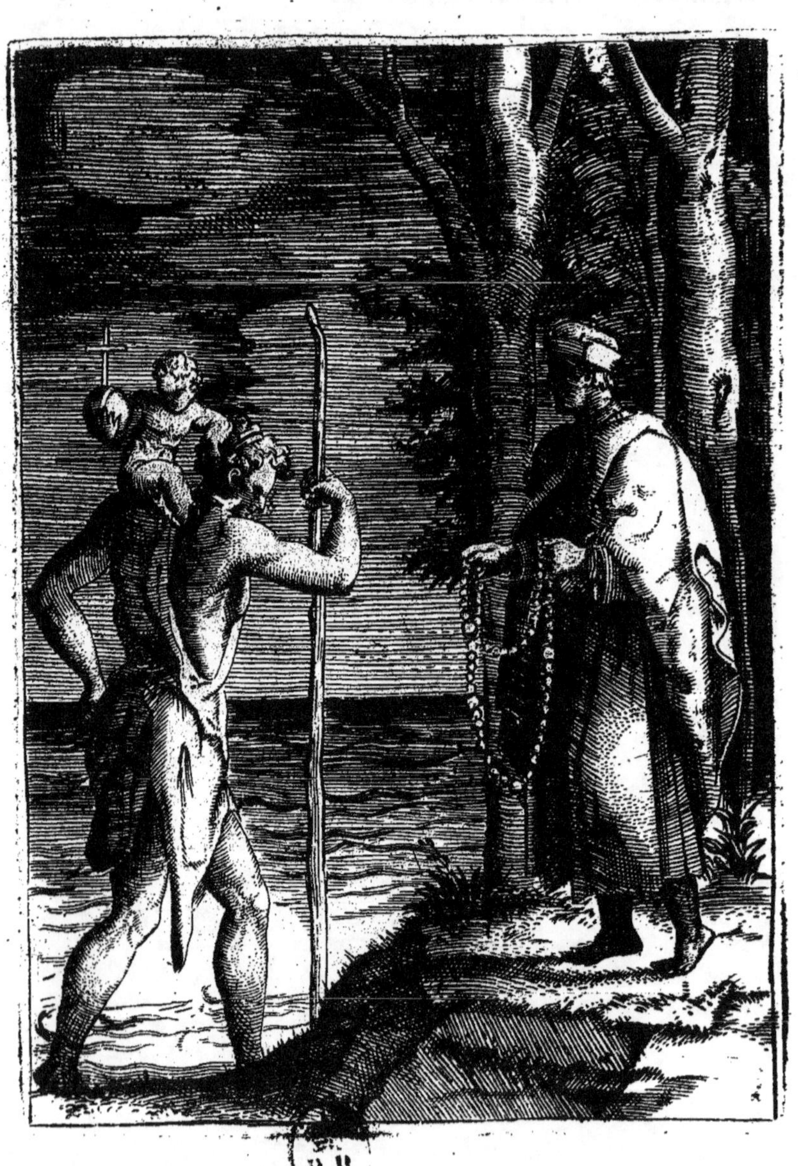

Christianae Religionis symbolum.

Interlocutores Christophorus. Hospes. Religio.

SYMB. XXXIX

CHR. *Miraris quòd Atlas uaga fulserit astra? sed ipse*
Orbis herum, atq; orbem nuper in orbe tuli.
HO. *Dum mundi autorem, mundū gestaret & ipsum*
Quæso ubi tum fuerat, dic mihi, Christophorus?
RE. *Desine mirari, summiq; arcana Tonantis*
Quærere. Nanq; istuc desipere, haud sapere est.

L

CAECVS QVI PVLCHRI NON CERNIT LVMINA SOLIS.

SYMB. LX

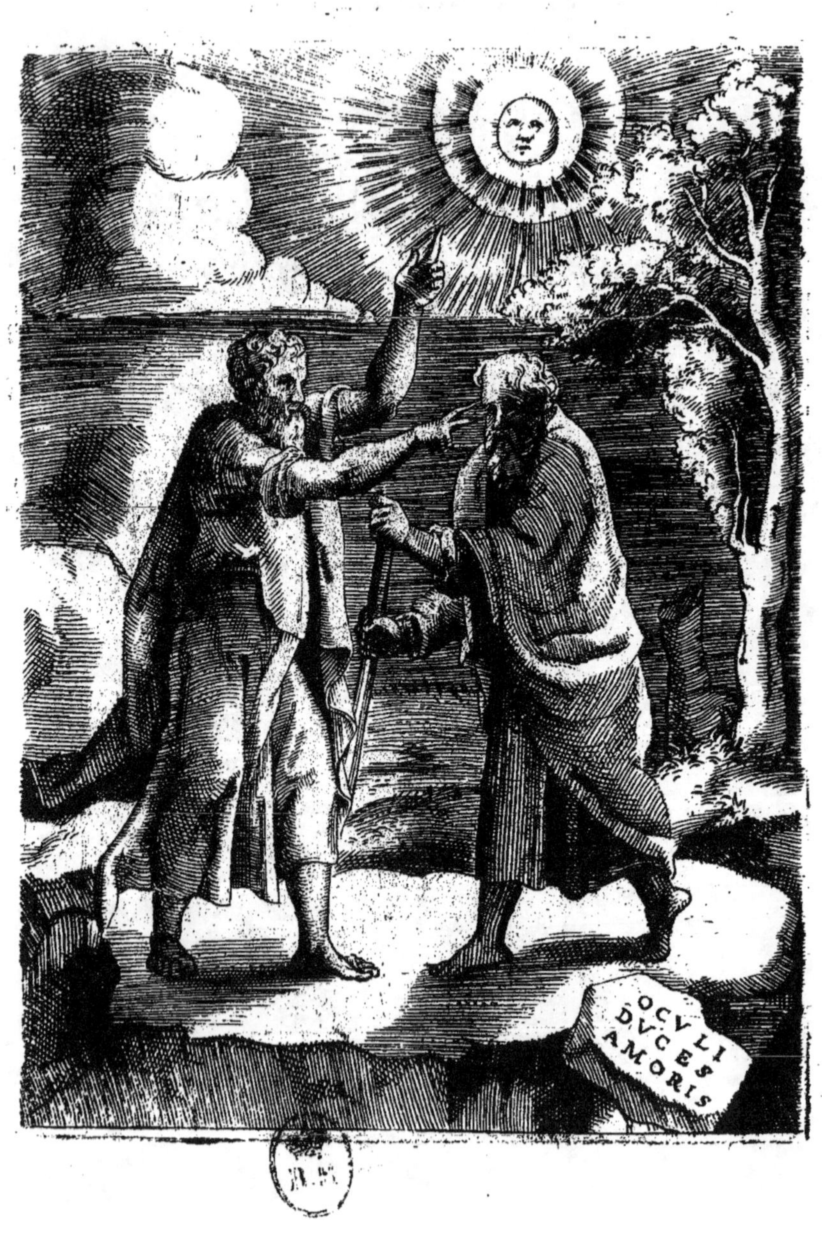

AD ANDREAM ALCIATVM AMCORVM OPT. LVCE CARET, PVLCHRI QVI CAVSSAM NESCIT AMORIS.

SYMB. XL

Qua ratione homines rerum caperentur amore
Pulchrarum quondam magnus Aristoteles
Forte rogatus, ea est cæcorum quæstio dixit,
Et bene, nanq; oculi sunt in amore duces.
Ergo tuæ cum tam capiar uirtutis amore
Qui quæret posthac, hic mihi cæcus erit,

VIRTVTIS HAVD VNA, ATQ. OPVM AESTIMATIO EST.

SYMB. XLI.

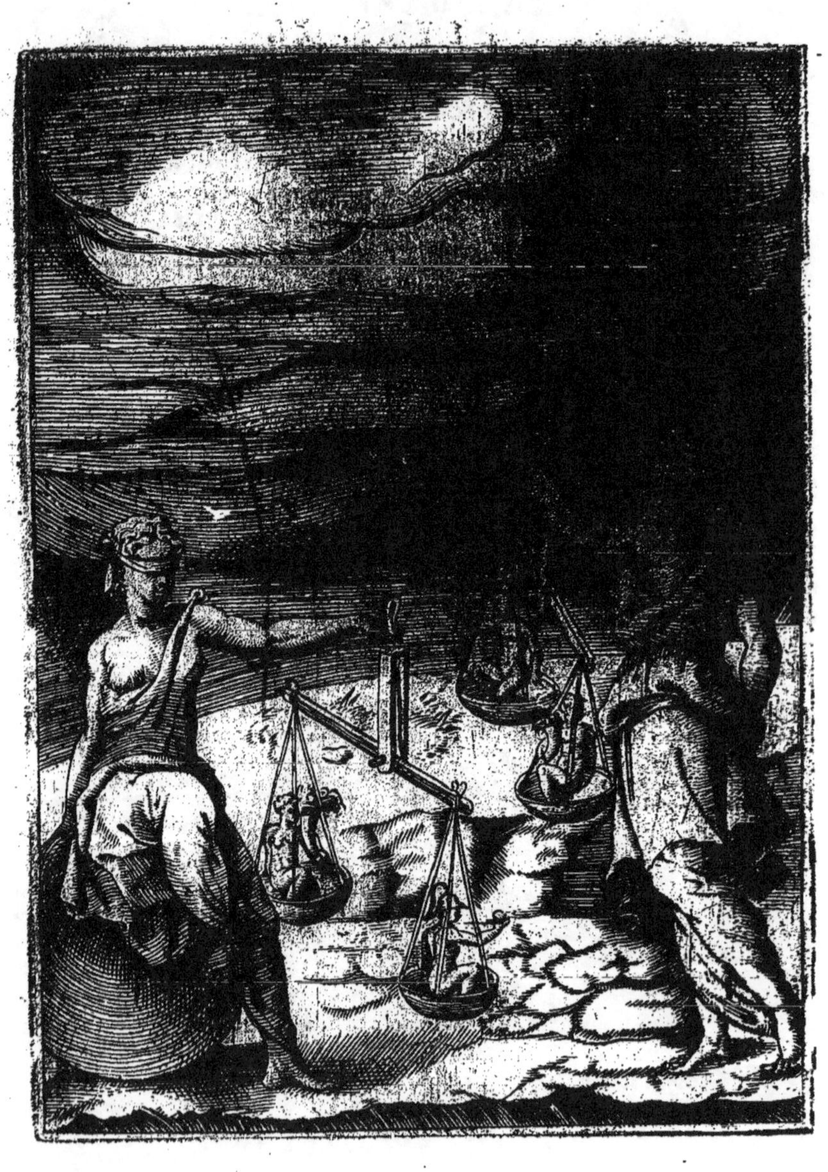

HOC EX PLATONE SYMBOLVM

SYMB. XLI

Diuitiæ, & uirtus ueluti duo pondera habentur
In trutina, quorum unum est alio grauius.
Diuitias etenim quum pendit opinio pluris,
Virtutem insipiens, eleuat illa magis.
At sapiens ratio uirtutem quò magis almam,
Tantò diuitias æstimat ipsa minus.

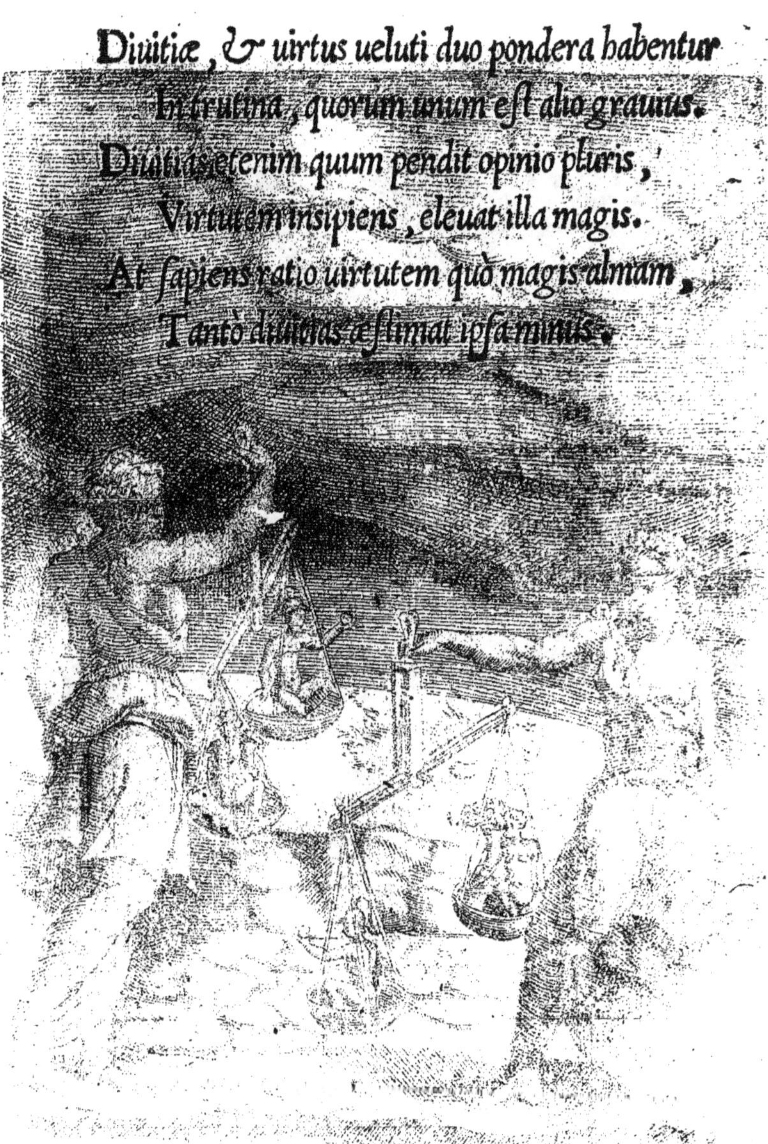

VIRTVTIS VMBRA GLORIA.

SYMB. XLII

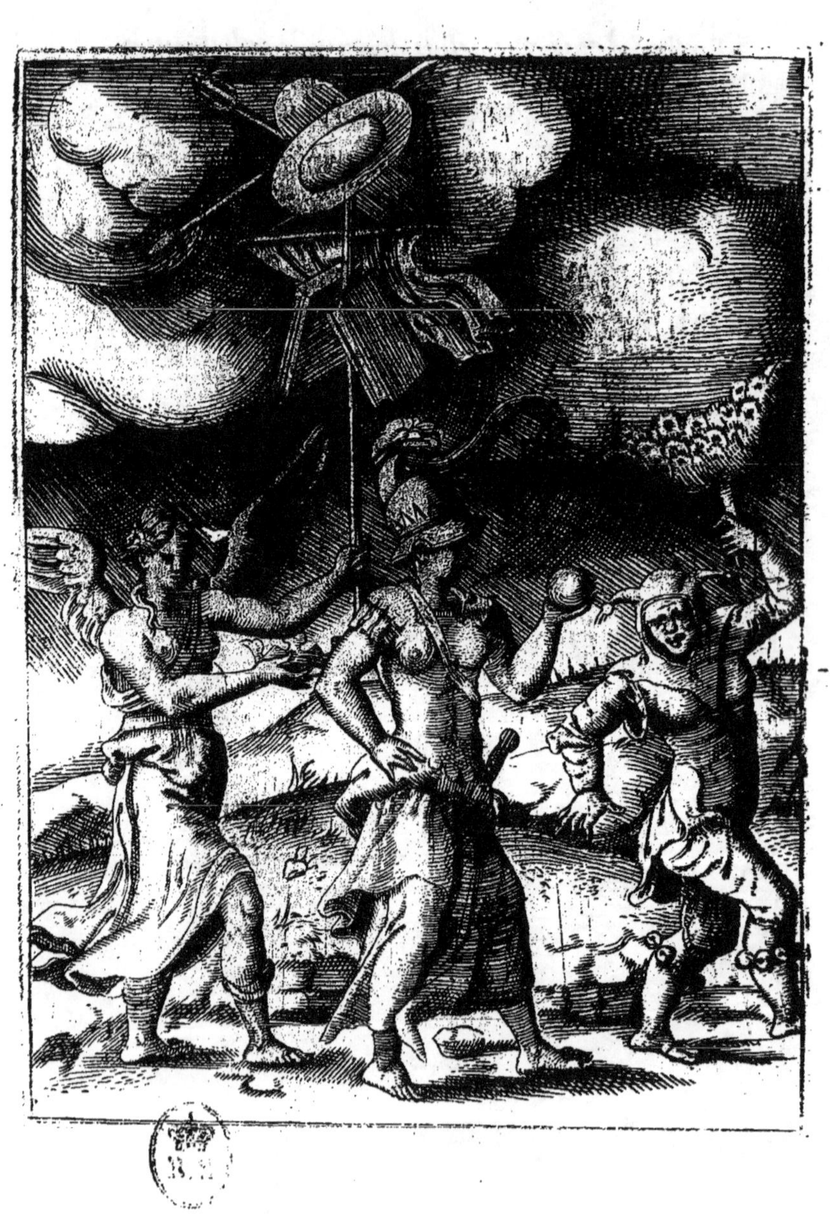

OCTAVIO FARNESIO DVCI OPT. ET CLARISS.

SYMB. XLII

Excellens uirtus resonat tua, sicut imago
  Clara, bonis ideo nec fugienda uiris.
Ecce coràm tropæa gerit post se, optatamq; coronam,
  Aurea diuinæ munera iustitiæ.
Gloria Virtutis comes est, ut corporis umbra,
  Et solida. at quæ præcurret inanis erit
Morio significat stolidum, atq; ignobile uulgus.
  Qui temerè anteuenit, Pallada stultus hic est.
Pinnarumq; scapo malè sanos euocat omnes,
  Crura agitans resonis tintinat orbiculis.
Nempè auram strepitu popularem captat inani.
  Gloria, virtutem quæ sequitur, solida est.
PAVLVS in humanis ageret dum Tertius ille,
  Mandata hæc dederat commemoranda tibi.
Quæ quoniam implesti summis pro uiribus ipse,
  Iure hæc debetur Gloria summa tibi.

HIC HERCVLES EST GALLICVS:
INTELLEGAT, QVI AVRES HABET.

SYMB. XLIII

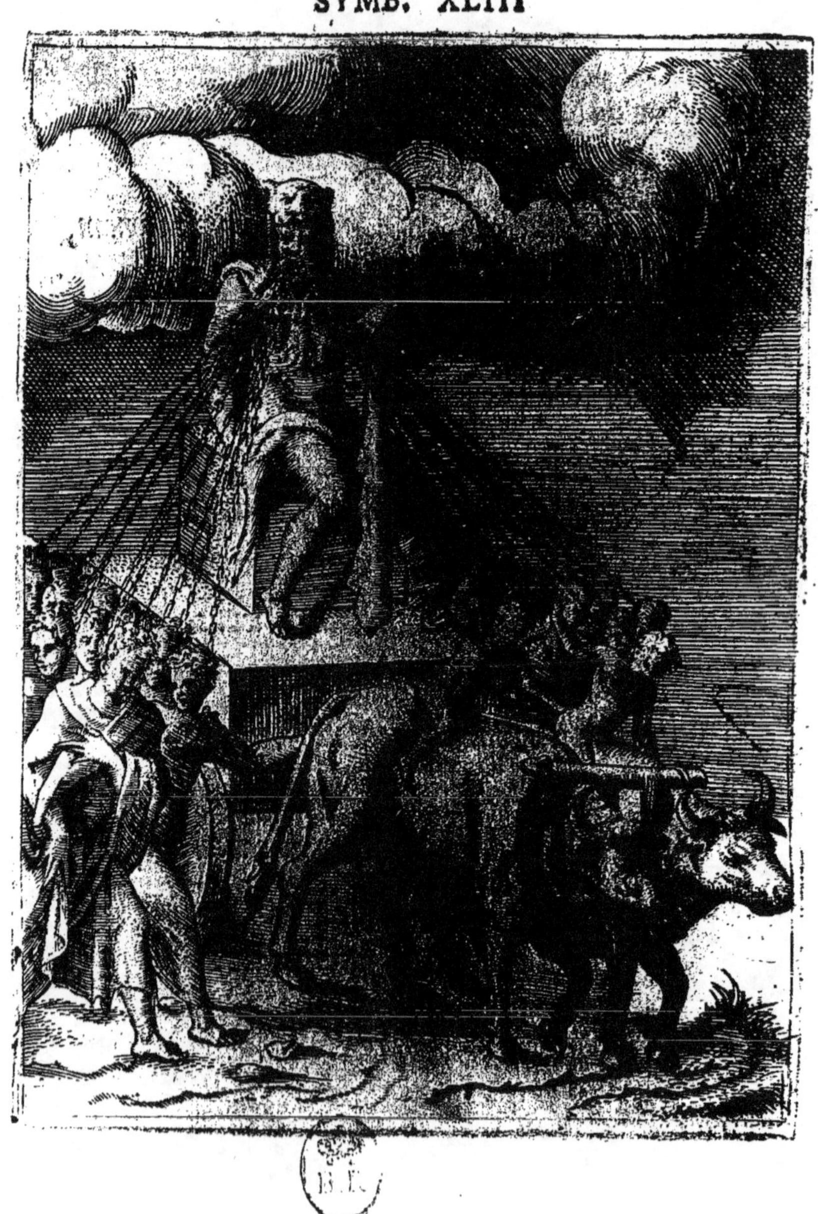

CVRA ET LABORE PERFICI ELOQVENTIAM

SYMB. XLIII

Discere quisquis auet bene dicere, discat oportet
Ille prius. studium id, cura, laborq; facit.
Si studium assuerit summum, & quidam ardor amoris,
Tum nihil obsuerint cura, laborq; tibi.
Qui Gallum Alcidem semel aurib. hauserit ultrò,
Ille disertus erit non modò, sed sapiens.

TIBI SYMBOLVM EXPLICATIVS
IN PAGINA QVAERE VLTIMA.

M

VT IVSTVS EFFICI QVEAS.

SYMB. XLIIII.

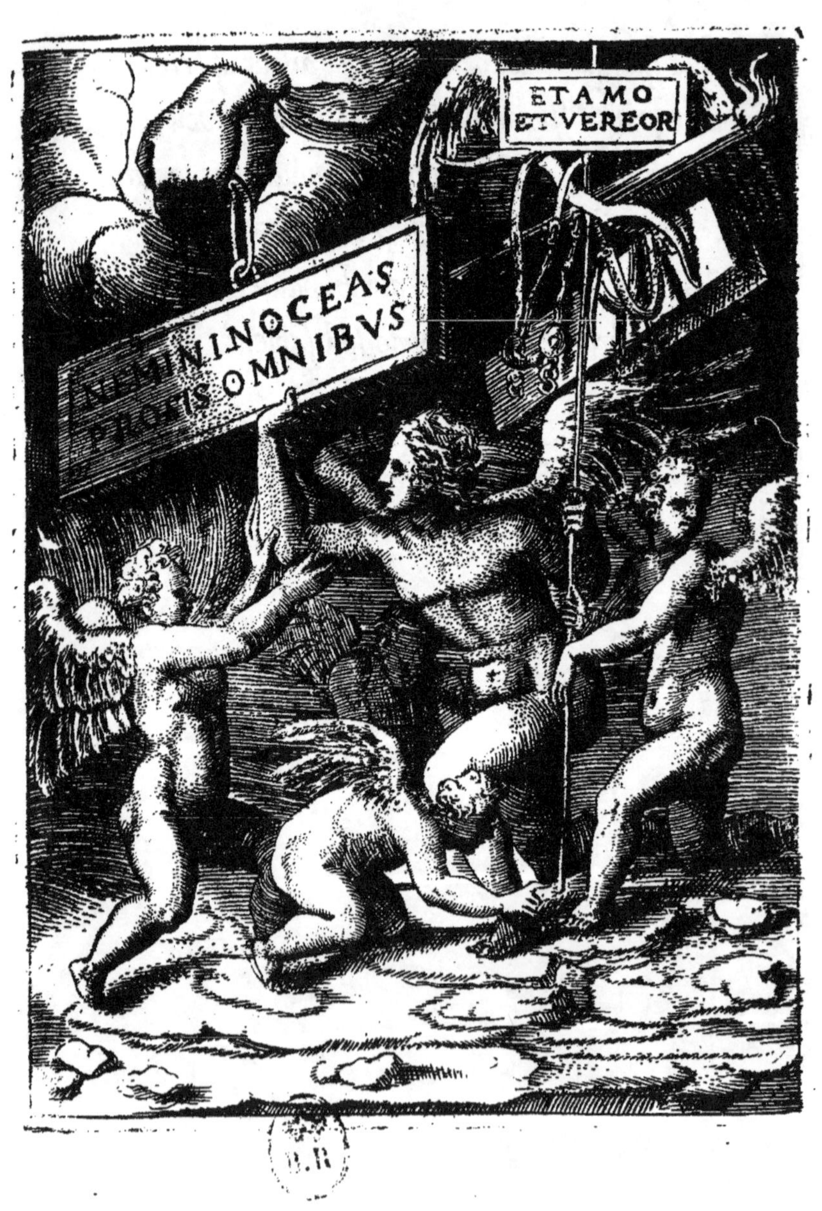

NVLLI NOCEBIS : COMMODABIS OMNIBVS.

SYMB. XLIIII.

Si iustus esse uis, Deum time, atq; ama.
Amabis autem, si illum in hoc imitaberis,
Nulli ut uelis nocere, prodesse omnibus.
Sic uiue semper, denique ita beaberis.
Verum optimi est, & maximi hoc REGNVM DEI.

MANSVETVDINIS VIS EX ISIDORO.

Magna animi virtus, nunquàm si læseris, à quo
Læsus es. At maior, si læsus spontè remittas:
Maxima, si parcas, cui possis ipse nocere.

NON EXTRA, AT INTVS AVDIO.

SYMB. XLV.

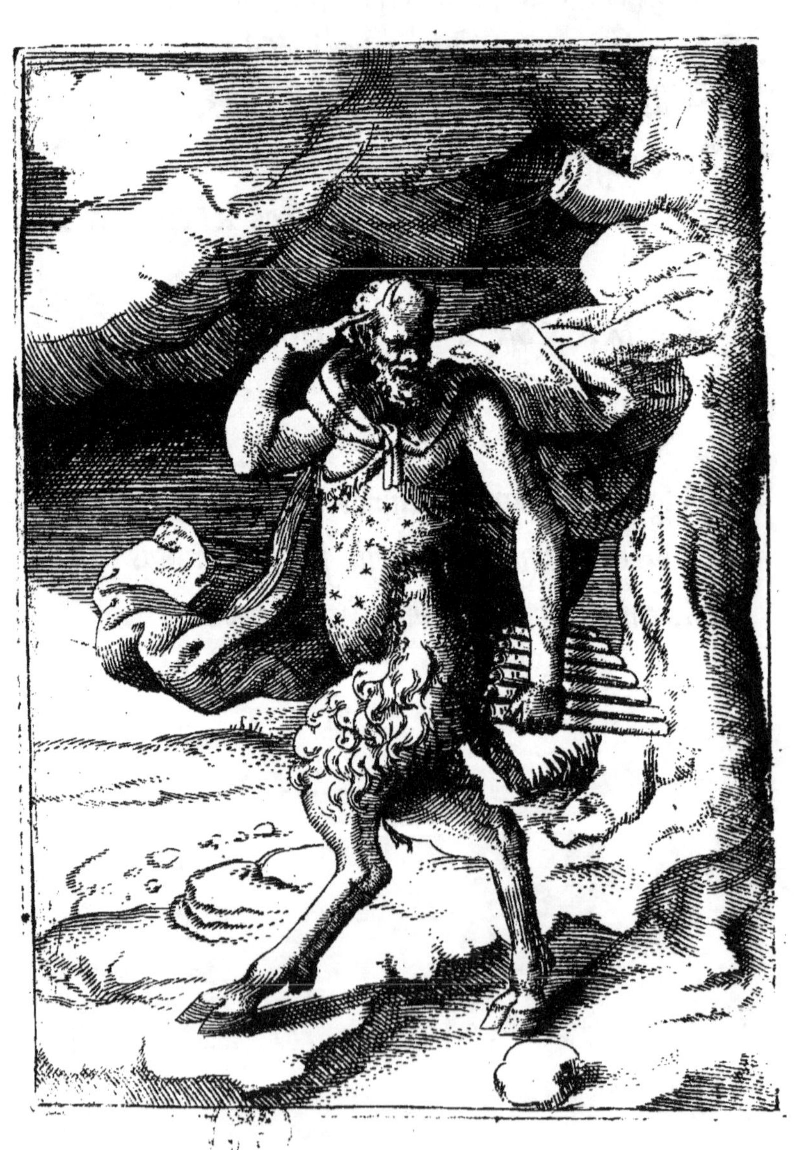

CERTVM EST IVDICIVM RATIONIS. OBEDIANT HVIC SVBDITA

SYMB. XLV.

Sensibus humanis ut sit dulcissima, septem
Quæ calamis iuncta est fistula disparibus,
Ac septemgeminum exterius demulceat orbem,
Terrasq́; , & uastum temperet oceanum,
Attamen hac triplici, quæ prima, & maxima uirtus,
Interna nihil est dulcius harmonia:
Optima uox ΥΠΑΤΗ, *atq; grauissima, quæ omnipotẽtis*
Naturæ lex est prima: secunda ΜΕΣΗ.
Harmonia hinc cordis summæ propior rationi,
Cui postrema subest, obsequiturq́; ΝΕΘΗ.

ΟΥΔΕΙΣ ΕΡΑΣΤΗΣ, ΟΣΤΙΣ ΟΥΚ ΑΕΙ ΦΙΛΕΙ.

NON EST AMICVS HIC, QVI AMARE DESINIT

SYMB. XLVI.

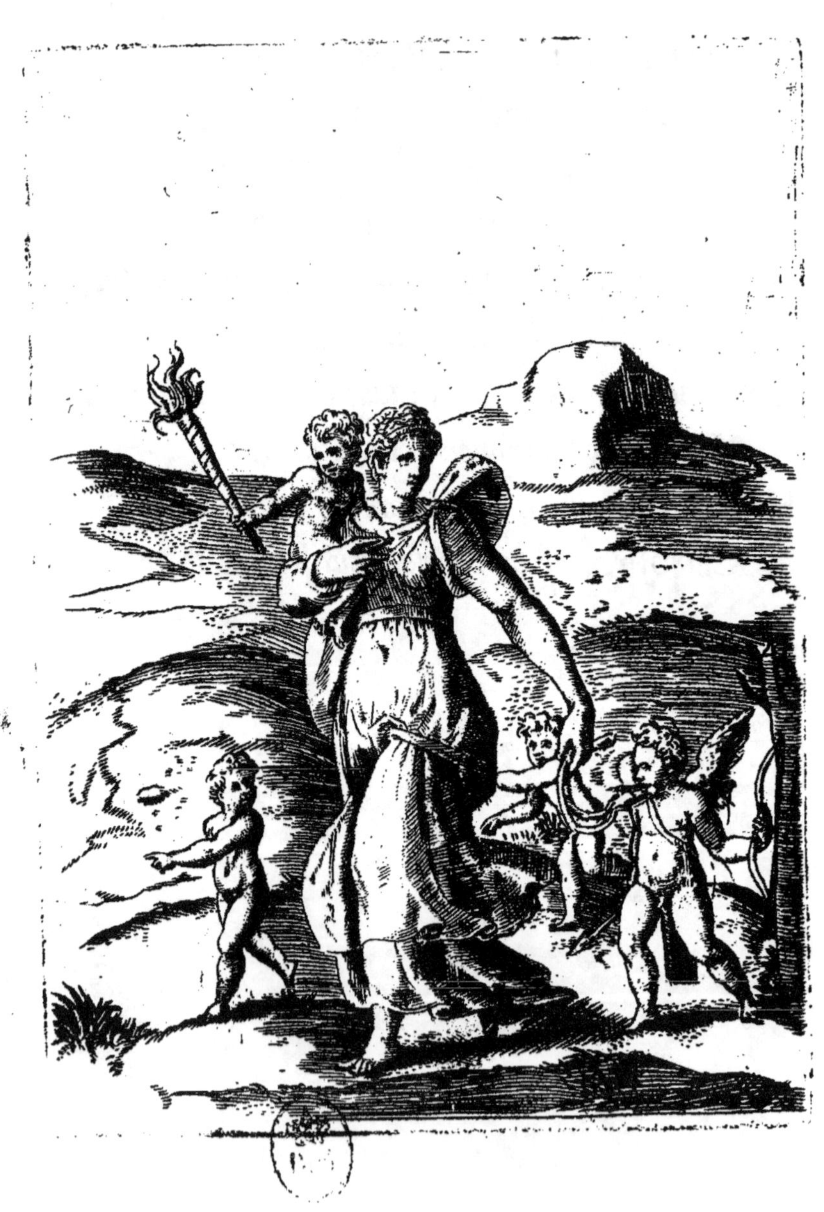

BIANTIS HAEC SENTENTIA A SCIPIONE EXPLODITVR.

SYMB. XLVI.

Nescio cuius id est uerbum sapientis iniquum,
Tanquàm osurus ama. Quin ego amare uelim
Vt nunq; osurus. Nam quae uera, aut bona tandem
In uita reliqua est, dic mihi, amicitia?
Si quisq; olim ita amicum amet, ut fieri ipsum inimicũ
Posse putet? virtusne ista rogo, an uitium est?
Quin ego non tanquàm, sed nunq; osurus amabo.
Vera sibi constat semper amicitia.

MALE PARTA MALE DILABIER.

SYMB. XLVII.

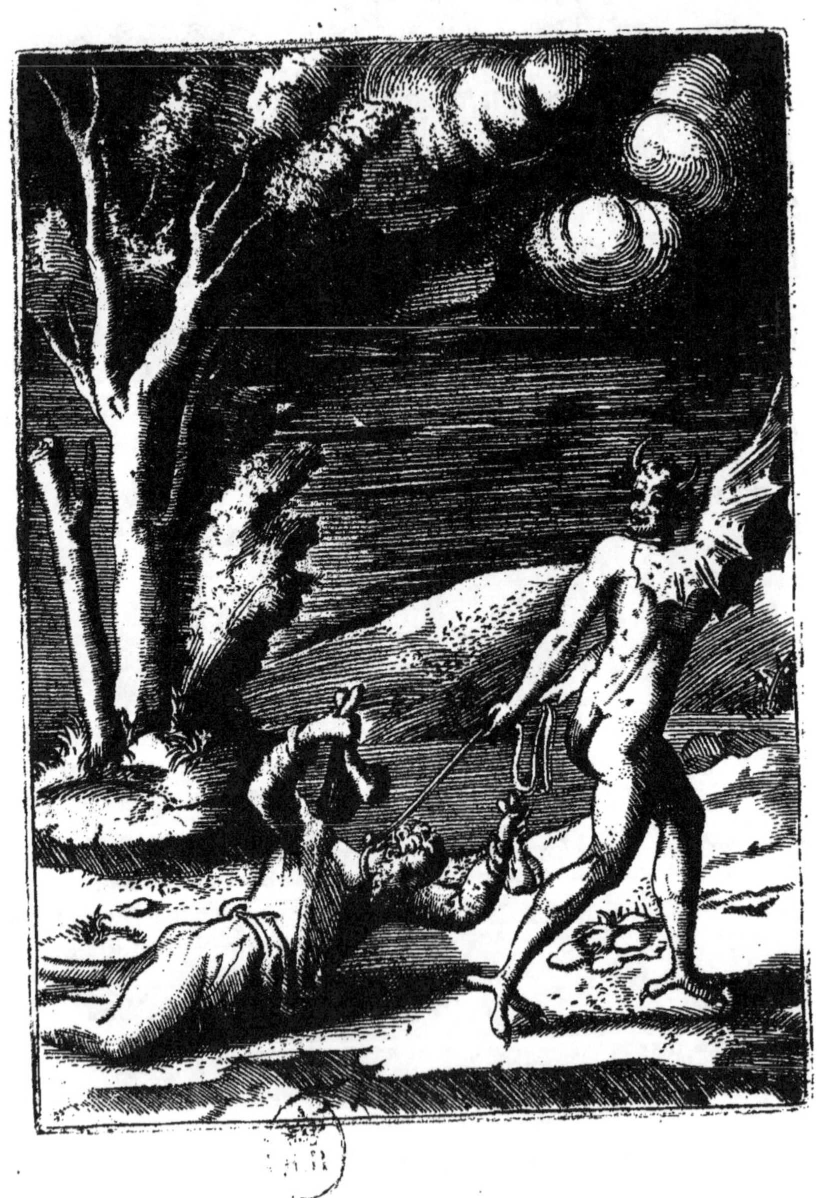

DE AVARO, ET EIVS EXITV.

SYMB. XLVII

Vim magnam loculis ſuis auarus
Flauæ condidit impius monetæ,
Cuidam munifico, & pio inuolatam,
Per ſummum ſcelus, & dolum nefandum.
Quam ipſam reptilis ille perduellis
Mox tanquàm sibi debitam repoſcens,
Iniecto laqueo tenaci, auarum
Raptat cum loculis ſuis, necatq;.
Perduntur bene parta ſæpe. ſemper
Perduntur malè parta, & author ipſe.

N

RESVRGIT EX VIRTVTE VERA GLORIA.

SYMB. XLVIII.

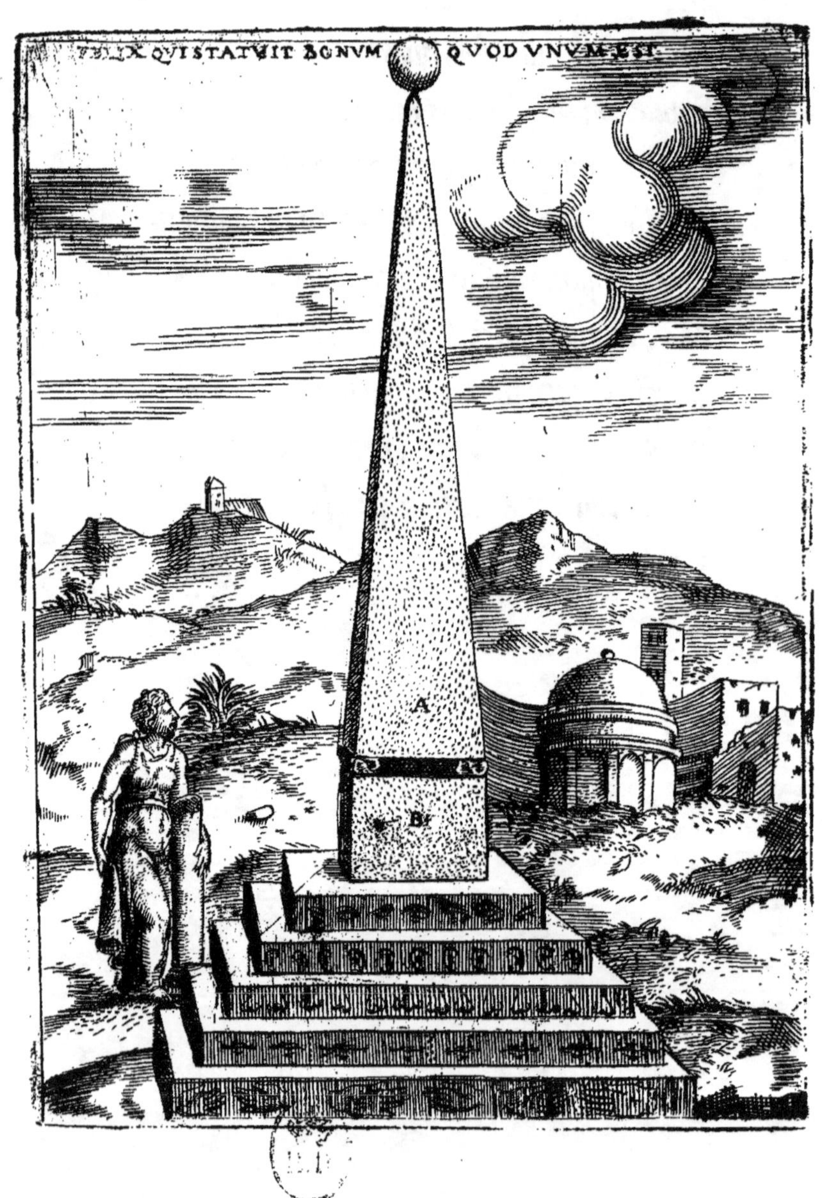

DIGNVM MAGNANIMO VIRO SEPVLCHRVM.

SYMB. XLVIII.

IN FRONTE PYRAMIDIS. A.

Nescia fortunæ uirtus cèssisse, subactis
Sensibus, excelso uertice summa petit.

IN QVADRATO INFERIORE. B.

Heroi merito sedes quadrata dicatur,
Rectus enim semper constitit ille sibi.

D. O. M.

VGONI PEPVLO, QVI OB PRAECLARA MERITA
Nuper à Francisco Valesio Rege Gall.
In ord. equestr. D. Michaelis,
GRATIA DIGNATIONIS ALLECT.
Simul Equit. Præf. Lautrechio Duci adscript.
In Bello Neapolitano subita ui morbi oppress.
INTERIIT ANN. AGENS. XLIII.
PHILIPPVS PEPVLVS *Fratri concordiss.* P.
M. D. XLIII.

DISCE PATI QVISQVIS VINCERE SEMPER AVES.

SYMB. XLIX.

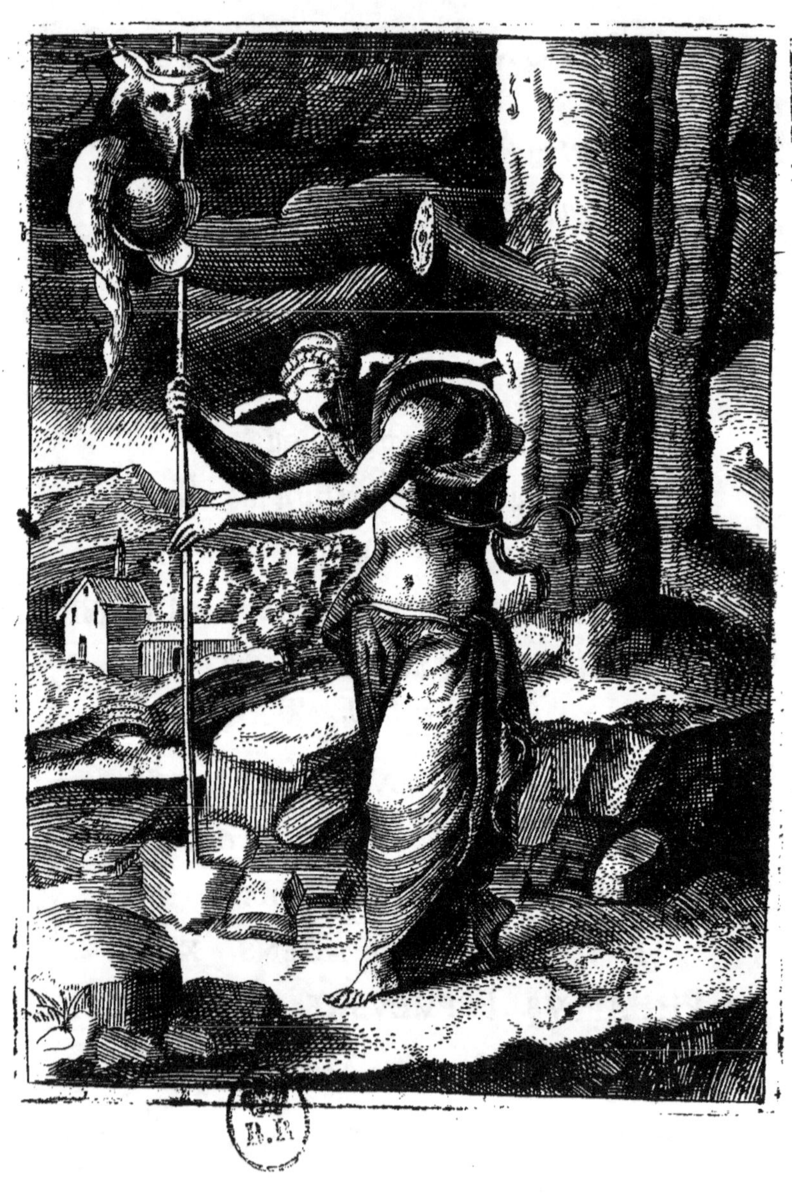

VICTRICIS PATIENTIAE MEMENTO VRSINAE CRASSAE VOLTEIAE BONON. MATRONAE CLARISS.

SYMB. XLIX.

Antidotum uitæ Patientia, qua sine possis
Nil unquàm incipere, aut perficere eximium.
Hoc mihi dulce iugũ est. iuuat huic mea subdere colla,
Aurea quod cælo missa catena regit.
Omnia dura libens didici tolerare, bouisq;
ΒΡΕΧΜΑ *id significat, pennicoma & galea.*

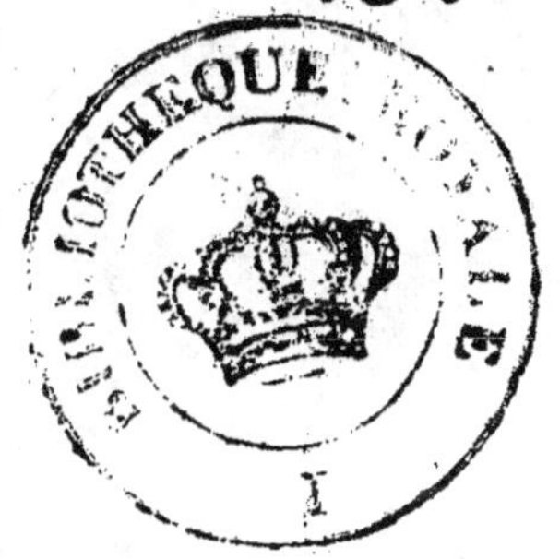

EX DISPVTATIONE VERITAS PATET, CONTENTIONE EVERTITVR.

SYMB. L.

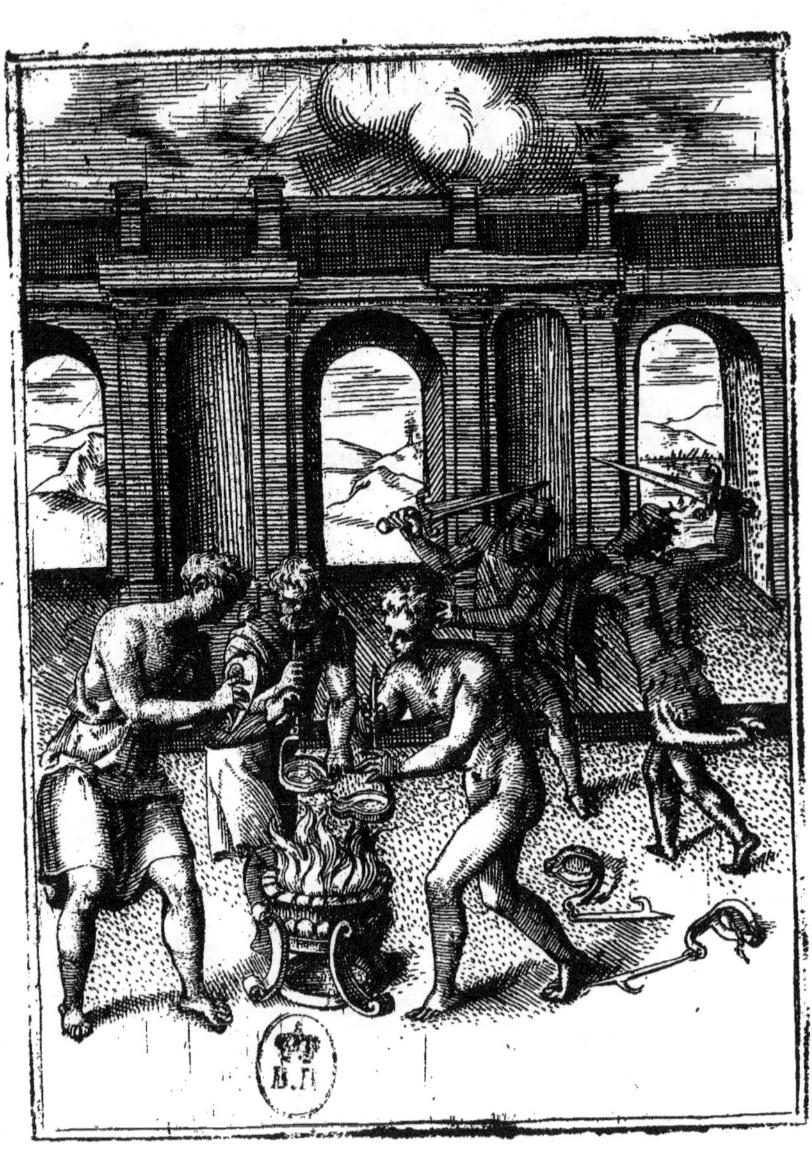

IN DISPVTANTES SYMBOLVM.

SYMB. L.

De silicis uenis excusa ut semina flammæ
Excipit arenti fomite materia:
Inde suam accendunt pro se sibi quisq; lucernam
Extemplò, & cæcas discutiunt tenebras.
Sic disceptando studiosi in luminis oras
Verum ipsum è latebris excutiunt facilè.
Contrà altercando nimis id plerunq; sophistæ
Funditus euertunt insidiosa cohors.

ALIVD.

IN DISPVTANDO TVRPIS EST RIXOSA CONCERTATIO.

Fieri quidem nullo modo potest, ut non
Dicas quid in sententia eius, à quo ipse
Dissentias, minus probes. Qui enim posset
Extare uerum, si probare quis uellet
Quæcunq; contrà dicerentur? At non sunt
Vituperandæ differentium inter se
Reprehensiones. Omnia maledicta, omnis
Iniuria, iracundia, omnis insana
Contentio, certatioq; rixosa
In disputando, & pertinax, nihil dignæ
Sapientiæ studijs uidentur omninò.
Nil ergo sit prius modestia uobis
Qui profici uultis. prius aliud nil est.

FORTVNA FORTI SVBLEVANDA INDVSTRIA.

SYMB. LI.

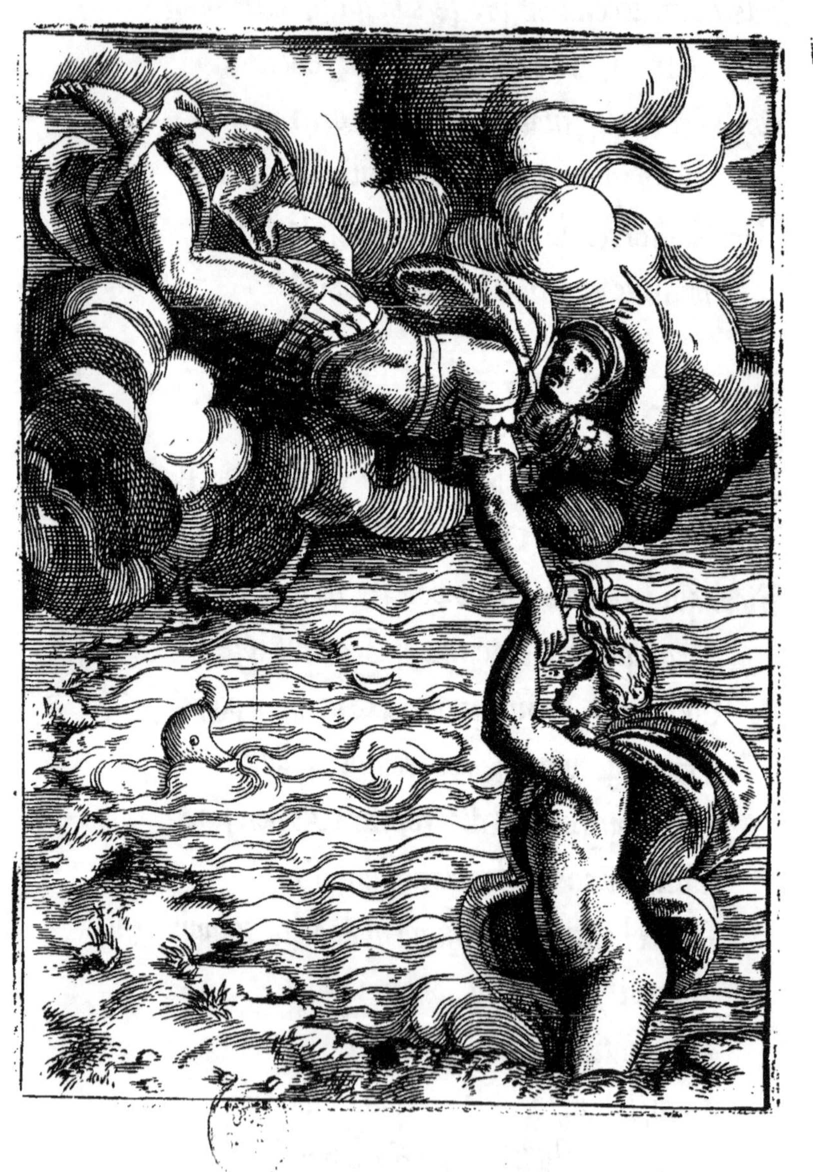

SORS PALLADI SALVTIS HABET GRATIAM.

SYMB. LI.

Naufraga ui ſuperũ pelago fortuna profundo
Iactata emergit fluctib. è medijs,
Ad littusq́; appulſa, fidem Latoidos almæ
Implorat ſupplex, nec mora diua fauet.
Subleuat afflictam dextra, cælumq́; tuendo
Sperandum à ſuperis iam meliora iubet.

O

DI SVPERI PRESTO FACIENTIB. OMNIB. ADSVNT.

SYMB. LII.

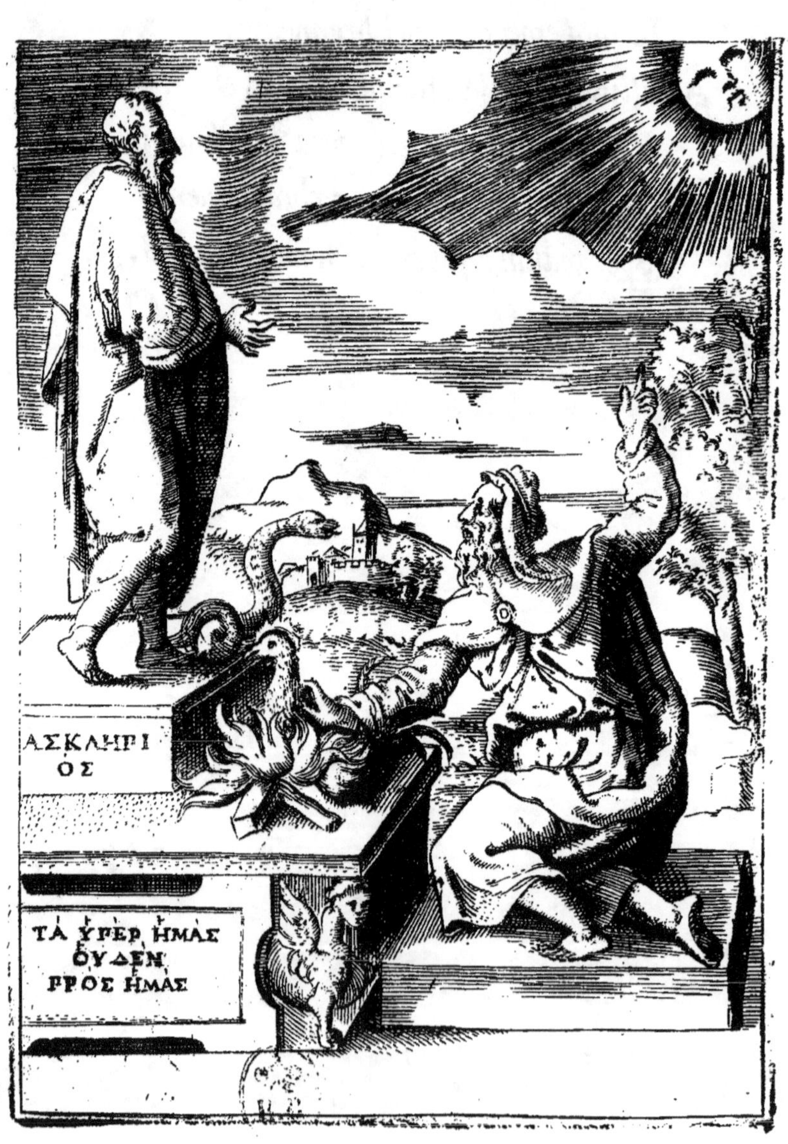

DE AGASONE, ET DIVO HERCVLE.

CVRANS NIHIL, PRORSVM EST NIHIL.

SYMB. LII.

Tenaci asellus quispiam infixus luto,
Hærebat, huic succurrere
Agaso cum deberet, Herculis fidem
Implorat ociosus, &
Asello inertior suo. Tirynthius
Respondit, ipse ut interim
Manum laboranti admoueret, atq; ita
Deum ad futurum sedulò.
Fac ergò, quisquis es, aliquid tute interim.
Deinde inuocato numina.
At optimates Rhintonis èxaudiant
Prouerbium id notissimum

ΟΙ ΜΕΝ ΠΑΡΟΥΔΕΝ ΕΙΣΙΝ, ΟΙΣ ΟΥΔΕΝ ΜΕΛΕΙ
ET TVRPE VITENT OCIVM.

IMAGO IVSTI IVDICIS.
DE MAGNO ALEXANDRO, ET REO.

SYMB. LIII.

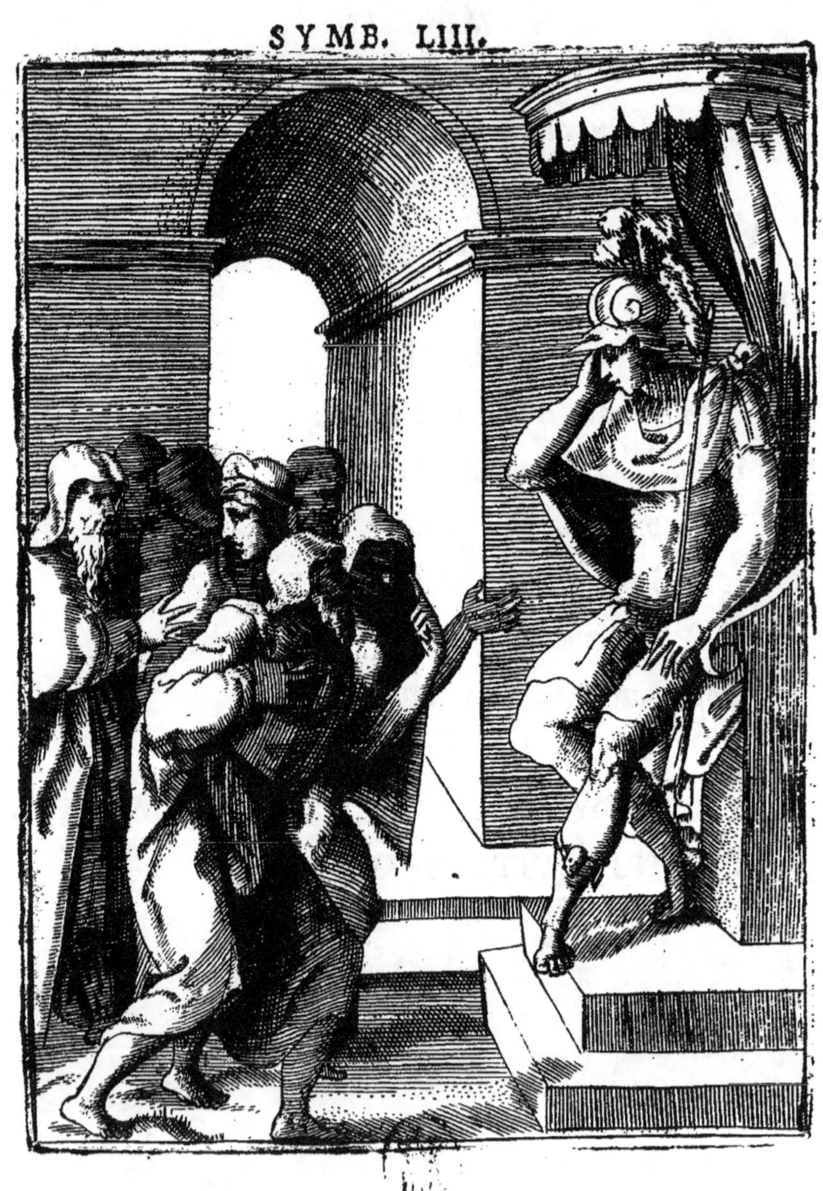

PARTEM AVDIAS PRIVS ALIAM, DEIN IVDICA.

SYMB. LIII.

Olim Pelleus iuuenis cum fortè ſederet
Iudex, & actori alteram
Interea digito prudens occluderet aurem,
Interrogatus à ſuis,
Curnam sic faceret? ſatis actori eſt, ait, una,
Seruo alteram integram reo.

QVAE SVNT SVPRA NOS PERTINERE AD NOS NIHIL.

SYMB. LIIII.

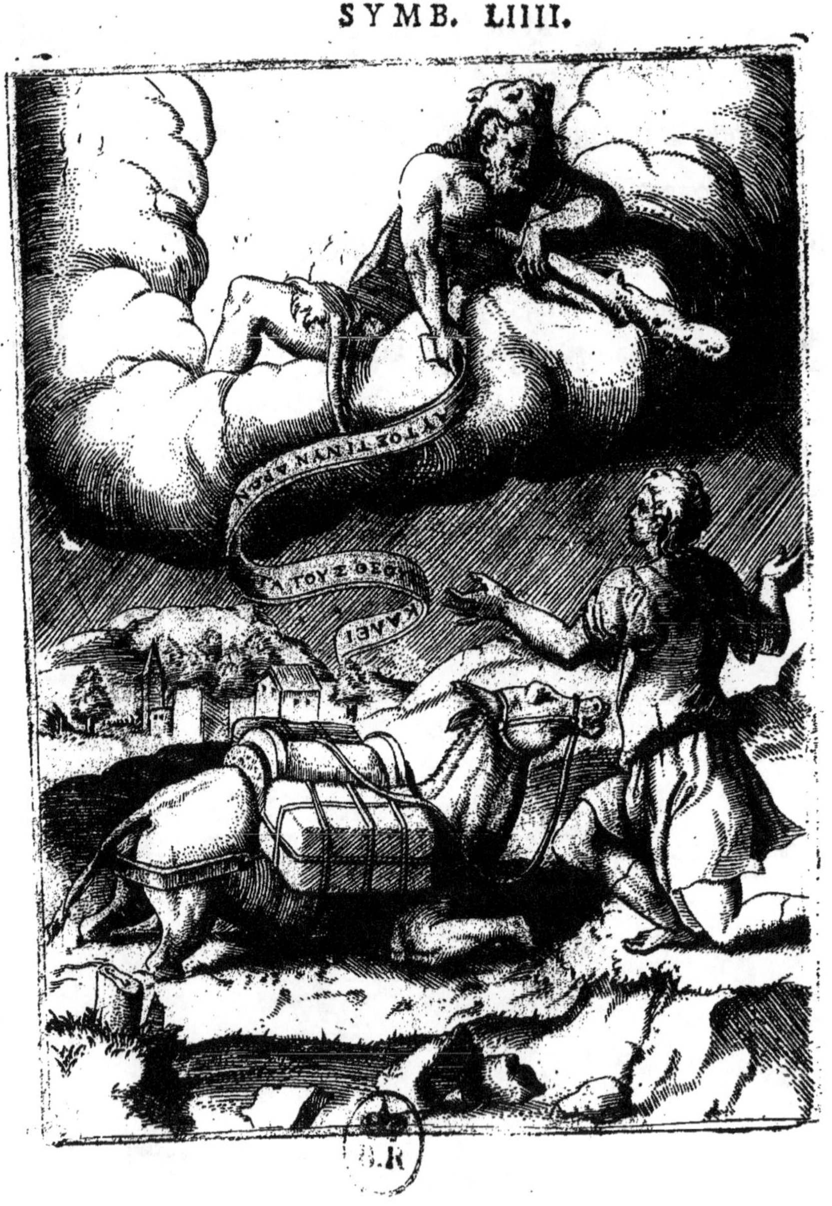

QVI SCIRE SCIT SE NIL, SAPIT

SYMB. LIIII.

Pierides, nam sunt cordi hæc mysteria uobis,
Dicite, Cecropio ille senex nutritus HYMETTO
Cur uigilem medico mandauit ritè litandam
Phœbigenæ uolucrem, diæ quæ nuncia lucis
Suscitat ex alto mortalia corda sopore?
An quia diuinæ bonitati accepta referre
Consilia, & nostræ debemus lumina uitæ?
Ipsa patris summi unigena est Sapientia, certa
Curatrix morborum animi mortalib. ægris.
Persica auis MENS. *hæc* MEDICO *nisi uota supremo*
Reddatur, quis iam poterit modus esse laborũ?
Deniq; nil sapere ulterius, q̃ opus est, sapere unũ est.

FORTIS, MODESTVS, ET POTENS.

SYMB. LV.

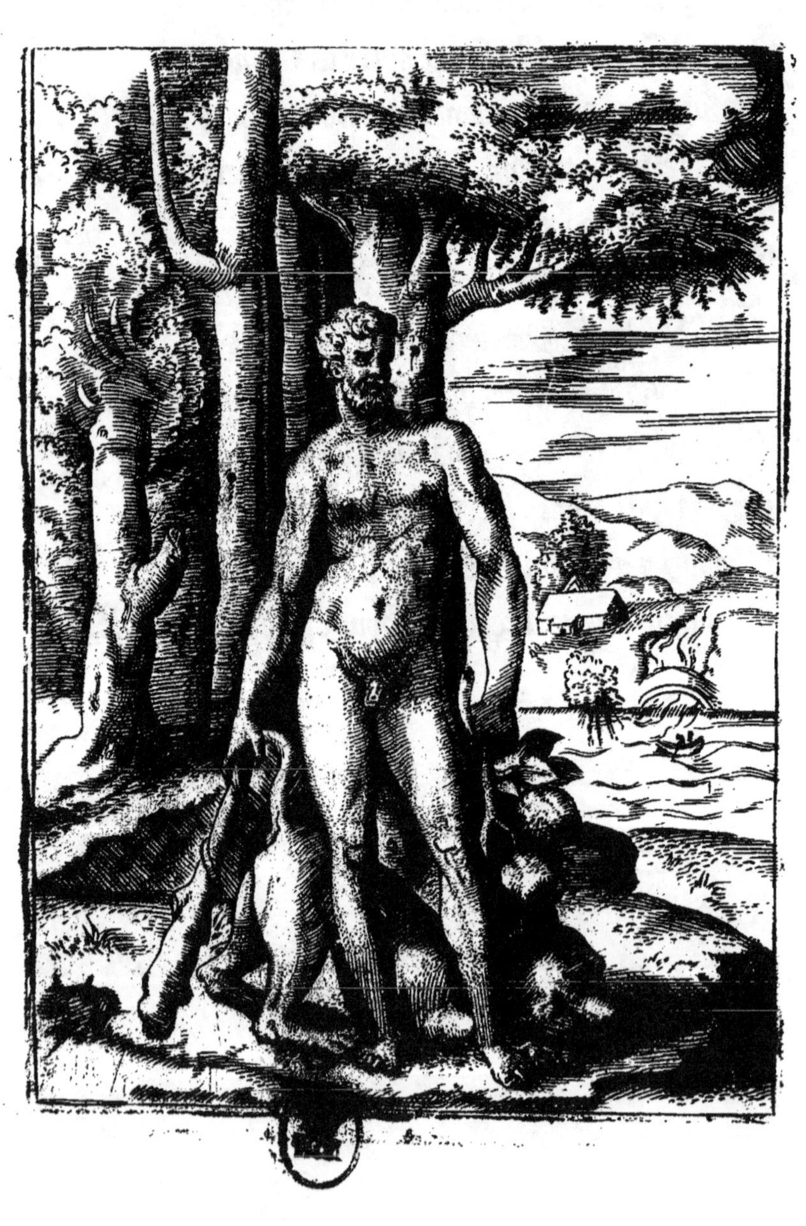

HESPERIDVM ALCIDES VICTOR FERT AVREA MALA.

SYMB. LV.

Quæ statua insignis claua, nemeiq; leonis
Exuuijs, leua quæ tria mala tenet?
Magnanimi Alcidæ uera, & sapientis imago est
Aurea qui uicto poma dracone tulit.
Nempè draco in nobis nihil est, nisi dira cupido.
Extincta hac triplex illicet extat honos.
Comprimitur furor iræ, & habendi sacra libido
Interit, & uentris desidiosus amor.
Fortem animum exuuiæ signant, claua illa potentem,
Qui domitis uictor sensibus imperitat.

NON INVIDET, QVI IVRE CONFIDIT SIBI.

SYMB. LVI.

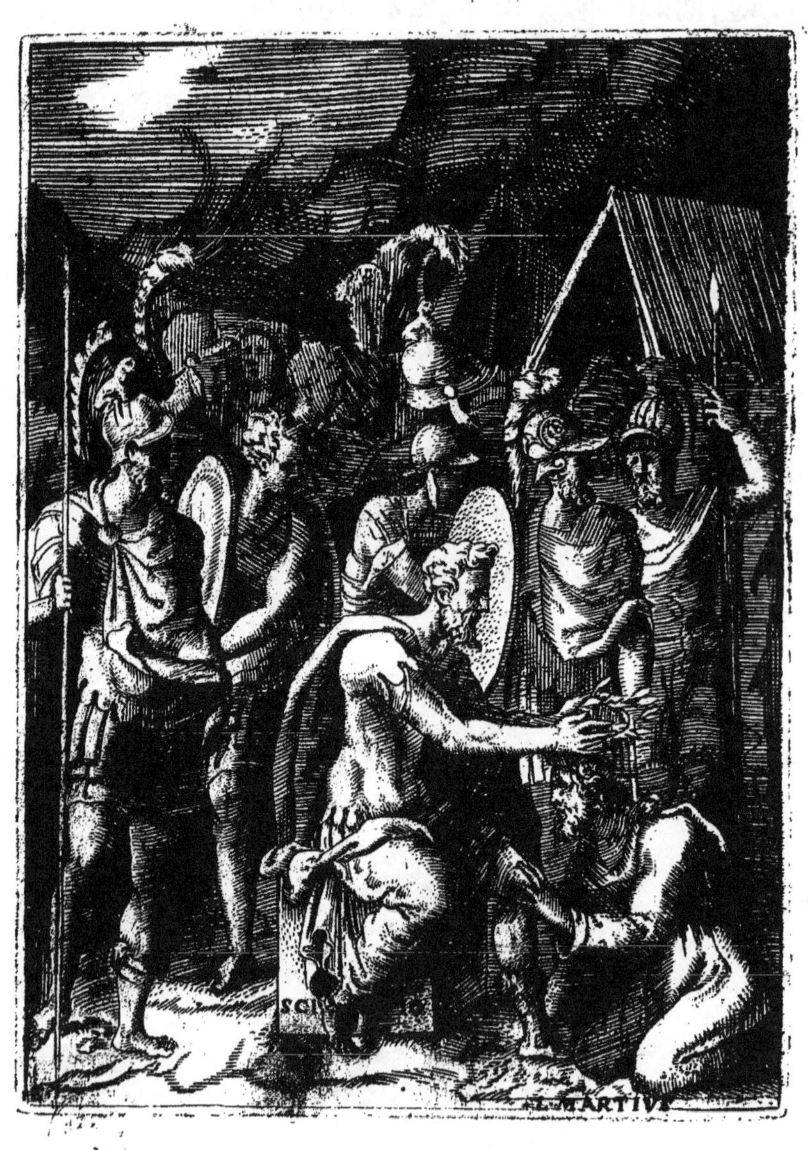

DE SCIPIONE, ET MARTIO.

SYMB. LVI.

Ea fuiſti Scipio modeſtia,
Vt Lucium olim Martium
Magnum imperatorem, licet tu maximus
Fores, honorandum tua
Laudatione ampliſſima putaueris.
Quippè optimo exemplo, nihil
Alius inuidere gloriæ, ſuis
Qui fideret uirtutibus.

ALITER.

QVO MAGE QVISQ. SVAE VIRTVTI FIDIT, HONORES
HOC ALIIS MERITOS INVIDET ILLE MINVS.

P ij

TENERE MEDIVM SEMPER EST PRVDENTIAE.

SYMB. LVII.

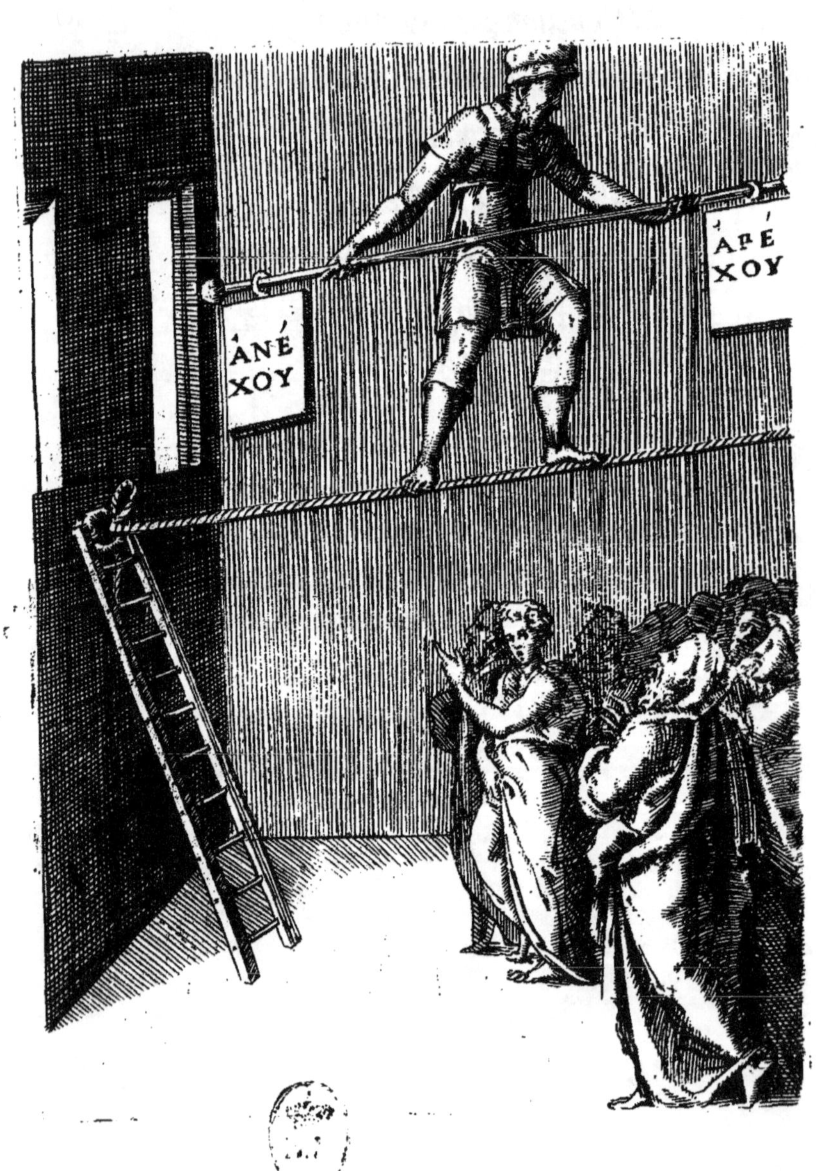

RERVM MENSVRA EST OPTIMA.

SYMB. LVII.

Qualis distento numerat uestigia fune
Contemptor magnæ schænobates animæ,
Qui pede mortali supera ad conuexa leuatus,
Ignotas homini gaudet inire uias,
Atq; sui compos partes speculatur in omnes,
Dum forti alterem librat utrunq; manu,
Talis suscipiens humanæ munera uitæ,
Se gerit excelso uir sapiens animo.
Nil timet, aut temnit: se hinc sustinet, abstinet illinc,
Vt rectus semper constet ubiq; sibi.
Tum demum tota lætatur mente, quod illud
Concessum paucis iam teneat medium.

IN SORDIDOS, NVMARIOSQ. IVDICES.

SYMB. LVIII.

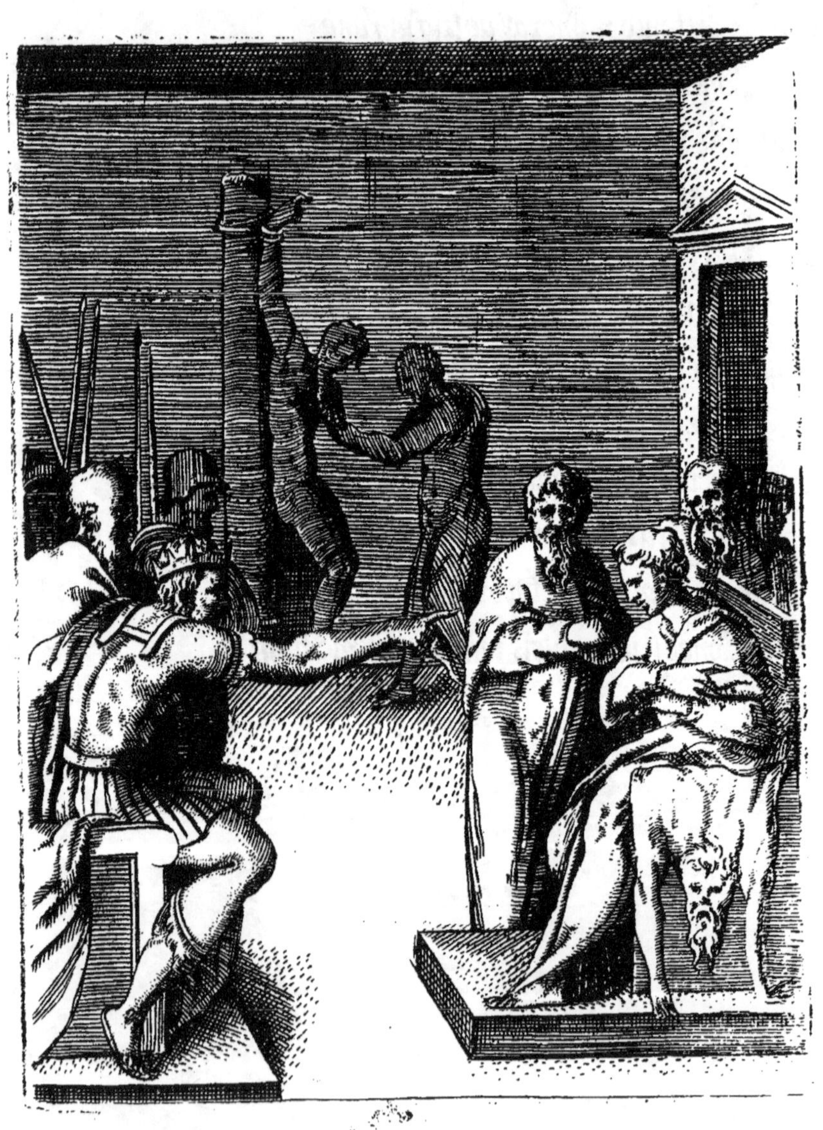

CAMBYSIS EXEMPLVM INCLYTVM.

SYMB. LVIII.

Seueritatis nobile exemplum, licet
Inusitatum, olim cruentus edidit
Rex ille Cambyses, mali qui iudicis
Cuiuspiam summos per artus dirripi
Pellem, atq; sellæ intendi, & eius postea
Ibi iudicaturum imperauit filium
Considere. Vtinam cæteri hac quidem
Pœna, & noua, tamen salutari admodum
Numarij omnes plecterentur iudices.

EN VIVA E SPECVLO FACIES
SPLENDENTE REFERTVR,
HINC SAPIES, POTERISQ. OMNIA,
DVM IPSE VELIS.

SYMB. LIX.

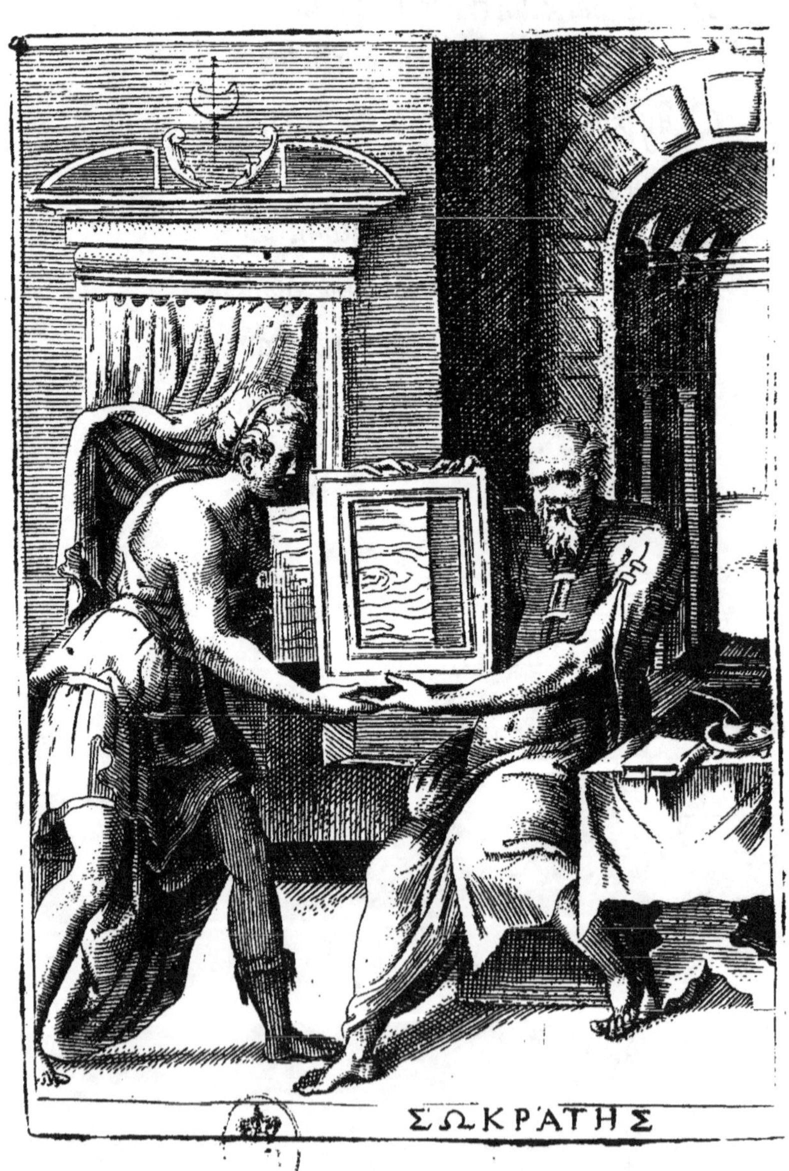

IPSVM TE NOSCENS DVBIO PROCVL OMNIA NOSCES.

SYMB. LIX.

Iudicium formæ ſpeculum, pulchriq; Decoris
Conſule, socratici dogmatis uſq; memor.
Te primum hinc noſce, ut redimas uirtutibus ipſum
Quod tibi deformi corpore defuerit.
Sin formoſus eris, conatu dedecus omni
Effugias. quid enim turpius eſſe poteſt?
Porrò ſi iuuenis. florem illum temporis almum
Diſcendi, audendi & fortia facta putes.
Canis fœda ſenex euitet, deq; ſuprema
Cogitet interea funeris hora aliquid.

AD FILIVM.

Me non poſſe doles, doleo te nolle iuuare,
Iure magis noſtrũ quis rogo, Nate, dolet?
Culpa tua eſt: siquidem tua iam corrupta uoluntas
Fallitur heu prauis ſensibus implicita.
Quid faciam? dices. illa eſt ſuprema uoluntas
Imploranda tibi, te intus ut inſpicias.
Tum uerò ætærnæ flagrans pietatis amore,
Ne dubita: poteris mox simul atq; uoles.

MARCELLO CERVINO CARD. S. CR. AMPLISS.

CONCIPIVNT IGNES SPECVLARIA CONCAVA SOLIS.

SYMB. LX.

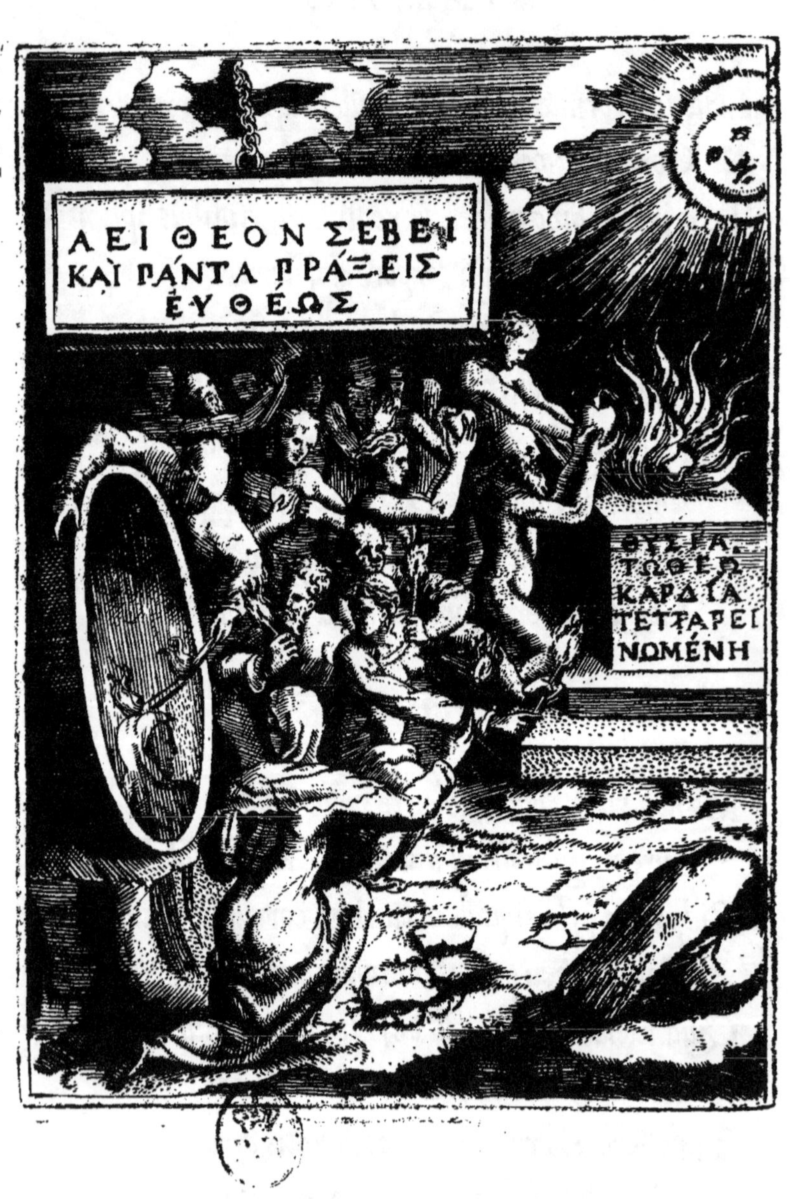

MENS PVRA QVAE DEVM COLIT, AMAT.
ET STATIM.
DIVINI AMORIS IGNE ADVRIT CAETEROS.

SYMB. LX.

Igniferi ardentes Phœbi specularia flammas,
Concaua si fuerint, puráq;, concipiunt.
Hinc facili oppositus fomes comprehenditur igne.
Sic qui mente Deum simpliciore capit.
Ipsi arcana libens fidi penetralia cordis
Dedicat, atq; igni carpitur ætherio.
Vnde alij ignescunt diuino prorsus amore,
Mox læti superũ regna beata tenent.

ALIVD INCERTI AVT.

Igniferum ad solem, speculi caua corpora flammas
Concipiunt: puro qua redit orbe iubar.
Hinc facile iniecta tæda, comprenditur ignis:
Atq; una in multos diditur è facula.
Sic qui mente Deum pura capit, ilicet intus
Corde micans, flammas concipit æthereas.
Vnde alij, atq; alij diuino prorsus amore
Succensi ignescant, templáq; summa petant.

DIVAE RENATAE FERRARIAE, AC CARNVTI PRINCIPI ILLVSTRISS. GALL. REG. LVDO. XII. F.

VNAM VIDENDAM VERITATEM IN OMNIB.

SYMB. LX.

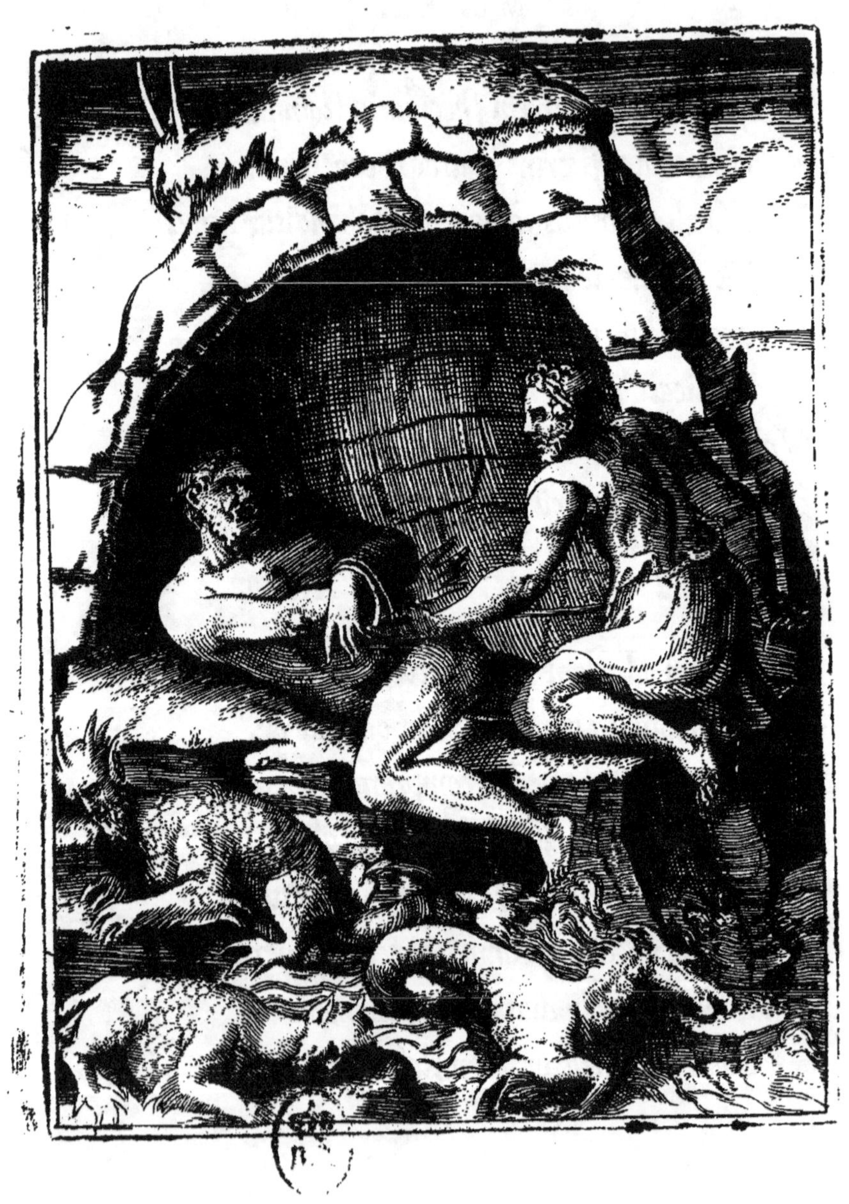

OPINIONIBVS SOPITIS FIRMITER TENENDA CAPTA VERITAS.

SYMB. LX.

PROTEVS.

Qua tu pingeris Proteu mirande figura,
Omnigenam in ſpeciem ſi transformaris, & idem
Sis licet, haud idem tamen es potis ipſe uideri?
Non ſaxum, non unda liquens, non flāma coruſcans,
Non frondoſa arbor, uariarumue illa ferarum
Ora placent. ſed qualis eras quum uincla tetendit
Paſtor Ariſtæus, iam nunc mihi talis adeſto.
Ne quæſita neges dubijs oracula rebus.
Quidnàm aliud Proteus, quàm Veri ipsius imago eſt
Omnia uertentis ſeſe in miracula rerum?
Illa eadem diuina hominis forma interioris,
Quam uariæ illudunt facies, & Opinio fallax.
Heic ſpecus errorum ille ingens, ubi cæca libido
Diſtrahit inſanos ſtudia in contraria ſenſus.
Quare adhibenda animi ſumma eſt contentio, Verum
Gnauiter adprenſum ut teneas ratione ſagaci,
Quum primum fuerit per ſomnum oblata facultas,
Quumq; cupidineæ ſternent ſe in littore phocæ,
Et defeſſa ſenex componet membra quieti,
Synceræ inijcias fidei tum uincula capto:
Donec nulla fugam inueniat Pellacia, & ipſa
In ſe hominis tandem redeat uerißima forma.

ANTONIO BERNARDO MIRANDVL. PHILOSOPHO CLARISS.

DIALECTICAE PRAESTANTIA, ET DIVISIO.

SYMB. LXII.

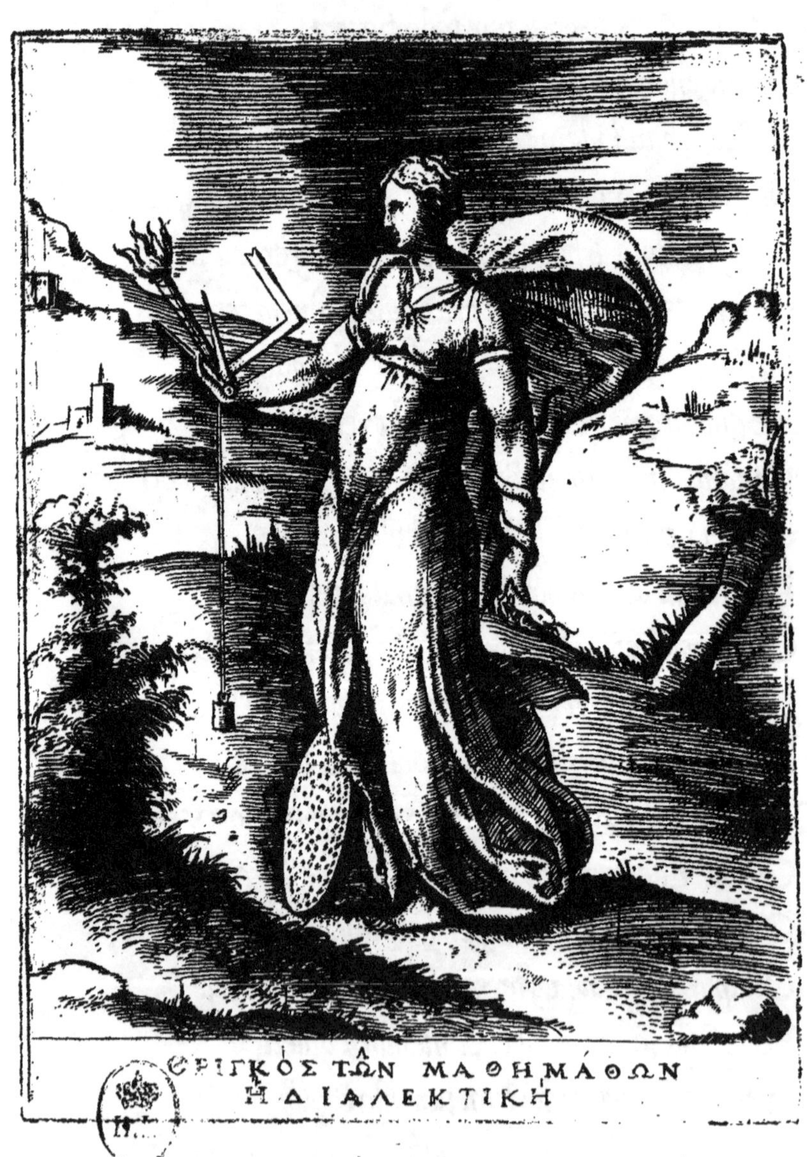

ΘΡΙΓΚΟΣ ΤΩ͂Ν ΜΑΘΗΜΆΘΩΝ
Η ΔΙΑΛΕΚΤΙΚΗ

Dic rogo, quænam es tu? Dialectica nuncupor, illa
Quam Plato summũ apicem discendi nominat. Ecquid
Instrumenta manu præfers? His signa, notasq;
Edoceo ueri, & falsi, atq; probabilis. At quid
Conandum censes studiosis omnibus: ede.
Sic citò te capiant animi, teneantq; fideles.
Verborum uim, naturam, genera omnia primùm
Simplicium, & coniunctorum cognoscere debent.
Dein quot quicq; modis dicatur. Qua ratione
Sit uerum; an falsum statuatur, præterea quid
E quoq; efficiatur; conq; sequentia cuiq;
Et contraria quæ sint, quoq; modo ambiguorum
Quicq; opus est dictorum diuidi, & explanari.
Et quia Mens sæpe ostendenda est abdita nostra,
Inq; uoluta rei uis euoluenda, necesse est
Definire quid id sit, quo de agitur, breuiter: tum
Explicito genere unius cuiusq; uidendum
Quæ eius sint generis formæ, aut partes, ut in illas
Omnis distribui composita Oratio possit.
Ast ubi res poscit, sapiens partitur, & omne
Diuidit in species certas genus: atq; ita planè
Nulla ut prætereatur earum, nèue redundet.
Quandoquidem tanti est uir quisquis diuidit aptè, ut
Si talis quondam potuisset forte uideri
Socraticis oculis, omni facilè ille fuisset
Obsequio, & cultu uenerandus numinis instar.

SYMB. LXII.

DE EADEM.

Artib. hæc affert lumen diuina facultas:
Nil perturbatum, nil dubium patitur.
Ipsa ubicunq; pedem ponit: non sinit usq;
Vincier . impauido pectore bella gerit.

FINIS SECVNDI
LIBRI.

LIBER TERTIVS.

SIGILLVM AHENEVM BONONIAE INVENTVM.

ANNO SALVTIS OMNIVM.

M. D. XLVIII.

SYMB. LXIII.

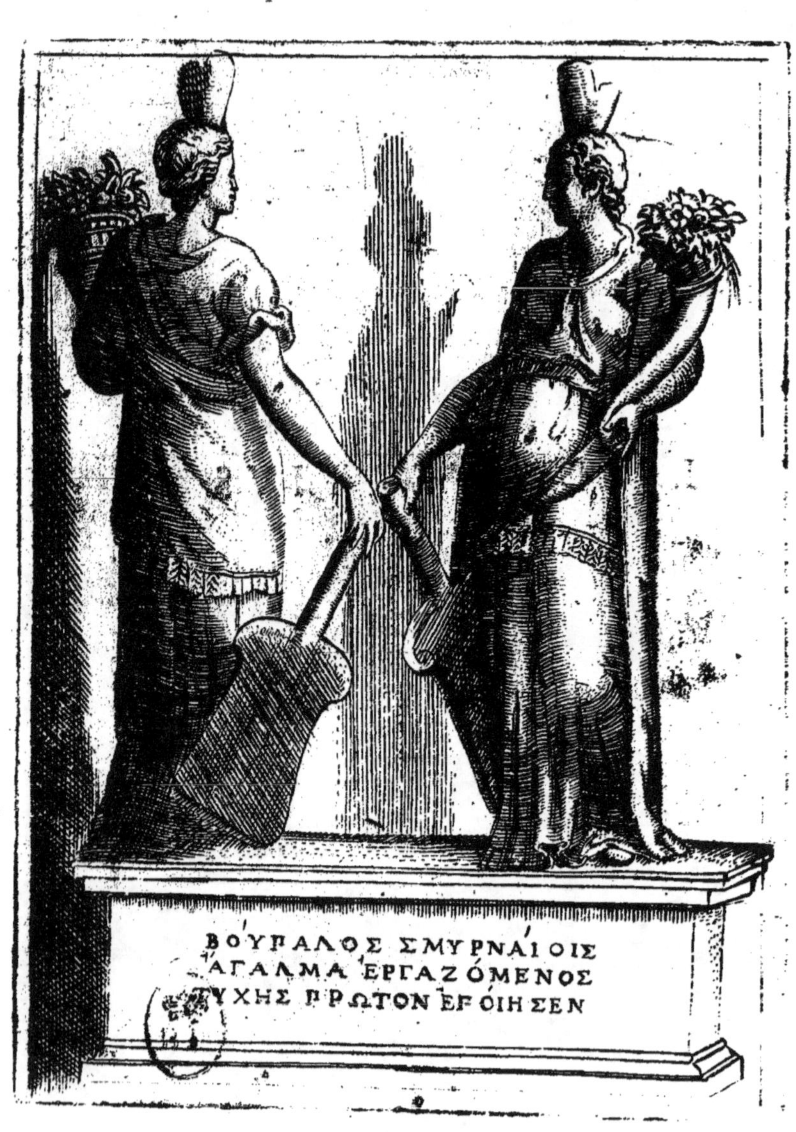

FORTVNA ALEXANDRI INCLYTA FARNESII MINORIS, ATQ. MAXIMI.

SYMB. LXIII.

Quæ Dea? ſeruatrix Fortuna eſt, optima ſummi
Nata patris, qua nil certius orbis habet.
Aſtrifer impoſitus capiti polus ille ſupremo,
Hoc eſt diuini numinis auſpicium.
Collecti in nodum cur ſtant ceruice capilli?
Nempè ſuo capit hanc qui ſapit arbitrio.
Tum modus, atq; pudor luxum moderantur inertem,
Hinc tetricæ filo eſt uirginis & ſpecie.
Aſpectu uehemens, & formidabilis acri,
Non humilis, neq; atrox, ſed reuerenda magis,
Læta bonis, truculenta malis, erecta, ſeuera,
Caſta, grauis, uerax, ardua, magna, potens.
Omnia perluſtrans oculis mortalia, clauo
Inſiſtens terris imperat, & pelago.
Nanq; duces bello regit, alma in pace ſenatum.
Hæc adſit, nullum numen abeſſe poteſt.
Regnorum hæc columen, ſancti prudentia iuris,
Hæc auguſta dice, hæc Eunomia, hæc Nemeſis.
Diues opum hæc ipſa eſt uariarum copia: felix
En cornu præfert interiore manu.
Otia blanda animis poſt dura negotia uitæ,
Aeternáq; pios morte carere facit.
Deniq; magnanimi Herois ter maxima ſurgit
Farneſi hic uirtus, gloria, Iuſtitia.

SILENTIO DEVM COLE.

SYMB. LXII.

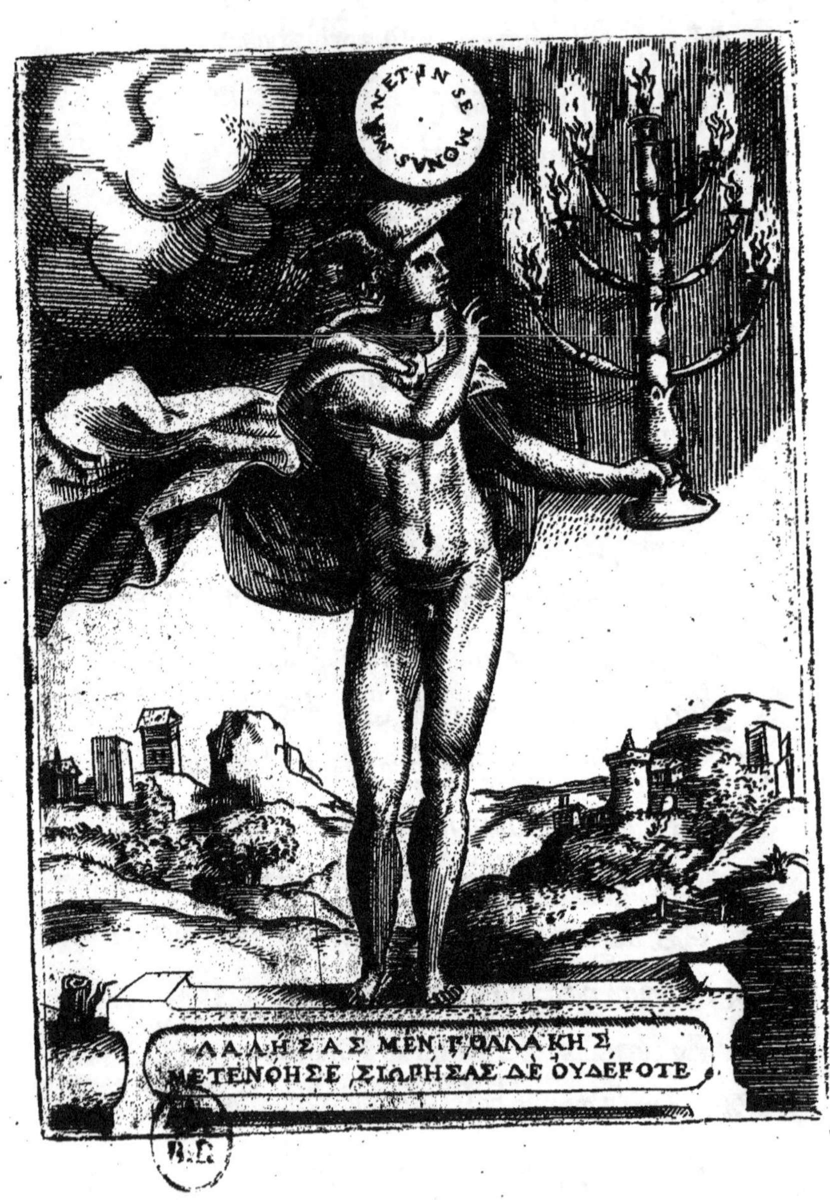

SAEPE LOQVI NOCVIT, NVNQVAM NOCVIT TACVISSE.

SYMB. LXII.

Menti, Virtuti, & Fidei delubra dicamus:
Esse sita in nobis cernimus illa tamen.
Cur capitolina Tritonia Pallas in arce
Sedem habuit? caput hæc urbis, & orbis erat.
Mens decus est hominis, diuinæ mentis imago,
Non ullis unquàm sensibus exposita.
Noscere qui cupit hanc ipsum se noscat oportet
In primis, Pharium, & consulat Harpocratem.

REVOCANDA MENS A SENSIBVS, DIVINA CVI MENS OBTIGIT.

Reuocare mentem qui potest à sensibus,
Et cogitationem ab assuetudine
Abducere, facilè ille præstat omnibus:
Nam mente uiuit, atq; uiuit ut Deus,
Qui corpore ac sensibus, brutum ut pecus.
Hermetis hanc sententiam ter maximi
Qui cordi habebit, esse non potest miser.

INANIS EST INFRVCTVOSA GLORIA.

SYMB. LXIII.

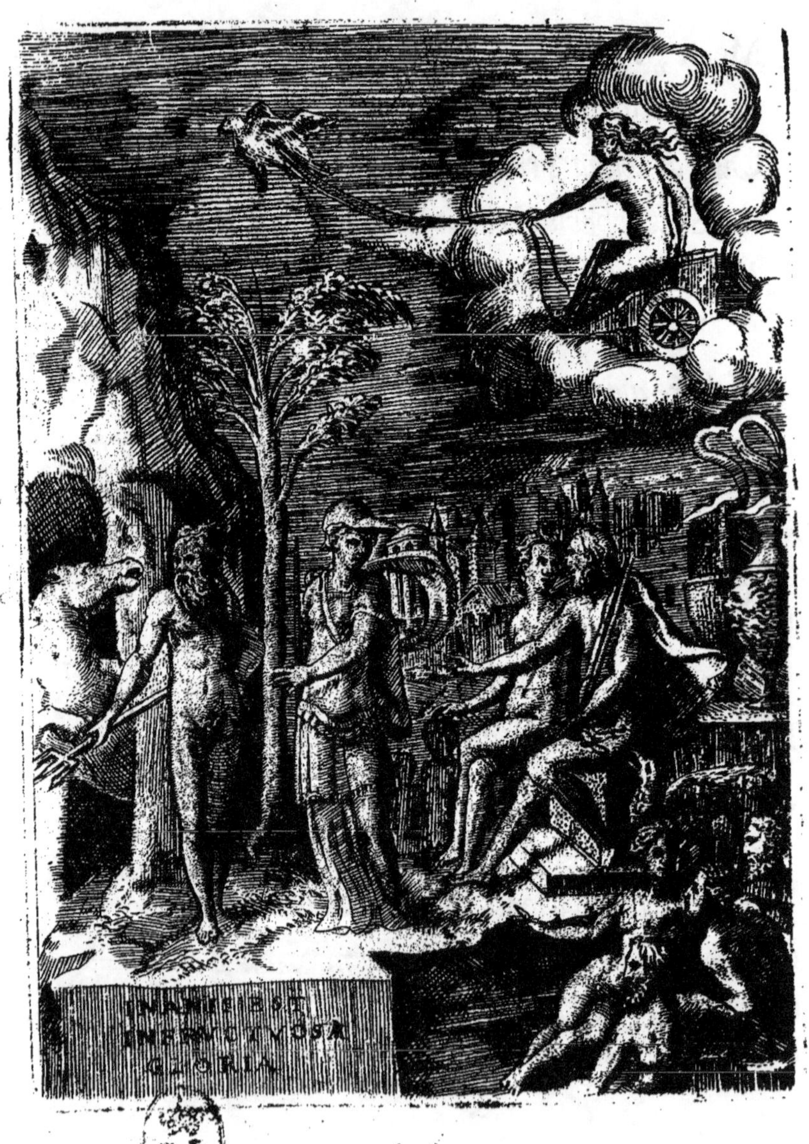

PALLADIS HOC PEPLVM EST, INSPICE PROFICIES.

SYMB. LXIII.

Hoc sibimet peplum ſecit tritonia uirgo.
Semper enim uirtus ſufficit ipſa sibi.
Lis uetus actææ nota eſt de nomine terræ,
Bis ſex auguſta di grauitate ſedent.
Cælicolum medius Rex, aſſidet armiger ales,
Stat Deus immenſi cæruleus pelagi.
Interea longo ferit aſpera ſaxa tridente
Exilit & uindex impiger urbis equus.
Tellurem ipſa ſua tritonia percutit haſta.
Canentis fœtus prodijt hinc oleæ.
Sed meritam Ioue nata tulit ſapientia palmam.
Vnde eſt pax alma, & gloria frugiferens.
Contra equus exercens horrentia bella ſuperbit.
Aſt omnis uana eſt gloria fruge carens.

BELLVA FIT CAECAE STATVIT QVI CREDERE SORTI.

SYMB. LXIIII.

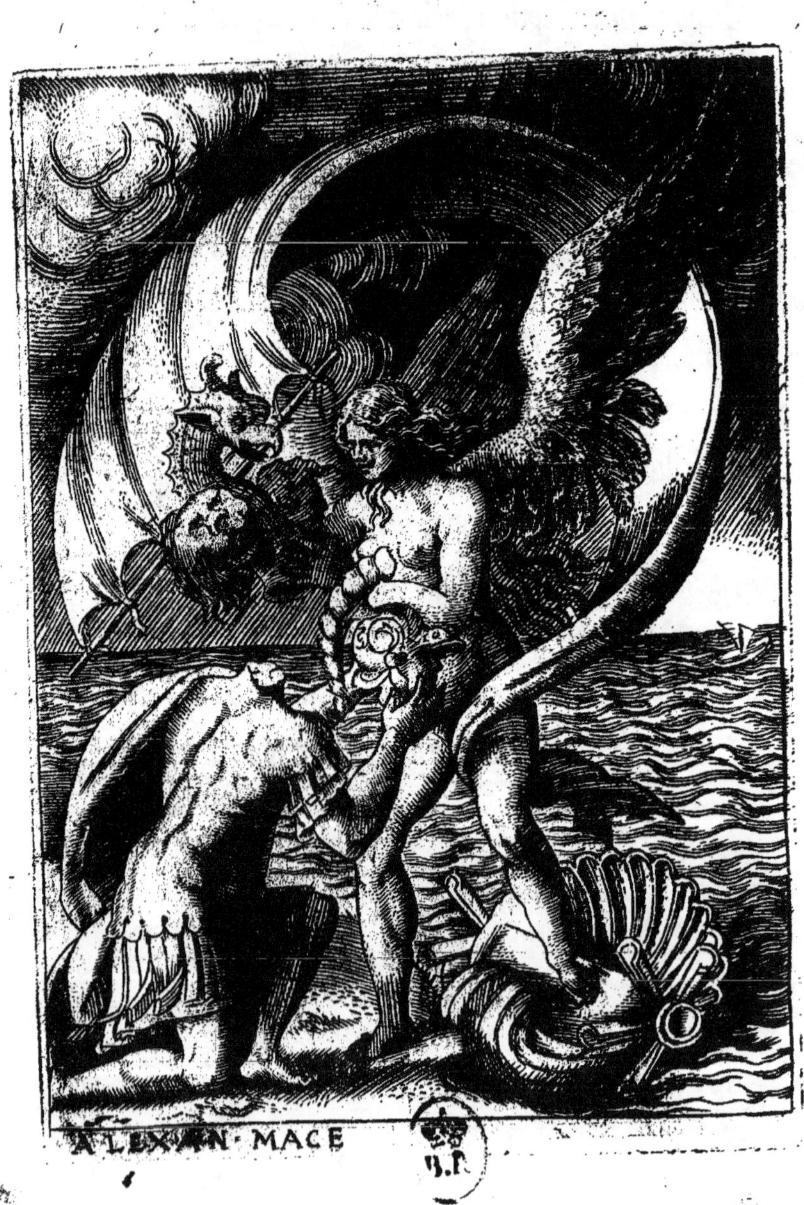

QVAM STVLTA SIT SVPERBIA.

SYMB. LXIIII.

Cæca uni Fortuna *sibi quos credere adegit,*
Magna ex parte auidos decoris magis, atq; capaces
Efficit. hinc olim iussit se, non modò passus
Dicier Aemathius *iuuenis magno* Ioue *natum.*
Dumq; cupit tali gestorum extendere famam
Nomine: corrumpit potius. sic protinus ipsi
Fortunæ totum qui se permiserit ultrò,
Vero hominis regno spoliat se prorsus, & ingens
Bellua fit capitum multorum, luminis expers.

S

QVODNAM SIT VERI PRINCIPIS OFFICIVM.

SYMB. LXV.

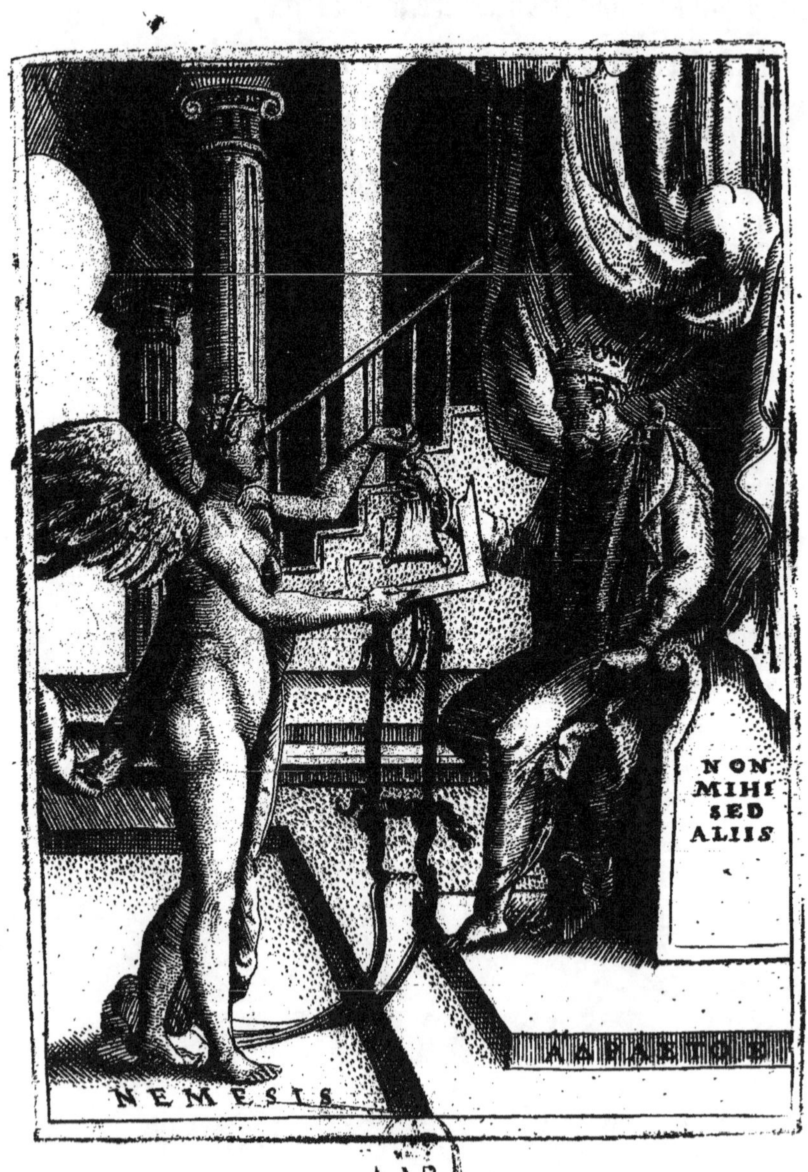

HAEC RHAMNVSIA DIVA PRINCIPALIS.

SYMB. LXV.

Quicunque uero Principis
Vis dignus esse nomine,
Nil conferas magis tuis,
Quàm quod alienis commodis.
Rhamnusia hoc iubet Dea
Seuera, uindexq́; aspera
Titanicæ superbiæ, &
Malignitatis, sordidæ.
Ergo crumenam dextera
Plenam sedenti porrigit,
Frenum insuper, calcaria,
Normamq́; temperantiæ,
Ne fortè uitans incidas
Stultè in uitia contraria.

PVLVISCVLI SCRIPTORII ET HOROLOGII COMMODA.

SYMB. LXVI.

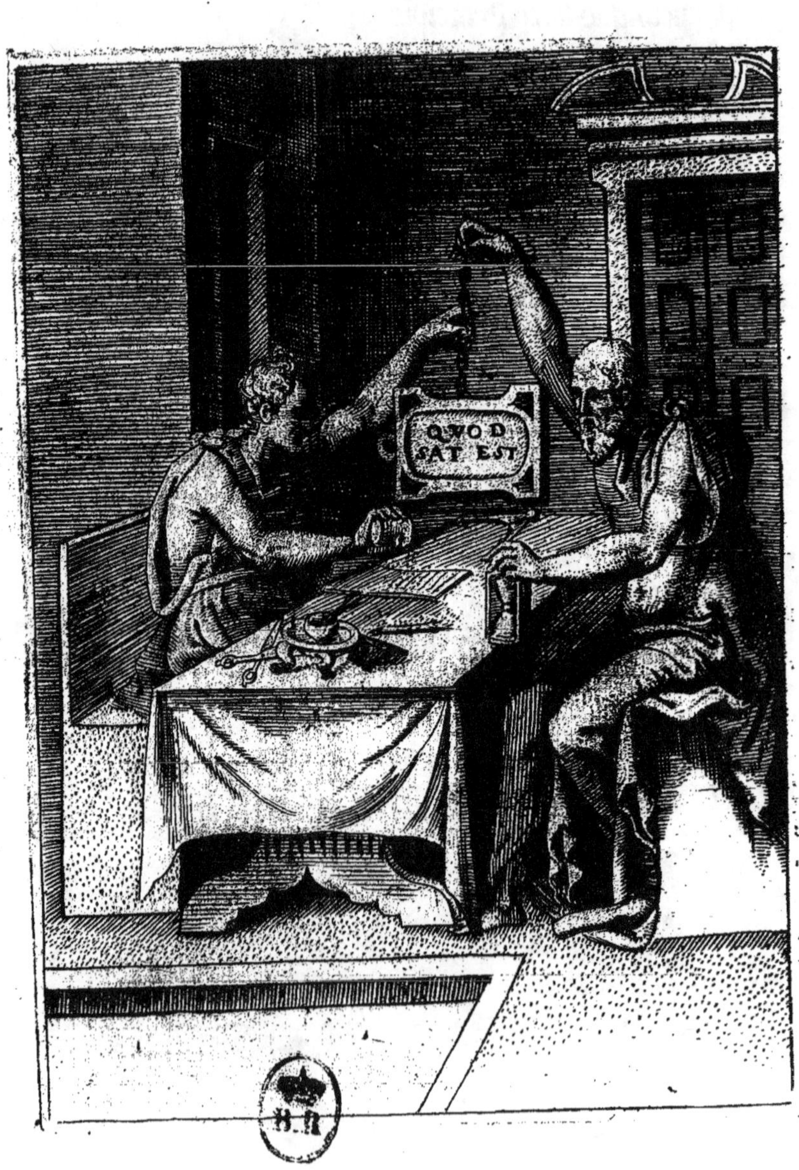

SEMPER VIDENDVM QVID SAT EST IN OMNIB.

SYMB. LXVI.

Pulueris exigui iactu pro tempore prudens
Vtere, nulla oberit fœda litura tibi.
Temporis exigui modicum si cautus agendis
Addideris spatium, turpe nihil facies.

STVLTVS MALO ACCEPTO SAPIT.

SYMB. LXVII.

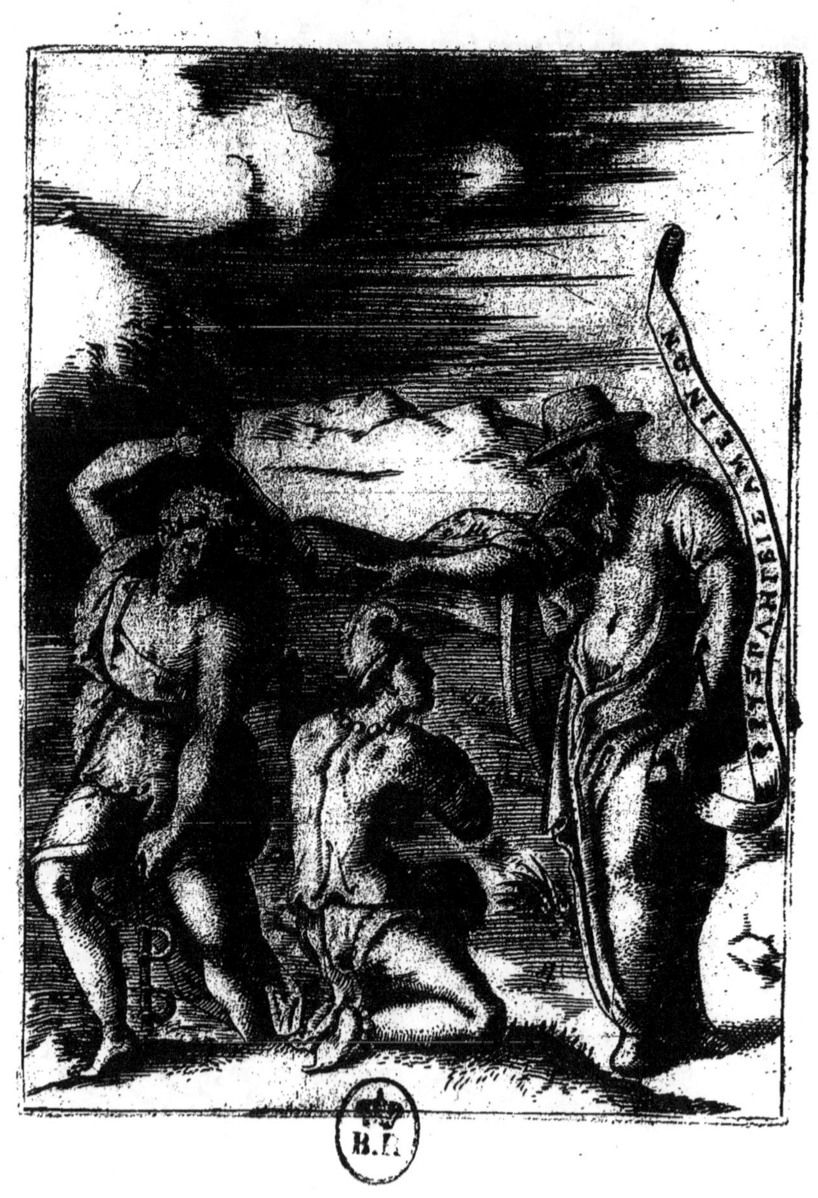

TEREBRA GALLICA VTILIS.

SYMB. LXVII.

Vtilis ut baculo, & loris est Galla terebra,
Sic stultus uinclis, uerberibusq; sapit.
Mortales plerunq; suo didicisse periclo
Expedit. aduersis Relligio colitur.

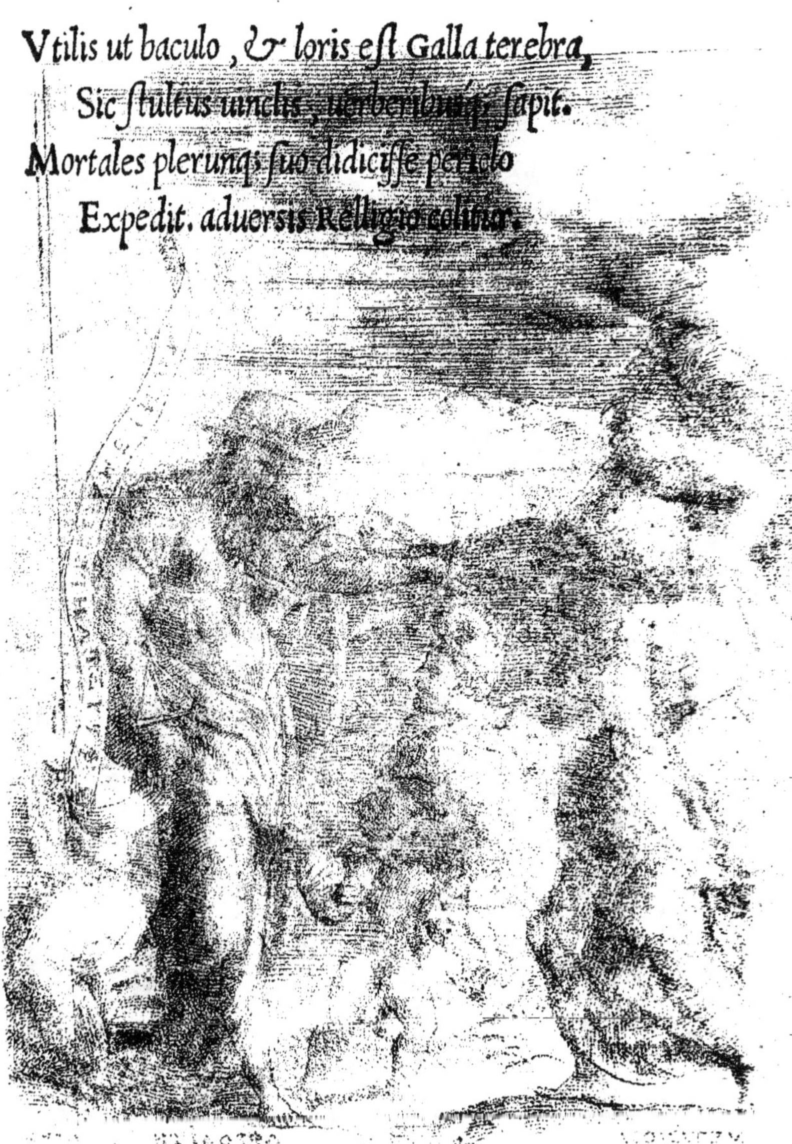

RATIONIS, ET LIBIDINIS CERTAMINA

SYMB. LXVIII.

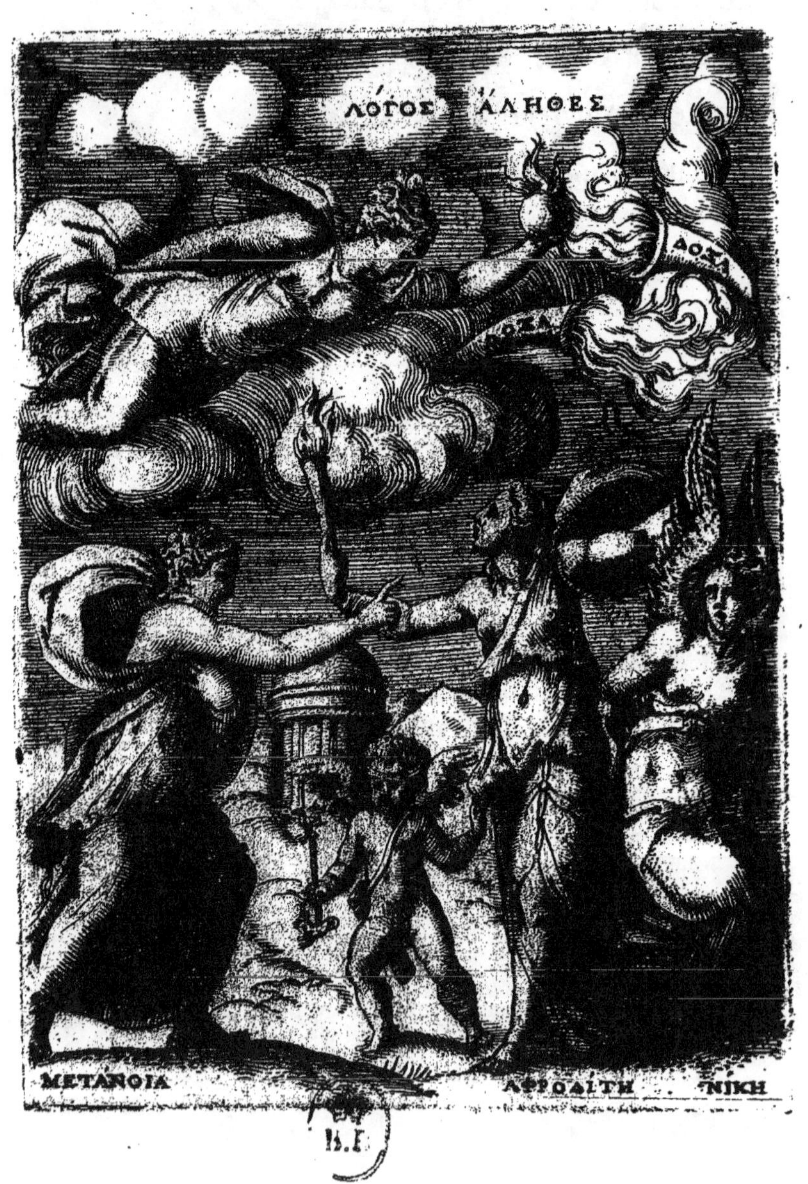

SYMB. LXVIII.

Armata uecors ſpe malè credula
Hèheu libido ſæpè mea: inſuper
Opinionum turba fallax
Impete cum ratione uaſto
Bellantur. at pulchro illa ſuo hæſitat
Vero inuoluta. heic fortè aliquando ſi
Victoria erret, nec reſiſtens
Intrepido generoſa primam
Impreſſionem ſuſtineat gradu,
Plerunq; talem res habet exitum,
Vt prælio decedat ipſa
Pars melior, ſibimetq; tutum
Quærat ſalutis præſidium fuga.
Sic prorſus inſanum arbitrium impotens
Securius iam me triumphat,
Tum ſua in exaturanda uota
Seſe urget inſtans, conſcia mens tamen,
Et molle pectus, mox ſimul arguunt,
Quàm peius id ſit crebrò habere,
Quod genio libeat proteruo.

T

OCCASIONEM QVI SAPIS NE AMISERIS.

SYMB. LXIX.

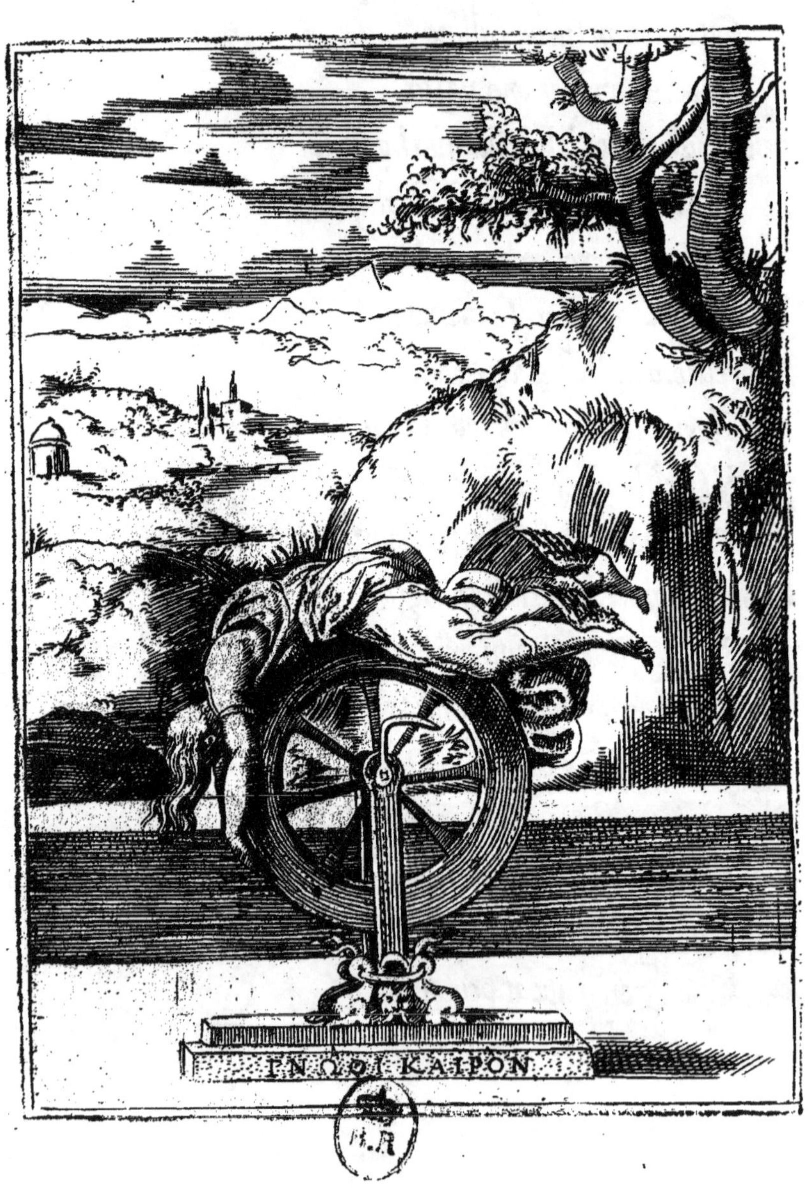

IOANNI IVNIO ANTVERPIENSI IVRISCONS. ELOQVENTISS.

SYMB. LXIX.

Iam tibi dum rebus ſe occaſio amica gerendis
Opportunè offert fronte comata, tene.
Momento præteruolat haud unq̃ reditura.
Occiput en calua eſt, lentus es? illa abijt.

ΑΔΗΛΟΝ.

O nihil eſt. CC. bis centum nunciat, A nil
S. Quintum, Primum, I. Rurſus &, o. nihil eſt.
Principium nihil eſt: bis Centum plurima, quinq;
Non ſatis eſt, unus ſat, uenit inde nihil.
Et licet obſcura hæc uideantur carmina, poſſunt
Si benè perſpicies ſingula, clara loqui.

T ij

ACCOMMODANDA VERBA REBVS ESSE, NEC VIM VLLAM AFFERENDAM INVENTIBVS.

SYMB. LXX.

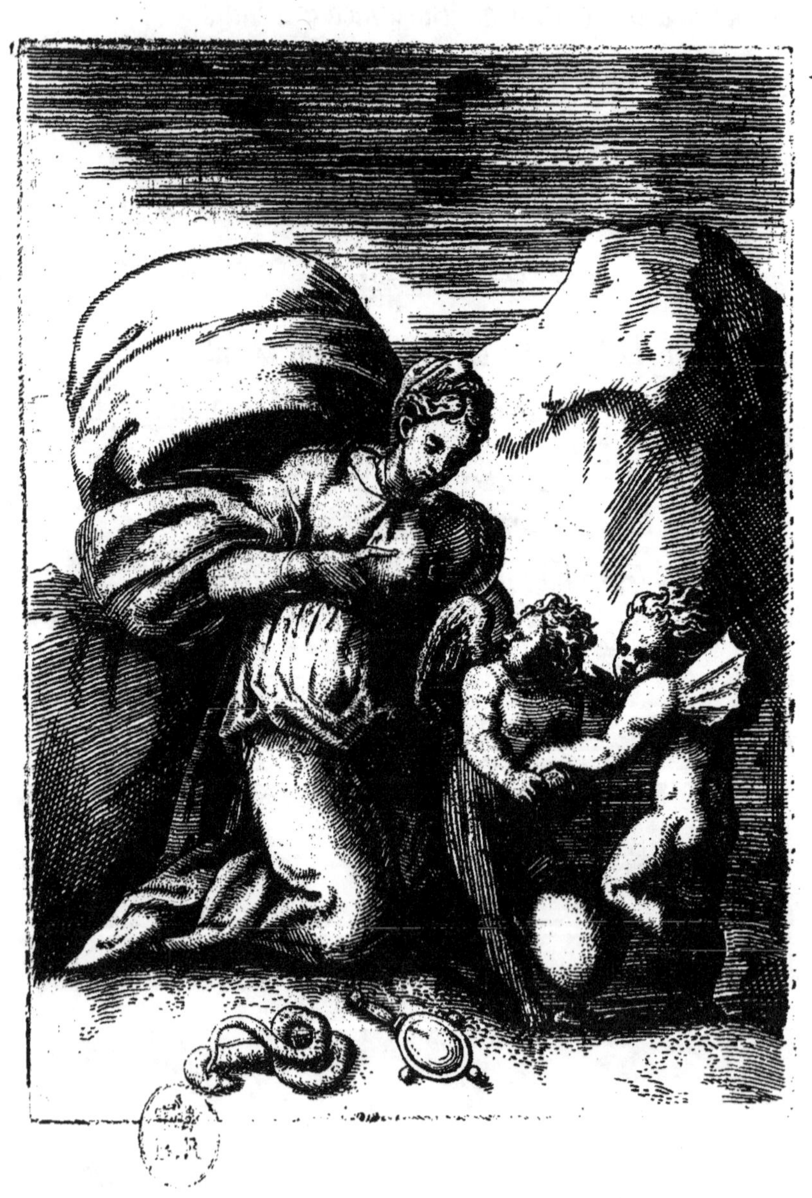

BALTHASSARI RVSTICELLO

FACESSAT AFFECTATIO.

SYMB. LXX.

Dum bonus ingenii animum accuratius implet
Hinc Genius: prohibet sed malus hinc Genius
Ipsa malum tamen expellit Prudentia mater,
Nullamq; ingenii uim fieri patitur.
Optima nimirum rebus plerunq; cohærent,
Cernunturq; adeo lumine uerba suo.
Illa tamen, tanq; lateant, semperq; recedant,
Quærimus, atq; locis ex alijs petimus,
Quæ Natura iubet nobis præsto esse benigna.
Quid quæris? Genium hoc est uiolare bonum.
Optima sunt minimè accersita, simillima ueris.
Obstant synceris pessima simplicibus.

FERENDAM EGESTATEM ET SENECTAM HVMANITER.

SYMB. LXXI.

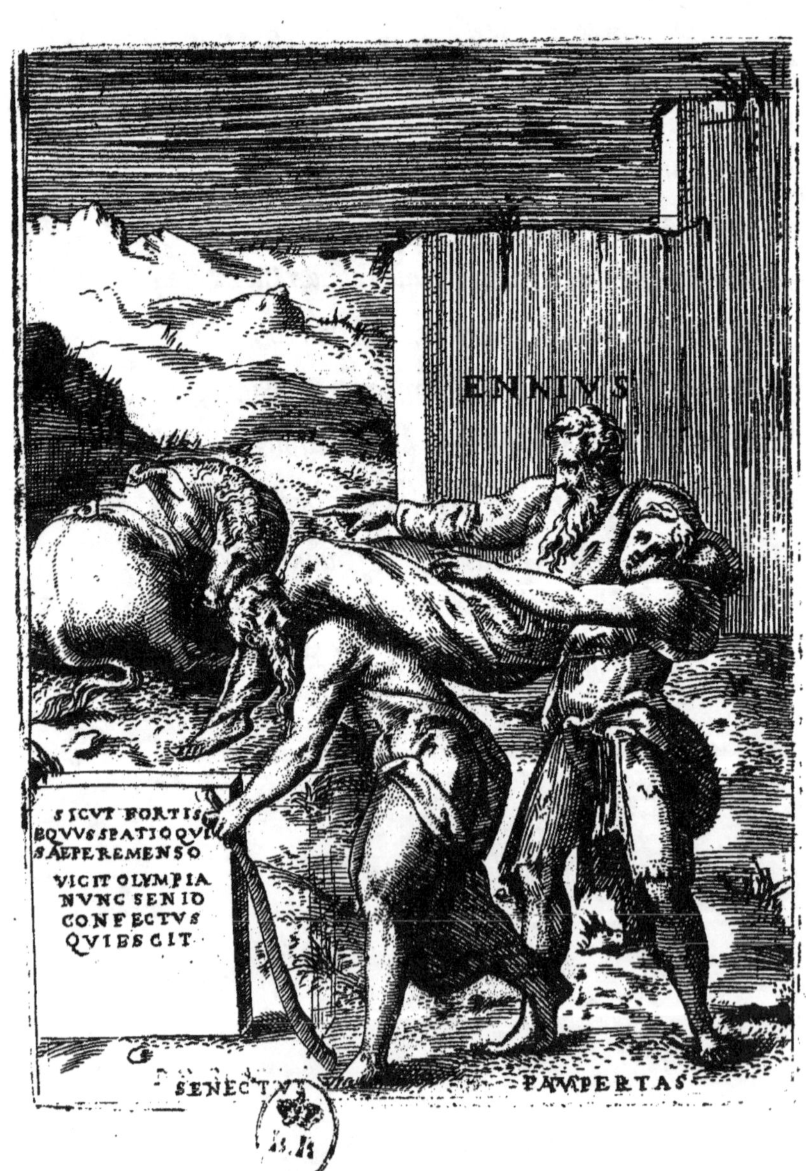

CONFECTVS SENIO ENNI EQVVS QVIESCIT
CVLPANDA NON EXTERNA, SED MORES MALOS.

SYMB. LXXI.

Ennius ille olim paupertatem, atq; senectam,
Quæ duo longè maxima uulgò onera esse putantur,
Dicitur usq; adeo fortis uictorq; tulisse,
Vt uisus sit eis penè oblectarier ultrò.
Quod certè sapienter fecit, ut omnia dixit.
Namq; petenda à se ipso constituit bona primum
Vera: quibus facilè bene uiuitur, atq; beate.
Inde malum huic poterat non ullum iure uideri,
Quod Natura parens, uel sors aduersa tulisset.
Non igitur senium, non pannis obsita egestas,
Non externa alia, at mores culpentur iniqui.

RES CONSILII OPE, HAVD VIRIBVS MAGNAS GERI

SYMB. LXXII.

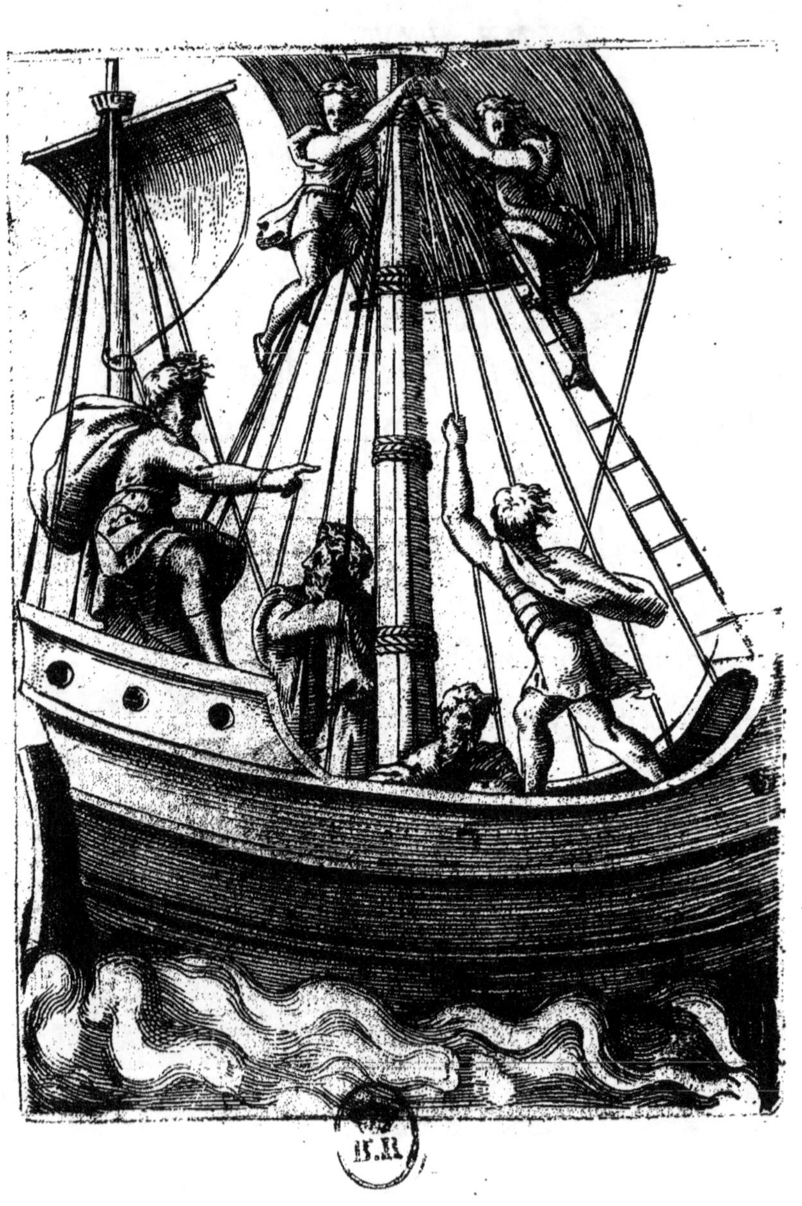

QVIETVS IN PVPPI TENET CLAVVM SENEX.

SYMB. LXXII.

Aſpice quàm ſatagunt totis qui uiribus alnum
Sollicitant iuuenes fluctibus in medijs.
En malos alij ſcandunt, trahit ille rudentes,
Per patulos audax curſitat ille foros.
Exhaurit ſentinam alius, ſecat æquora tonsis
Certatim Remex: *vela alij faciunt.*
In puppi reſidens clauum tenet ille quietus,
At non quæ iuuenum robora, ſtrenuitas,
Quin multò maiora facit, melioráq; ſolus
Ipſe ſuo præſtans omnibus ingenio.
Res magnæ haud ualido, aut ueloci corpore fiunt,
Verum animi ſenſu, consilio, imperio.

OMNIA CVI CEDVNT, DIVINO CEDAT AMORI.

SYMB. LXXIII.

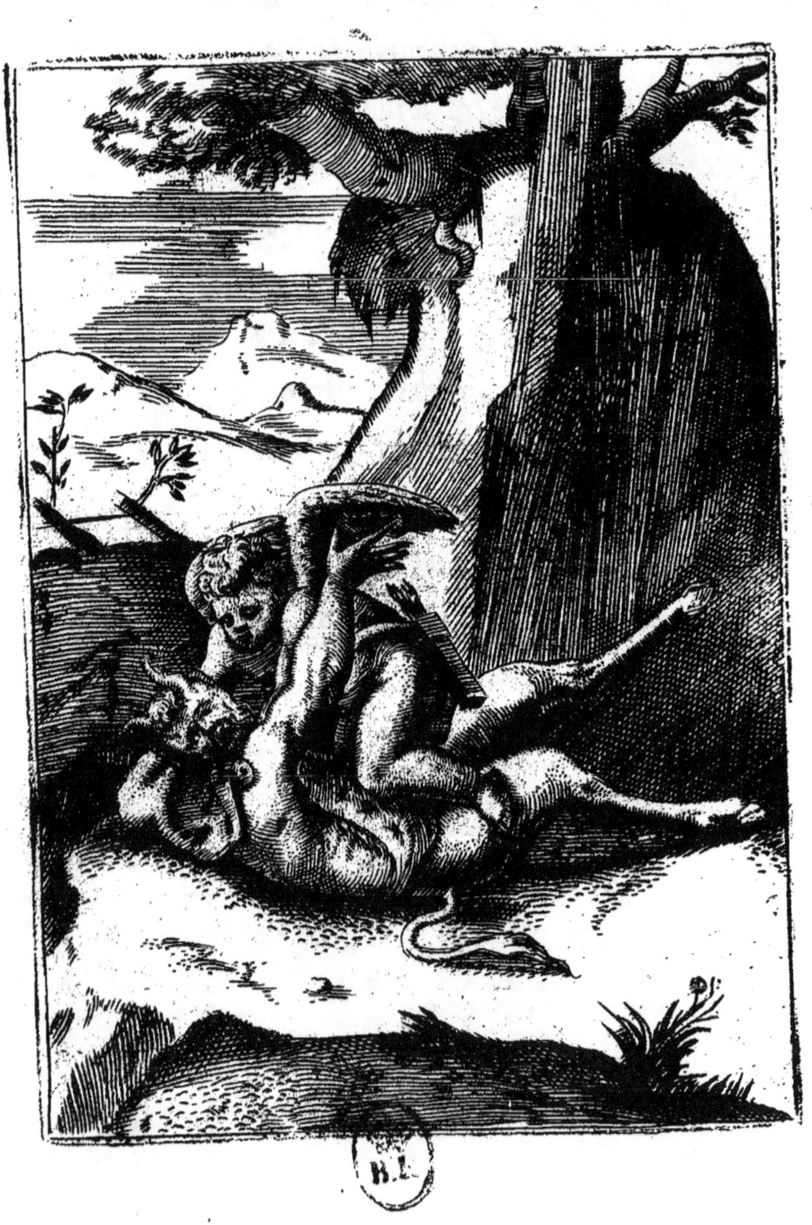

PAN VICTVS A CVPIDINE IN LVCTA CADIT.

SYMB. LXXIII.

Te quoq; Pan ouium custos dignissime, Amori
Luctando quondam succubuisse ferunt.
Nec tibi profuerunt ridenti cornua fronte,
Barbaq; Phœbea lampade splendidior.
Non illa astriferum referens tua Nebris olympum,
Non calamis septem fistula disparibus.
Non dextra gestasse pedum, quo cuncta gubernas,
Nempè tuum est Mundi totius imperium.
Ergò si tantum numen tu cedis Amori,
Ecquis erit nostrum cedere quem pigeat?
Victore à summo uinci uictoria summa est,
Testis naturæ es maximus ipse parens.

MENS SEPIENDA ROBORE SVO IN OPTIMIS.

SYMB. LXXIIII.

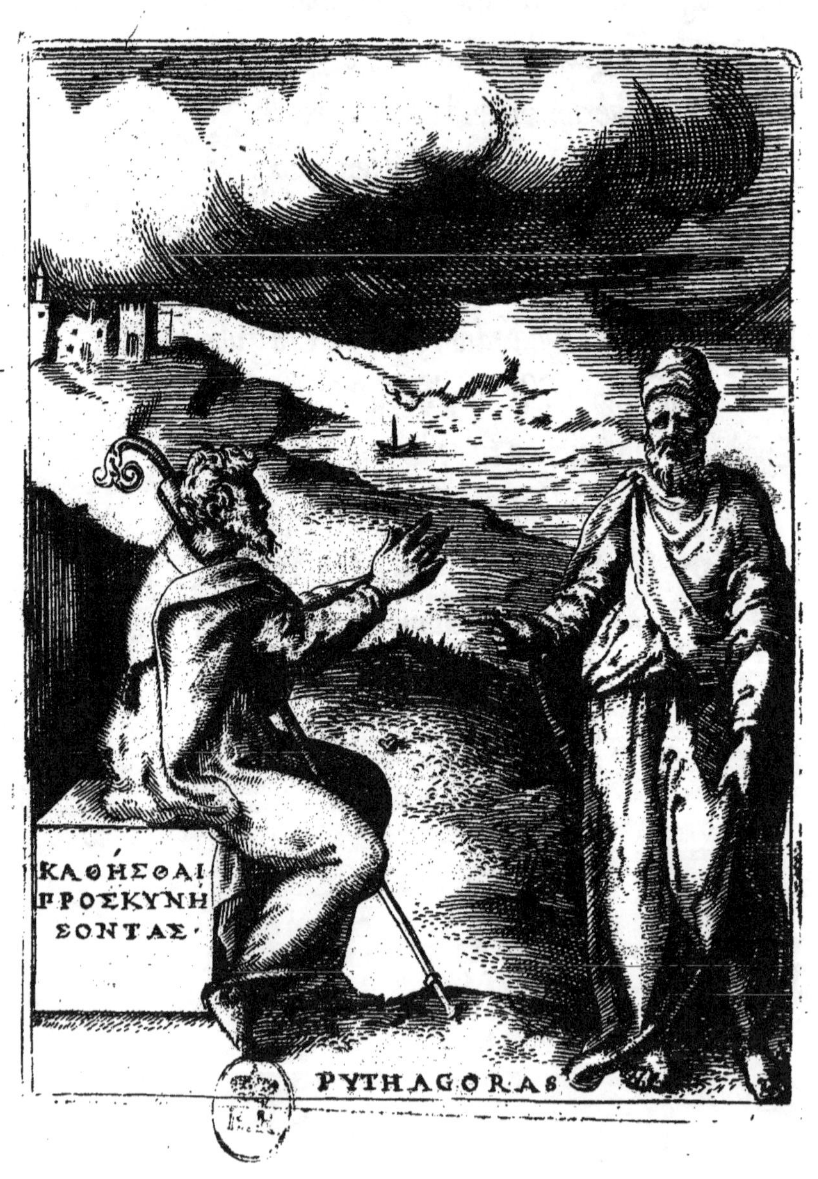

PETENDA AB OPTIMO OPTIMA.

SYMB. LXXIIII.

Quadrato ſedet en ſaxo Phœbeius augur
Votáq; concipiens optima conſequitur.
Sed cur conſequitur? quia finem reſpicit unum
Idq; petit conſtans quod ſemel inſtituit.
A ſuperis igitur ſunt optima cuiq; petenda,
Durandumq; alti robore firmo animi.

QVAE SIT PRECATIO OMNIVM STVLTISSIMA MALI DEVM COLVNT MODO OB PECVNIAM.

Frui expetendis per ſe, & immortalibus
Verum eſt bonis, at ijs tamen,
Quæ propter aliud quærimus, mage utimur
Vti ergo temporarijs
Oportet, ut fruamur æternis, mali &
Præpoſteri pecunia
Frui uolunt, uti Deo: hunc enim colunt
Tantummodò ob pecuniam.
Non propter illum hanc. ſcilicet ſtultiſſimum
Genus hominum, & teterrimum.

LVDOVICO BECATELLO EPIS.
AMABITVR QVI AMAVERIT.

SYMB. LXXV.

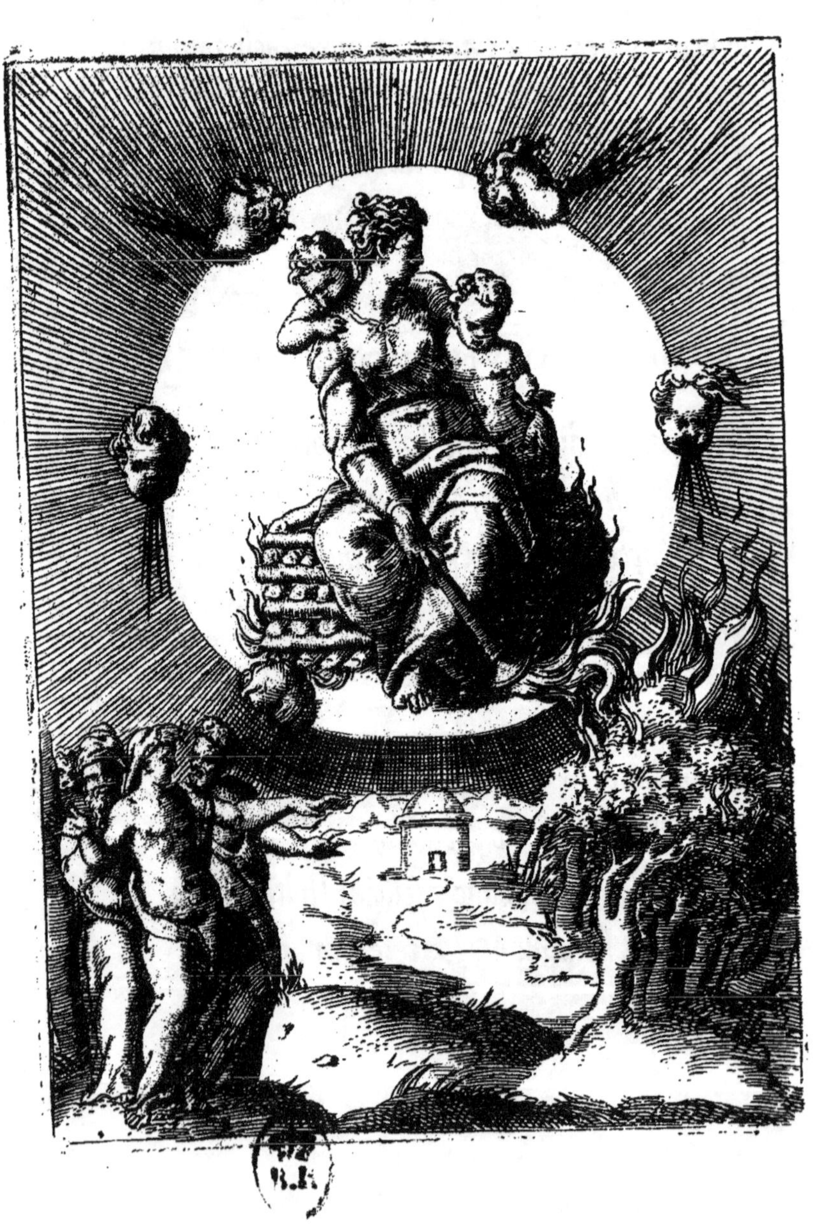

IPSVM QVI SESE VINCIT FACILE OMNIA VINCIT.

FINIS PRINCIPIVMQ. AMOR BONORVM EST.

SYMB. LXXV.

Concilij humani, conuictus, colloquiorum
Principio caussam præbuit ignis edax.
Attamen ignis edax corrumpit cuncta. Quid ergo?
An quia finis idem est, principiumq; simul?
Certè Amor est ignis corrumpens omnia, alensq;, &
Omnia qui uincit uincitur igne suo.
Ipsum sese igitur discet qui uincere, uincet
Cætera, amabitur & quisquis amare uolet.

VERA IN COGNITIONE DEI, CVLTVQ. VOLVPTAS.

SYMB. LXXVI.

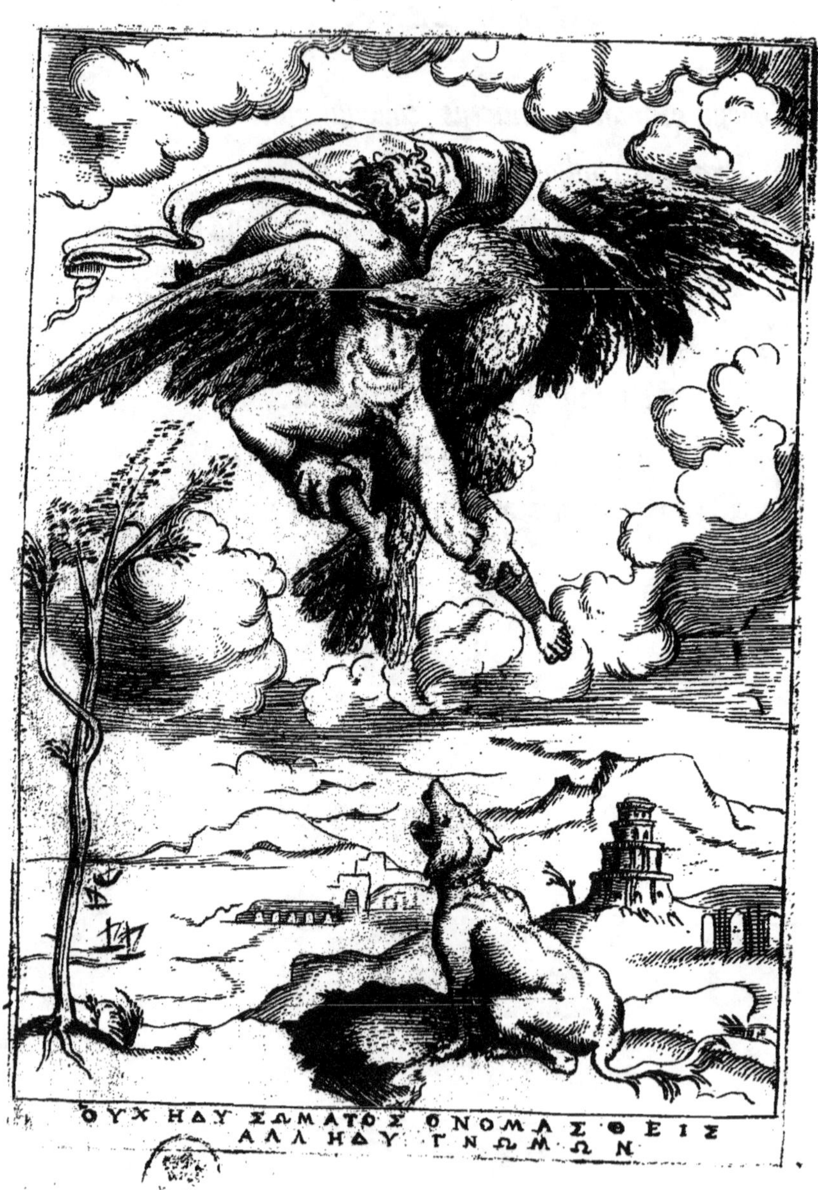

ROBERTO MAGIO.

SIC FRVIMVR DVLCI NECTARE, ET AMBROSIA.

SYMB. LXXVI.

Cur olim pulchros rapti Ganymedis honores
　Diuinæ cecinit conditor Iliados?
Nempè opiſex rerum, mundi melioris origo,
　Non forma capitur corporis? aſt animi.
Ipſum teſtatur nomen, nam ſumma uoluptas
　Eſt homini cum ſe cogitat eſſe pium,
Quid ſibi uult aliud pietas, q̃ noſcere uerum,
　Et puro mentis flore Deum colere?
Hac ipſe allectus rex maximus, optimus, ad ſe
　Nos rapiens, dira morte carere facit.
Qua mens lætitia effertur ſecura tuendo
　Diuinam ſpeciem? id nectar, & ambroſia eſt.
Interea canis obſcænæ latratus in auras
　Sæuit nequicquam: hæc bruta cupido hominum eſt,
Quæ furit inferius: ſublimis at ille triumphat.
　Tu quoq; ſic utinam mens rapiare mea.
Magnum olim fuit hoc Decimo placuiſſe Leoni,
　Maximum erit poſthac quod placuit Magio.

SCVLPTORIS IAM NVNC GANYMEDEM CERNE LEOCRAE

PACATI EMBLEMA HOC CORPORIS, ATQ. ANIMI EST.

SYMB. LXXVII.

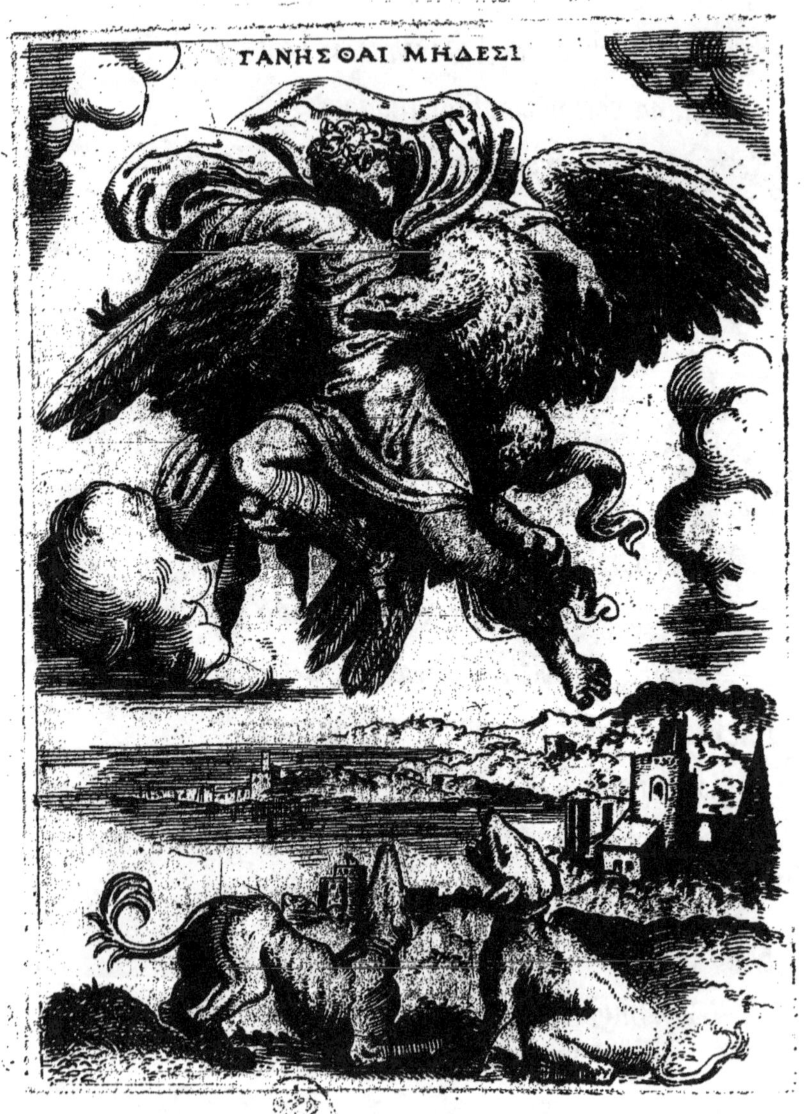

REGINALDO POLO, CARD. AMPLISS.

PAX EST LAETA PIIS VSQ. DOMI ATQ. FORIS.

SYMB. LXXVII.

Aſpice quàm ſentit magni Iouis armiger ales
Quid rapit, & cui fert in Ganymede ſuo.
Vnguibus en etiam per ueſtem parcit aduncis,
Ne quid pacatis ſensibus officiat.
Sic olim expreſſit mirè otia læta Leocras
Sculptor compositi corporis, atq; animi:
Tota mente Deum, ac pura noſce, & cole, preſtò
Læta domi, atq; foris pax erit usq; tibi.

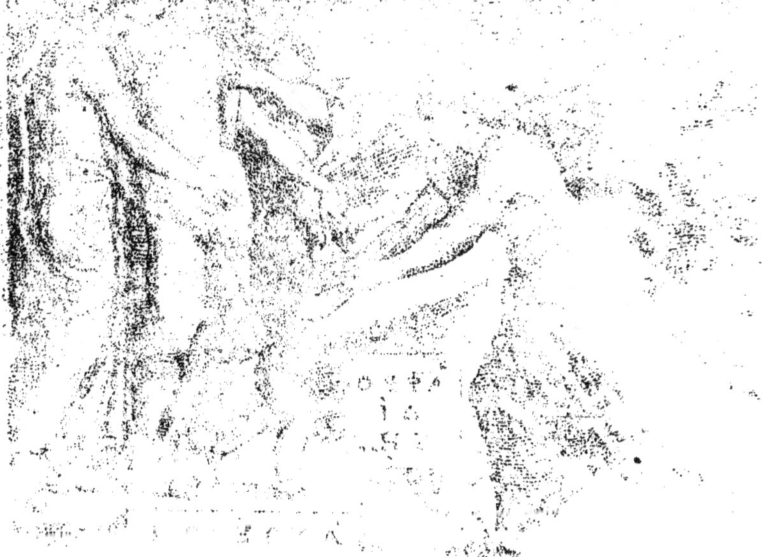

GVIDONI PEPVLO PHILIPPI OCELLO.

SYMB. LXXVIII.

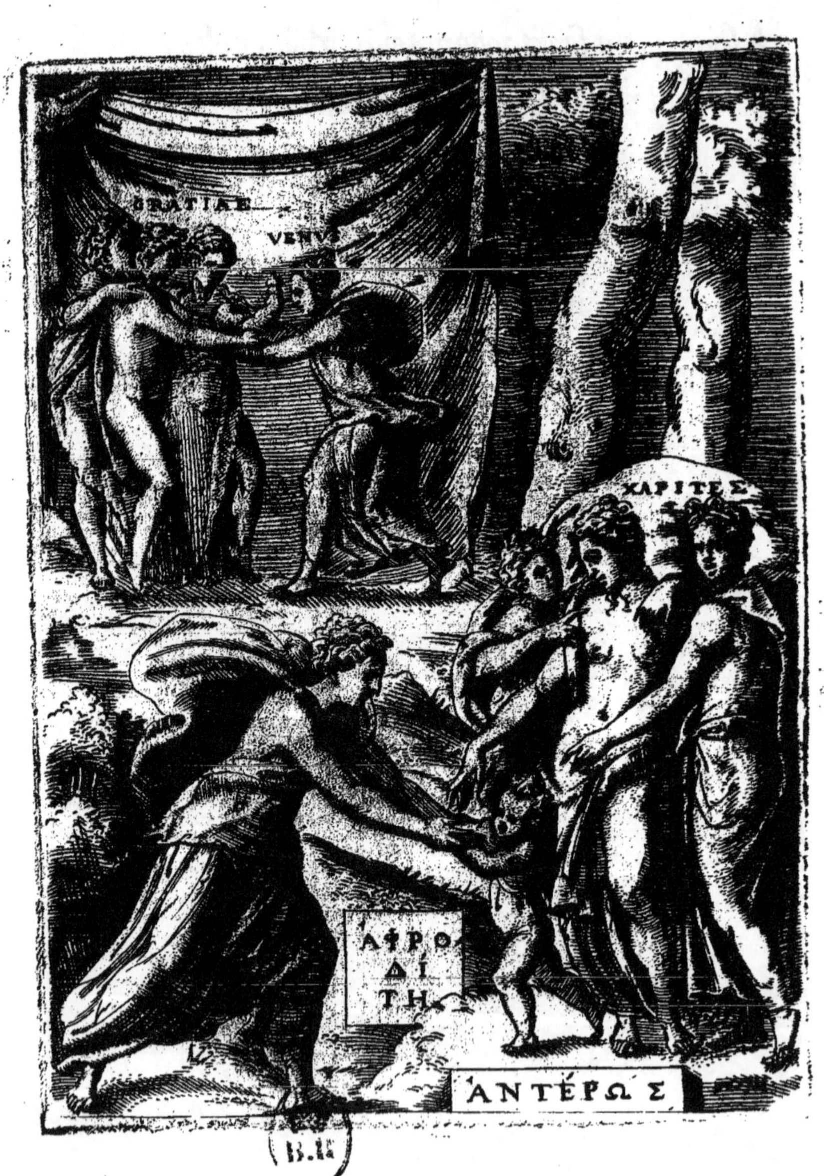

HIC ANTEPΩΣ QVID EST NISI VERVM ESSE AMOREM MVTVVM?

SYMB. LXXVIII.

Olim cupidinem editum Venus dedit
Blandis alendum gratijs. mater dolens,
Quod nulla earum diligentia puer
Ipsa ut uolebat, cresceret, mox Delphicum
Oraculum consuluit: indè retulit
Hæc uerba responsi. ANTEPΩTA, gignier
Necesse prorsus esse. sic enim fore ut
Certatim uterq; ad usq; magnitudnem
Concresceret iustam: proindè quum Dea
Hunc procreasset, educandum & gratijs
Item dedisset, factum in ipso tempore est
Quod Delius cecinerat. Hoc quid uult sibi
Aliud, quam oportere esse amorem mutuum?
In corde amantis nascitur quidem ipse amor,
Non crescit is tamen, ni ametur inuicem:
Quid quæris? hocce tu sat intellexeris,
Guido optimorum spes, decusq; ciuium,
Si consulueris ipse Apollinem tuum, &
Almam Dionem, quin & ipsas GRATIAS,
Quæ te educarunt, & habent charissimum.

MARIO NIZOLIO.

SYMB. LXXIX.

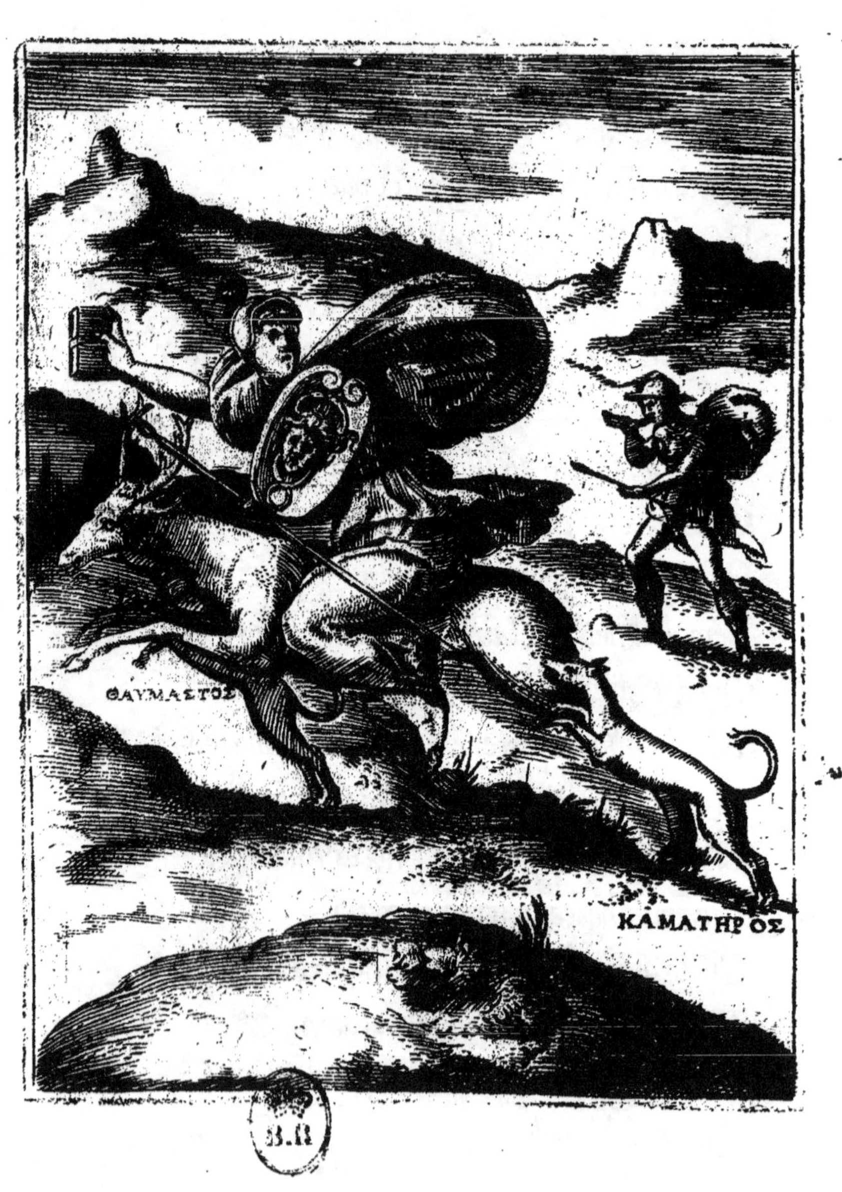

AMOR LABOREM FERT, EVM ADMIRATIO.

SYMB. LXXIX.

Pallada miraris ceruo insedisse fugaci,
Quem sequitur duplex, assequiturq; canis.
Thaumastus petit hinc, acris Camaterus & illinc
Admirator hic est: improbus ille labor,
Discendi mirum parit admiratio amorem.
Quid non improbitas dura laboris agit?

NEC NIL, NEC NIMIVM.

ΠΑΝΤΑ ΑΝΑΒΑΛΛΟΜΕΝΟΣ.

SYMB. LXXX.

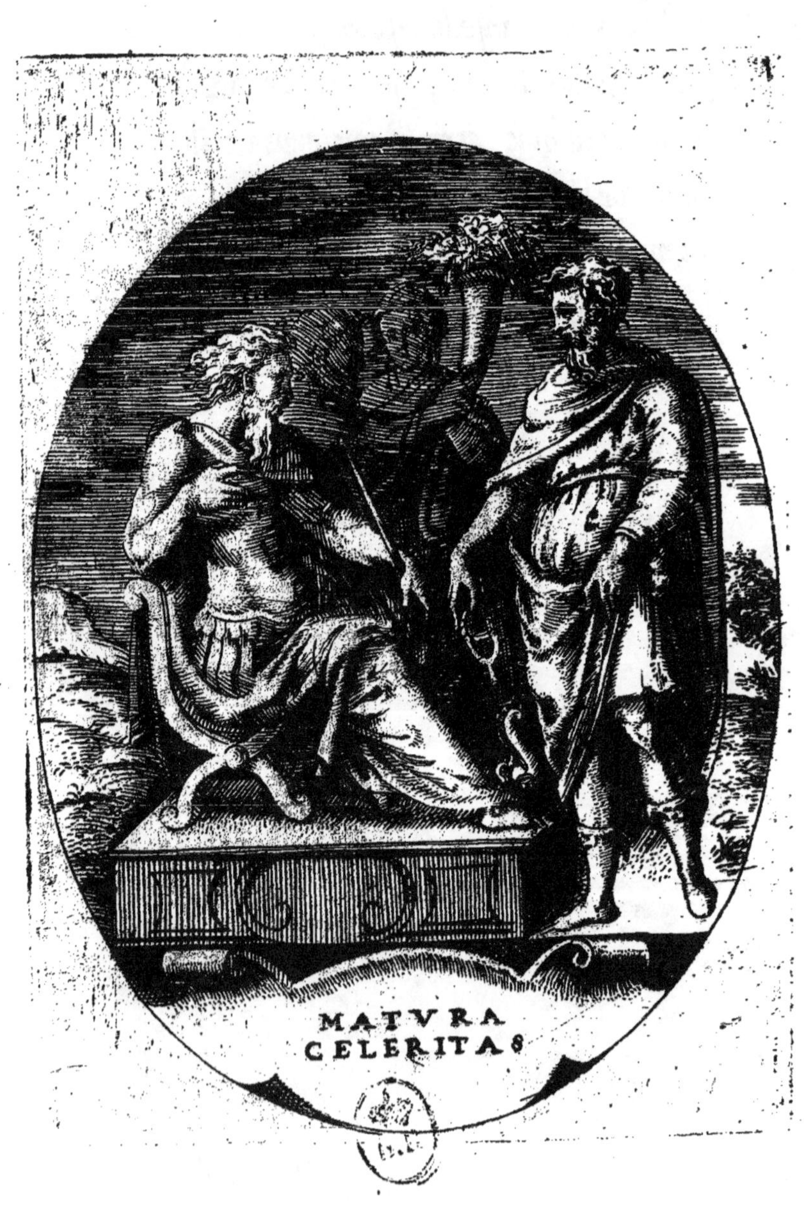

HOC BOCCHIANI SYMBOLVM ES NVMISMATIS
MATVRA FESTINATIO.

SYMB. LXXX.

Inclyta falcatis insignia sustinet Alce
Vnguibus, & ΜΗΔΕΝ *fert* ΑΝΑΒΑΛΛΟΜΕΝΟΣ
Contrà alius suadet magnis rationibus, atq;
Exemplis semper ΠΑΝΤΑ ΑΝΑΒΑΛΛΟΜΕΝΟΣ.
Ast ego nec ΜΗΔΕΝ, *neq; semper* ΠΑΝΤΑ, *sed inter*
Hæc duo quod positum est, id satis esse puto,
Vt neq; cunctandum nimis est, ita nec properandum.
Maturè celeri nil prius est genio.
Hic regnat, iuuenis prèsto est huic diuite cornu
Copia, grandæuus quam regit ille senex.
Tertius at duris calcaria iuncta lupatis,
Sic medium ostendens inter utrunq; tenet.

GASPARI ARGILENSI.

SYMB. LXXXI.

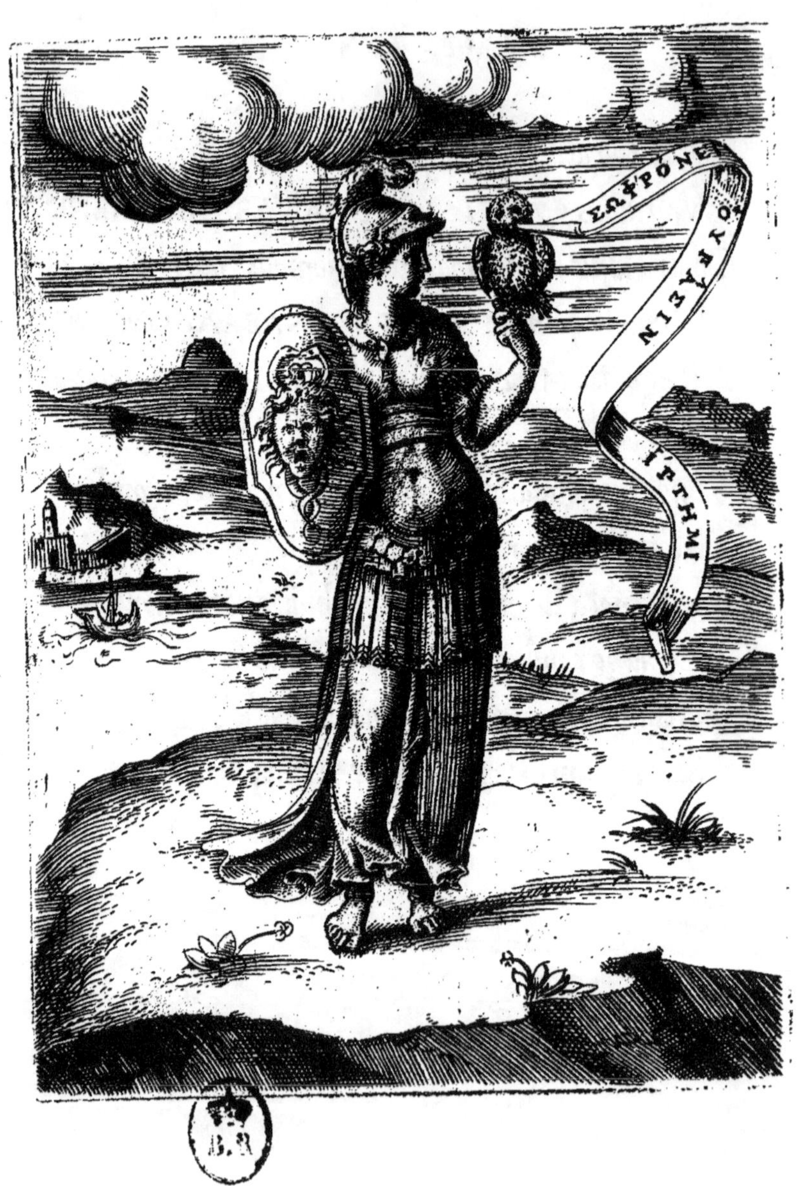

NON OMNIB. FELIX TEMERITAS ACCIDIT.

SYMB. LXXXI.

Quam Pallas dextra sibimet Tritonia præfert.
Attica, dic rogo, quidnàm atticè auis loquitur?
Prudens esto, inquit, non omnibus aduolo passim,
Passim stulta cadunt nec bene consilia.

INGENS ANIMVS ERRATA CORRIGIT SVA.

SYMB. LXXXII.

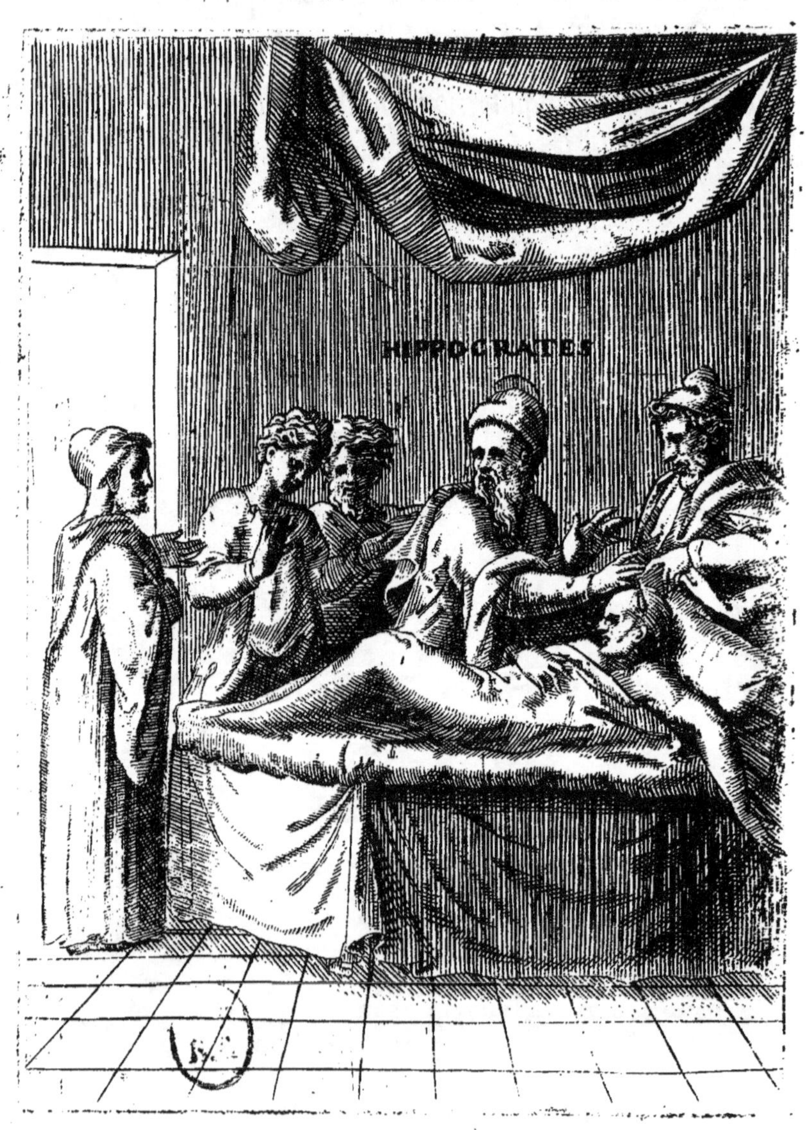

SYNCERA VERI HIPPOCRATIS CONFESSIO.

SYMB. LXXXII.

Dum fortè curaturus effractum caput
Magnus specillo explorat, os Hippocrates,
Deceptus à sutura, amicè, & liberè
Confessus errorem est suum ipse posteris
De more scilicet uirorum illustrium
Et maximarum habentium fiduciam
Rerum. ingenia enim leuia, quæ nil prorsum habẽt
Nil detrahunt sibi. sed altis conuenit
Syncera ueri hæc mentibus confessio.

SPERANDA SVMMI EST PRINCIPIS BENIGNITAS,
MALIGNA VBI VRGET TEMPORVM NECESSITAS.

SYMB. LXXXIII.

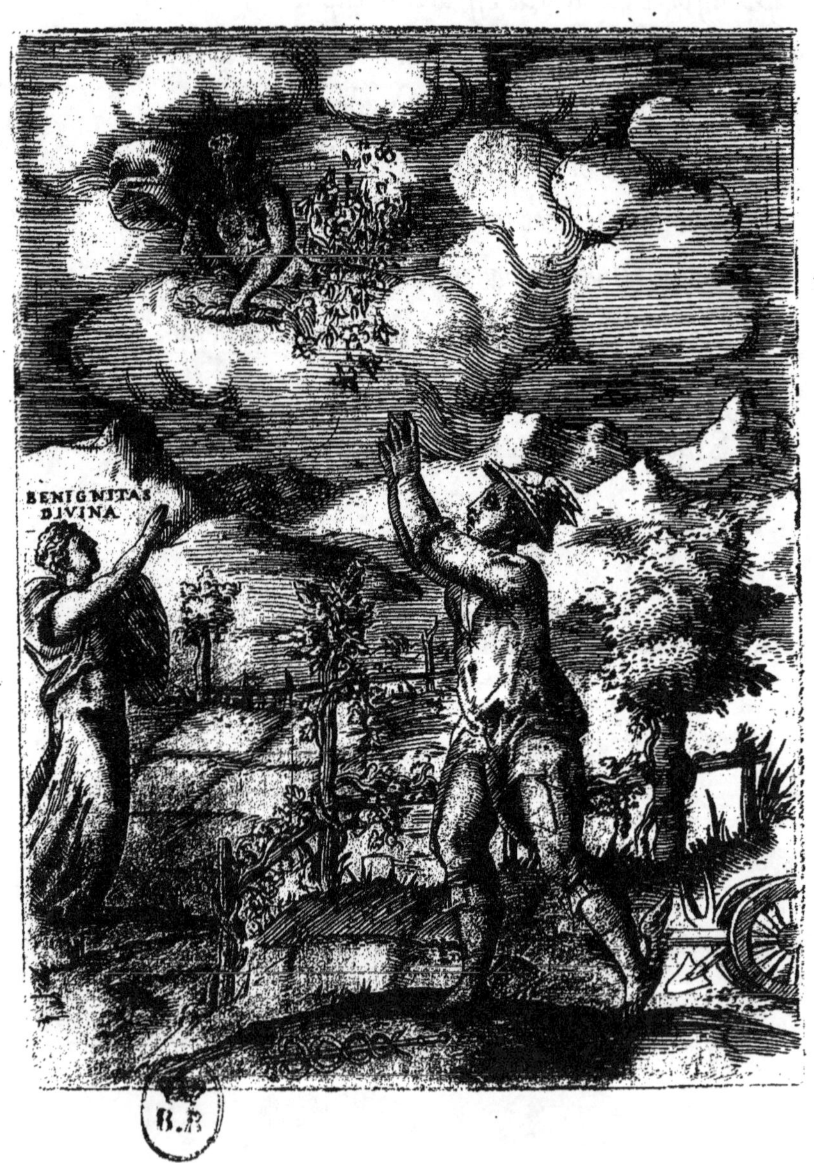

IVLIO III. PONT. MAX.

SYMB. LXXXIII.

Aret ager meus, ac dulci nisi protinus unda
Tuæ irrigetur gratiæ,
Ah miserum prorsus semen morietur, amœni
Spes unde fructus plurima est.
Nonne perennis aquæ fons es tu maximus, à quo
Diducta riuis flumina
Sexcentas faciunt segetes, mirabile dictu, ex
Macerrimis lætissimas?
Ardentē ergò meam hanc, et honestam sparge liquore
Sitim tuo, qui nonnihil,
Si non omninò, saltem illam tempore in ipso
Extinguat, & benignitas
In me talis erit tua iam Pater optime, qualis
Spes semper extitit mea.

A PVBLICA RE EXTERMINANDVM ESSE AMBITVM.

SYMB. LXXXIIII.

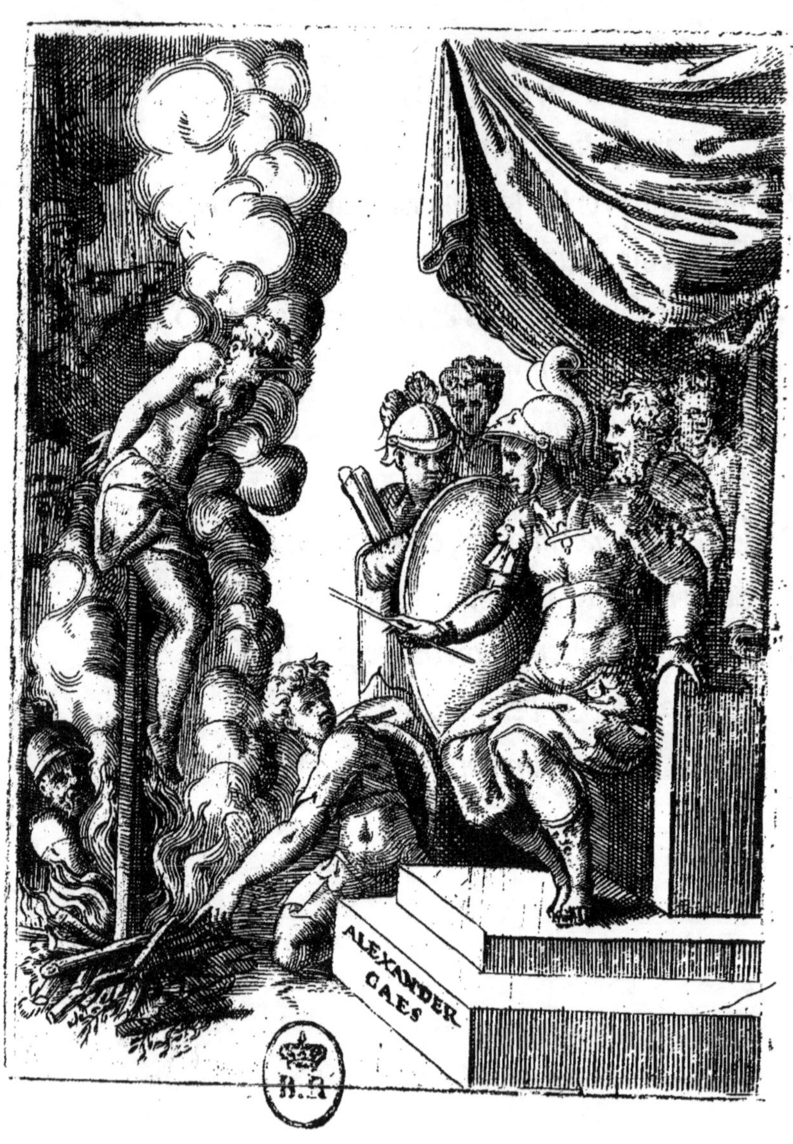

PAVLO IOVIO EPISCOPO NVCERINO.

SYMB. LXXXIIII.

Cæsar ALEXANDER *quendam, qui auram popularem*
Summo captabat ſollicitus ſtudio,
Affigi palo iuſſit, tum protinus igni
Fumiſero accenſo ex materia uiridi,
Extingui fumo concluſis faucibus atro.
O dignum tanto principe iudicium.
Iure, inquit, fumo pereat, sic uendere fumum
Qui ſolitus fuerat perditus, atq; emere.
Altrix multorum, & magnorum cauſſa malorum
Ambitio fuit, ac peſſima ſemper erit.
Conſcia PAVLE *iſtuc tua mens* EMBLEMA *probauit,*
Ne te illaudatum ſymbola prætereant.

BER. MAFAEO CARDINALI.

SYMB. LXXXV.

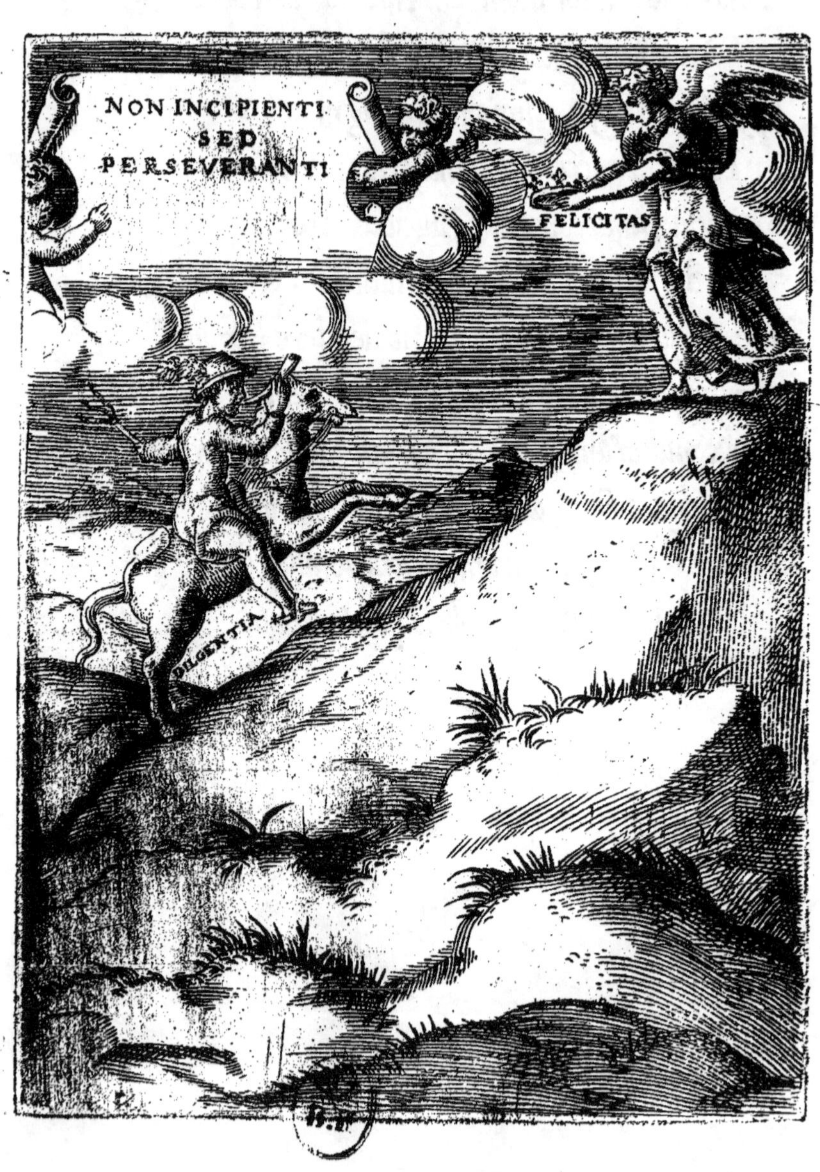

FELICITAS PRVDENTIAE. ET DILIGENTIAE VLTIMA EST.

SYMB. LXXXV.

Mutare equos ad celeritatem haud est satis
Huic, quem uides, ni diligentia utier
In exequendo itinere stet sententia, &
Segni sine intermissione strenuè
Noctes, diesq; pergerè, usq; dum semel
Cursum liceat olim institutum confici.
Nam inchoando, tum remittendo omnium
Rerum in dies profertur euentus, licet
Paruarum, & abit amissa procul occasio.
Benè inchoare, diligenter progredi,
A carcere ad metam, ultima est felicitas,
Concessa paucis, expetenda & omnibus.

LVSCINIAE HAVD DEFIT CANTIO.

SYMB. LXXXVI.

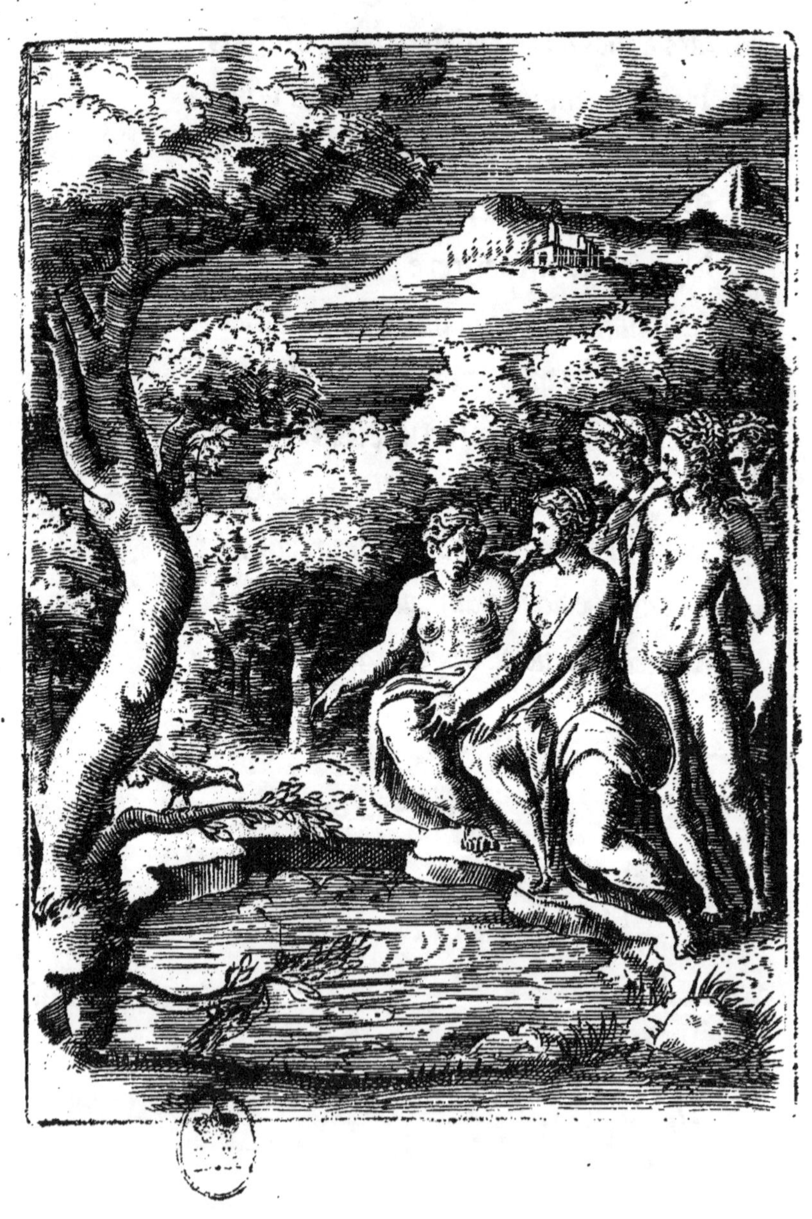

CONTENTIO LVSCINIAE OB VICTORIAM.

IVLIO CAMILLO FOROIVLIENSI.

SYMB: LXXXVI.

Propter limpidum aquæ caput
Illimis zephyro dum genitabili
Arridens aperit ſe humus,
Dum ſe mollia paſſim uiridantium
Denſant germina frondium,
Florenti teneræ ramulo ab arboris,
Dulci, garrula, murmure
Cantabat Philomela. interea nemus
Promptis undiq; uoculis
Argutum resonare. indè ſua nitido
Vmbra fontis in æquore
Viſa, fortè timens uincier, integrat
Certatim uarium, nouum,
Mellitum lepidum cantum animoſior.
Porrò ſuſpiciosula
Paulum conſtitit. hinc præcipiti uolans
Lapſu falsæ ad imaginem
Formæ, undam oppetijt. Naiades interim
Riſere. illa ubi plumulas
Iam tota uuida ſe deniq; fallier
Senſit, mox uacuum ſecat
Euro diſſugiens ocyus aera.

SEMPER IVVAT PIOS DEVS.

SYMB. LXXXVII.

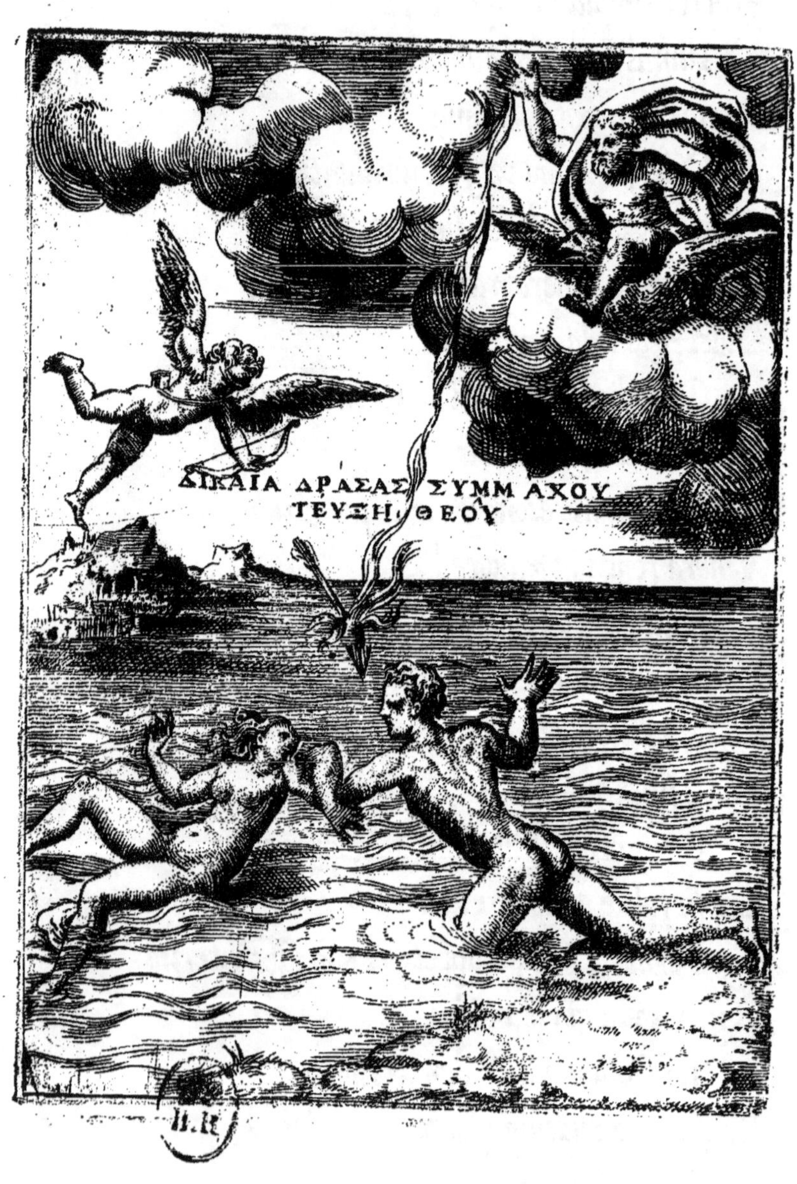

CAROLO CRASSO.

IVSTVS IVVATVR A IOVE,

SYMB. LXXXVII.

Dum pius auxilium mergendæ afferre puellæ
Vorticib. iuuenis ſub rapidis ſatagit.
Improbus hanc petiturus amor ſua tela parabat,
Nec tulit id ſummus IUPPITER *æquo animo.*
Quin ſubitò è manibus tacti omnipatente ab olympo
Præreptas triſido uendicat igne faces.
Aeterno præsens ab rege hominum, atq; DEORUM
Quisquis iuſta facit præsidium inueniet.

IVDEX INEPTVS PESTE PEIOR PESSIMA.

SYMB. LXXXVIII.

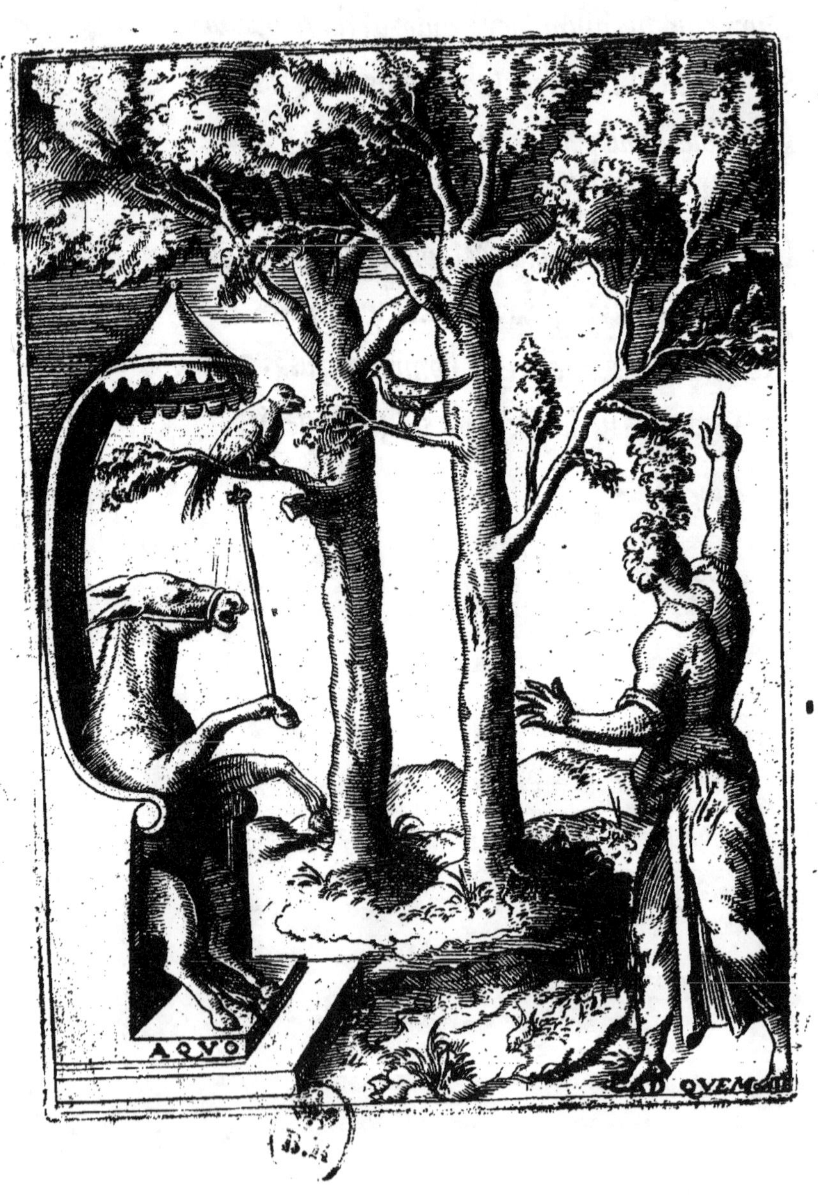

COCCYGIS, ET LVSCINIAE CONTENTIO. OFFENSIO ASPERA EX INEPTO IVDICE.

SYMB. LXXXVIII.

Dic Muſa quæſo, cur diutius canit
Coràm homine, & accuratius luſcinia?
M. *Illa, & Cucullus anni eodem tempore,*
Olim canendo, ut aſſolent in maximam
Contentionem forte quadam uenerant,
De ſuauitate cantionis, & quia
Lis de ſono erat, aſellus eſt aptiſſimus
Tum creditus iudex, quòd auriculis foret
Præter animantes cæteras maioribus.
Aſellus autem repudiata protinus
Luſcinia, negare enim harmoniam illius
Se intelligere, palmam Cucullo adiudicat.
Illa ad hominem appellat, quem ubi uidet, ſtatim
Cauſſam ſuam agit, & diligenter cantat, ut
Ei approbet ſe, ad uindicandam iniuriam
Acceptam ab aſino. Hinc diſcat ergò quilibet,
Vitare peius peſte ineptos iudices,
Nec belluinis auribus tam credere,
Præpoſtera ut fiducia, atq; offenſio
Naſcatur indè, pœnitenda, & aſpera.

COMPENDIOSA FAMA QVAE, ET PVLCHERRIMA TALIS, QVALIS HABERI AMABIS ESTO.

SYMB. LXXXIX.

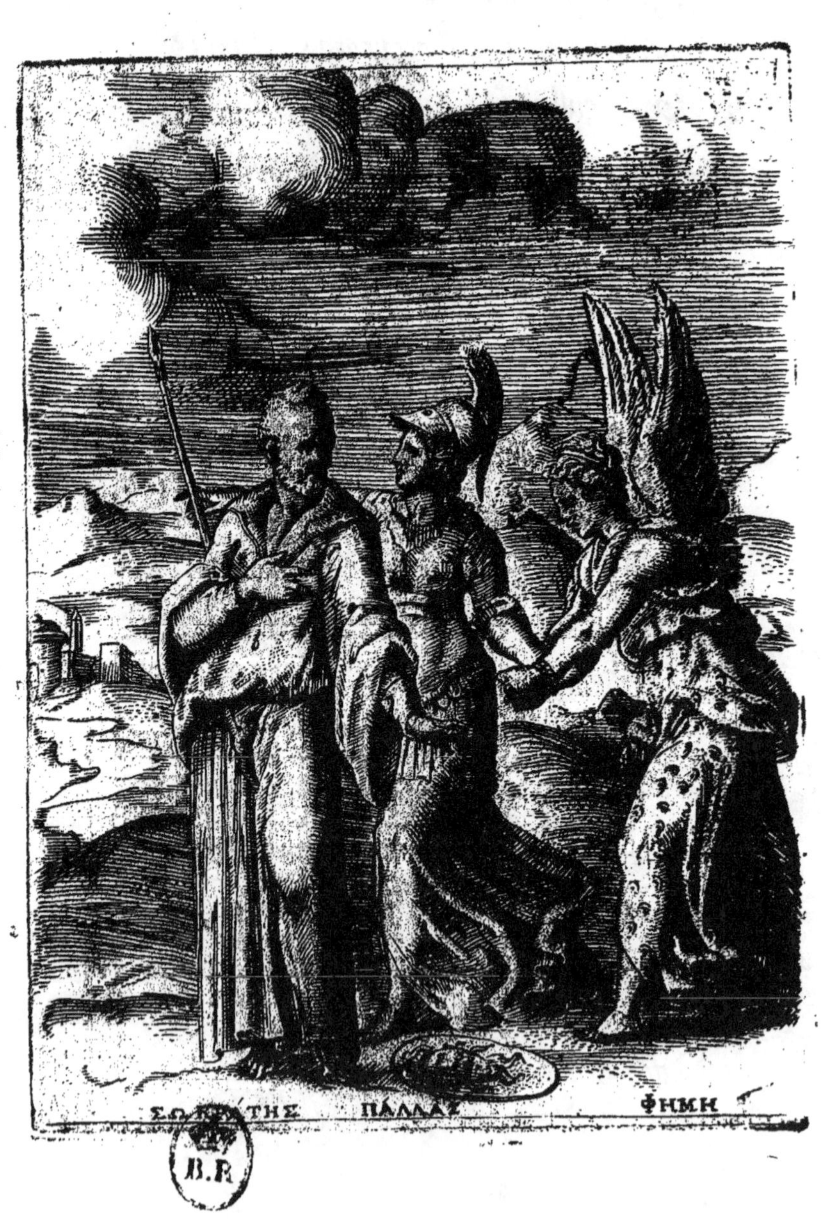

CVPIDO NIMIA GLORIAE PLEROSQVE TRANSVERSOS AGIT.

SYMB. LXXXIX.

Magnos habere gloriæ sitim impetus,
Multosq; transuersos agi affectu hoc patet.
Ex numero eorum interrogabat socratem
Quidam, an uia aliqua comparare maximam
Famam sibi compendiò, & pulcherrimam
Valeret? Ipsum si modò talem te, ait,
Decreueris præstare, qualis omnibus
Optas haberi. Dicier nihil potest
Compendiosius, uel absolutius.
Non est petenda fama, quæ ultrò nobilis
Virtutis est comes, ut sceleris infamia.

OBRVIT INVIDIAM NON VLTIO, SED BENEFACTA.

SYMB. XC.

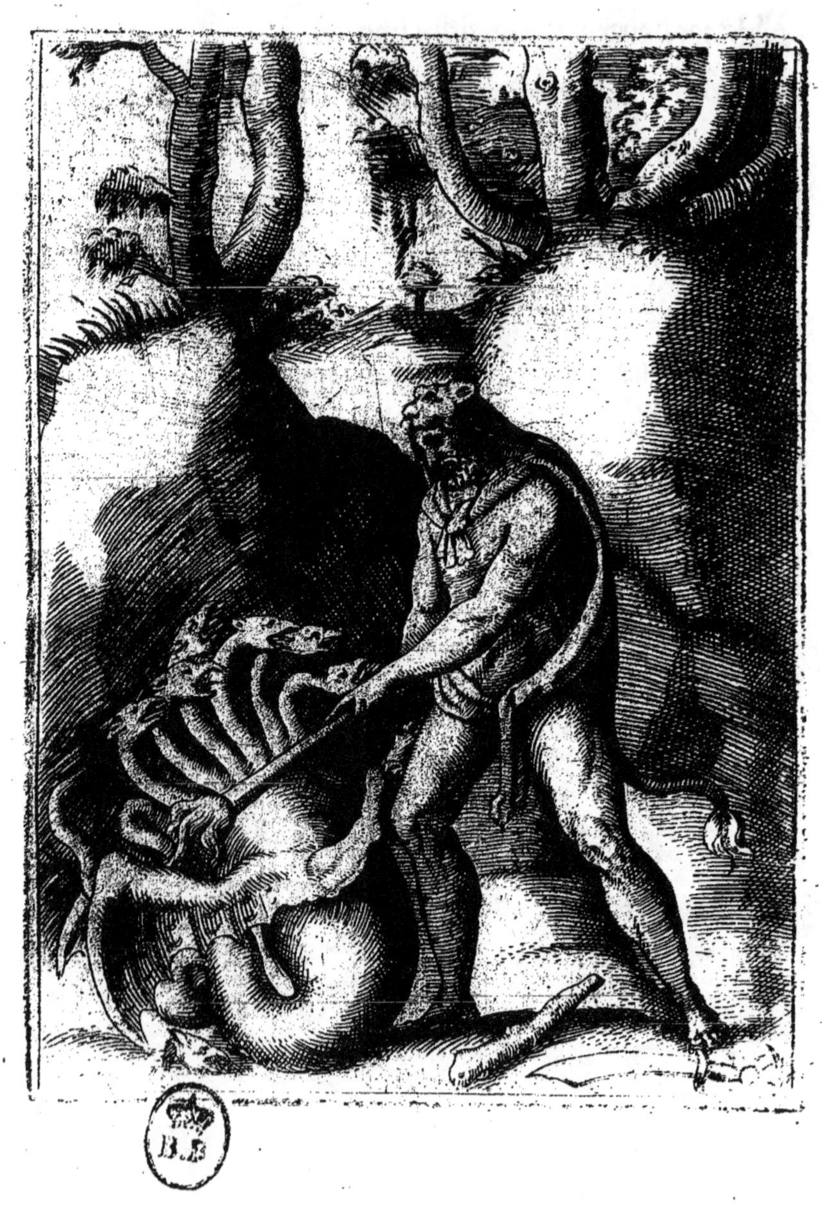

VOTVM HERCVLI FERRARIAE DVCI INCLYTO.

SYMB. XC.

Qua fera Lernæi *potuit ui colla draconis*
Confecisse heros Amphitrioniades?
Dic rogo diua: tui nullo sic tempore fama
Inclyta diuini nominis intereat.
M. *Tot capitum ille olim haud dubiè exitiabile monstrum*
Non ferro, at graui contudit igne magis.
Ignis enim grauis medijs quoq; flagrat in undis:
Igne hoc infelix uritur Inuidia.
Si qua lacessierit te iniuria fortè malorum,
Si sapis ignem adhibe hunc fortis, & assiduus.
Iam nec cede malis, nec te malè sana cupido,
Vindictæ quicq; distrahat, illa nec est.
Nec desiste tamen benè de quocunq; mereri.
Perpetuo inuidia extinguitur officio.

IN PARVVLIS VIM SAEPE INESSE MAXIMAM.

SYMB. XCI.

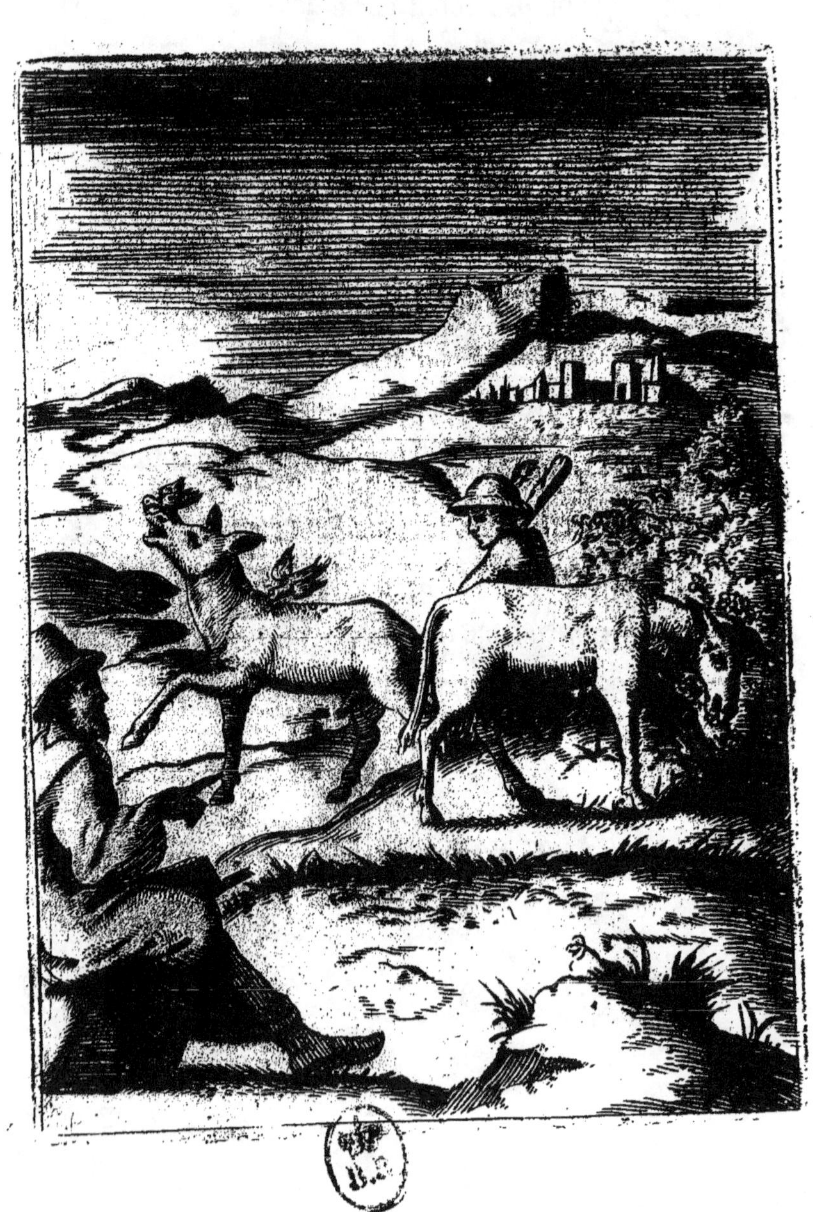

BENEDICTO ACCOLTO ARRETINO

SYMB. XCI.

Cur tantula asinum tantùm Acanthis oderit,
Obſcura non eſt cauſa, ſpinis affricat
Se ſe ille acutis. in quibus cubilia
Texens auicula nidulatur, eius &
Depaſcitur flores. Acanthis uſq; eò
Terretur, ut procul rudentêm ſi audiat,
Deijciat oua: decidant pulli metu
E nidulo. nec fert inultum hoc. nam illius
Quà fuſtibus, quà ſarcinis facta ulcera
Paruo fodit roſtro, atq; pungit narium
Molliſſimas partes. Id omnes admonet,
Ne humillimis quidem inferendam iniuriam,
In paruulis uim ſæpe ineſſe maximam.

LIBER QVARTVS.

VIS ELOQVENTIAE POTEST VNA OMNIA.

SYMB. XCII.

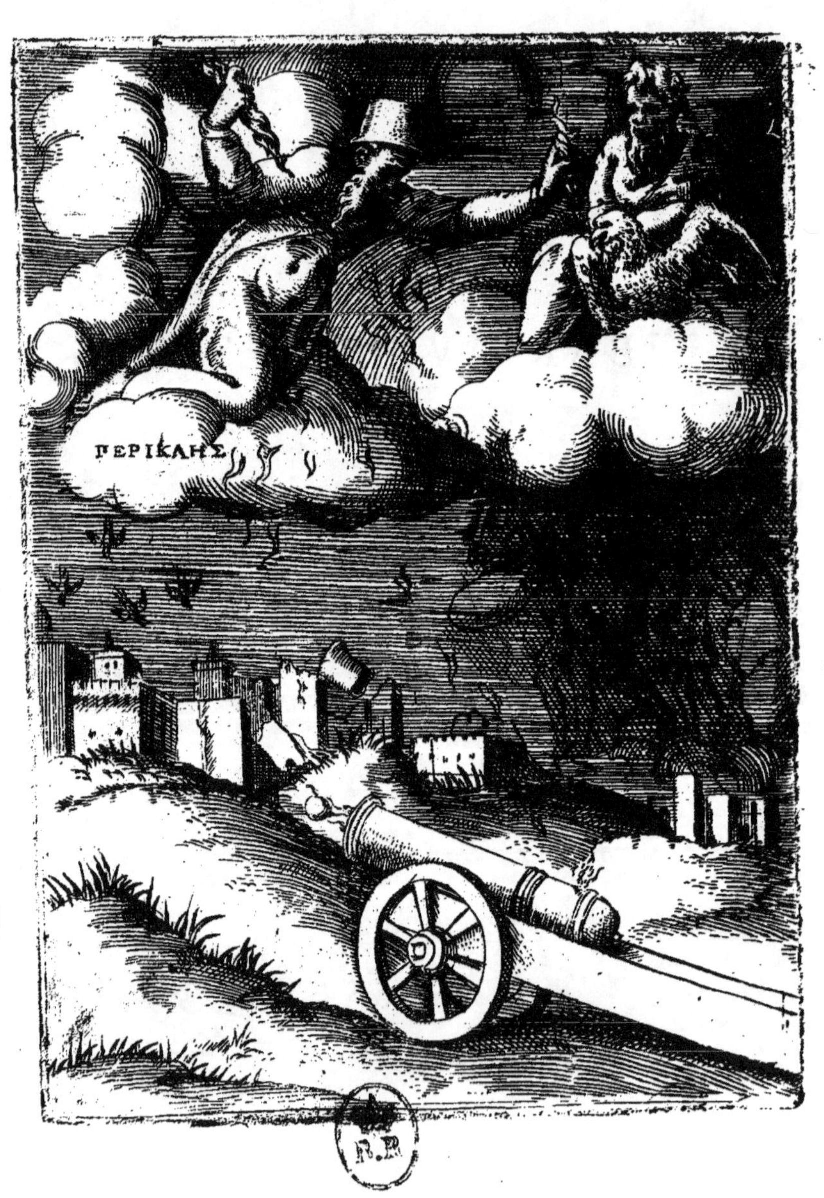

CLAVDIO PTOLEMAEO EPISC. MODEGNETTI ORATORI SAPIENTISS.

SYMB. XCII.

Fulgurat ecce, tonatq́;, & miſcet cuncta Pericles
Vt rutilans perterricrepum, & penetrabile fulmen:
Vtq; imitata ipſum fulmen bombarda triſulcum
Munitas arces, immenſa repagula, turres,
Oppida, & horribili euertit concuſſa fragore
Menia lata ſolo. non illi comminus audent
Siſtere ſe fortes turmæ, ingenteſue manipli:
Non clypei, non ulla queunt obsiſtere tela,
Deniq; cuncta ruit pedituḿq; equituḿq; per auras
Horrendum dictu glomeratos disijcit artus:
Absterretq; adeo aerias diſploſa uolucres
Quum boat, & penitus conceptos euomit ignes:
Sic oratoris ſummi admiranda facultas,
Quum ſeſe ipſe refert totum à cæleſtibus illis
Rebus ad humanas, excelsius omnia certè, &
Magnificentius eloquitur, ſentitq; mouetq;
Fortius, ut ualeat prorſum nil siſtere contra
Igniuomo fatuos propulſans ore ſophiſtas.

VALÊRE PLVRIMVM CELERITATEM AD LVCRVM.

SYMB. XCIII.

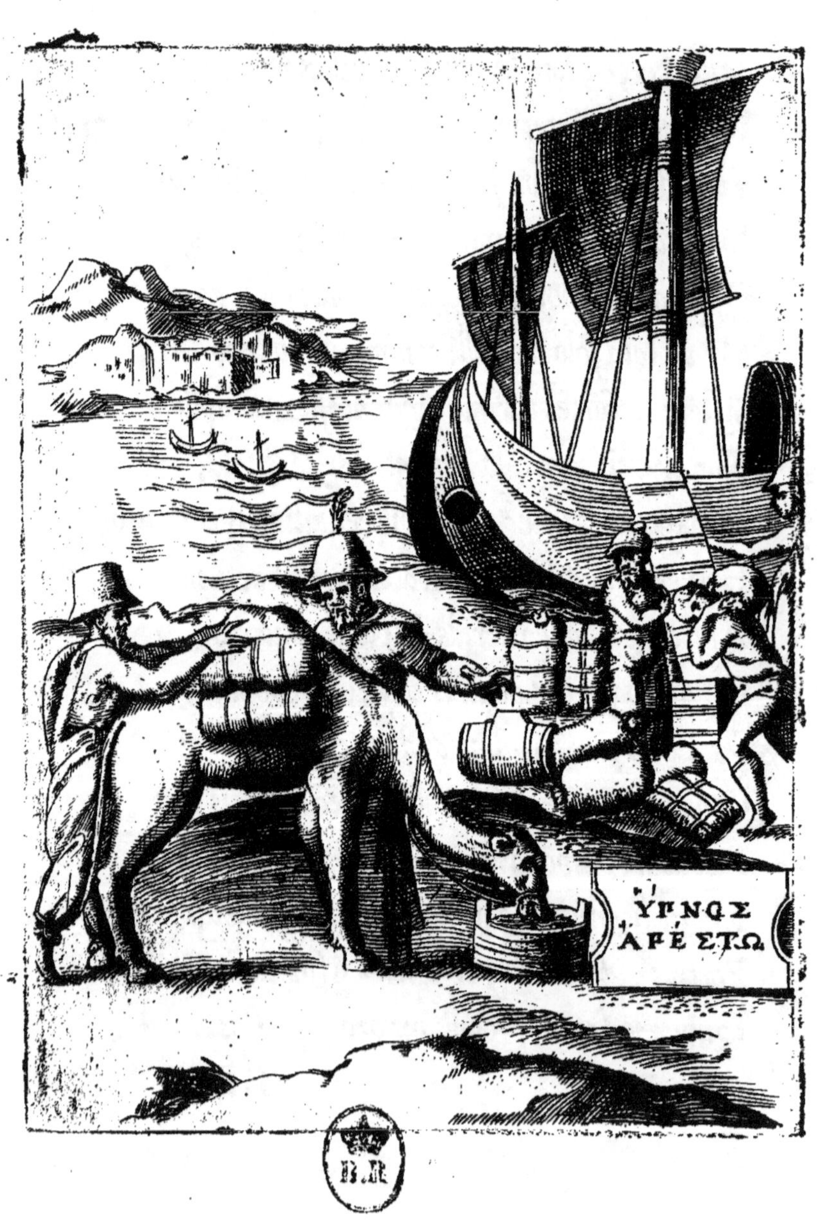

IANO RVSTICELLO BONON. MERCATORI IMPIGRO ET INTEGERR.

SYMB. XCIII.

A subeunte alno portum, sopor absit oportet,
Strenuus, & nautas anticipes auidos.
Tolle recens primus piper è sitiente Camello
Quisquis dulce lucrum constituis facere.
Vili emptæ constant merces, at carius indè
Venduntur. melior sors noua sæpe uenit.

SEMPER SVORVM CVRAM HABENDAM REGIBVS.

SYMB. XCIIII.

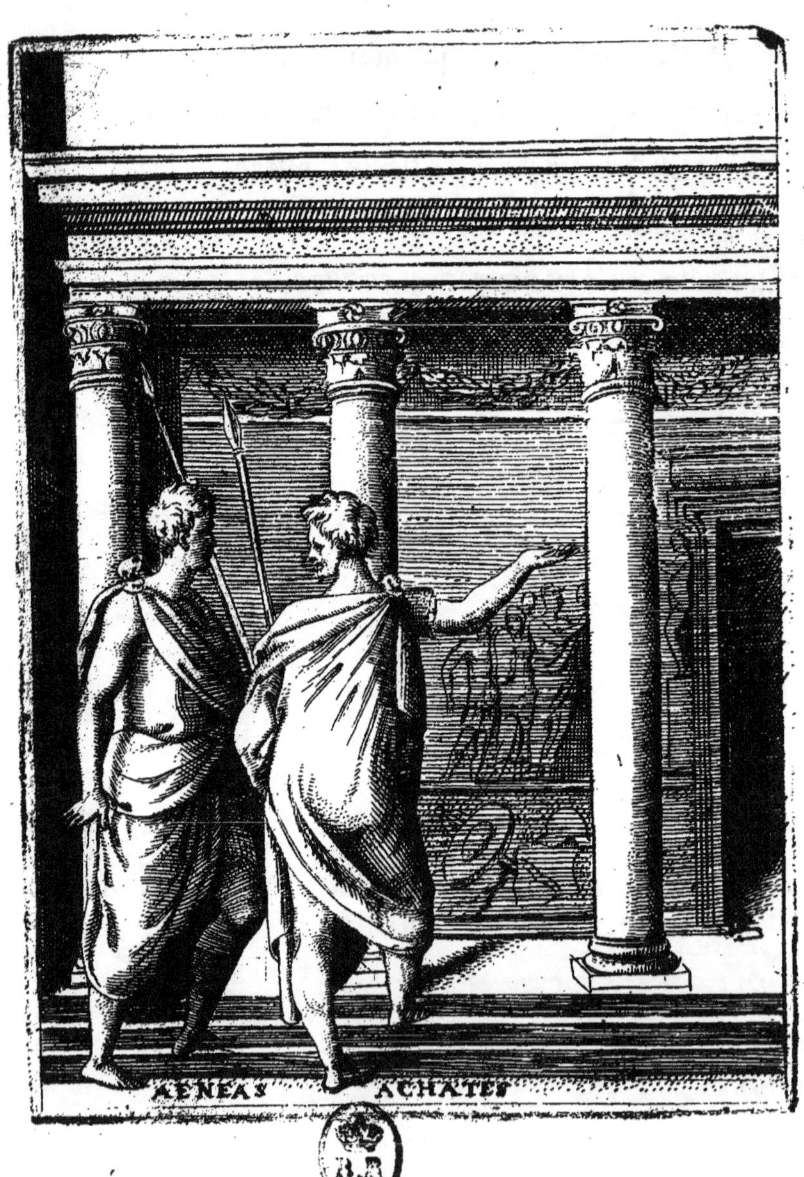

BERNARD. MAPHAEO CARD.

SYMB. XCIIII.

Semper AXOS *Regum comes eſt, hos nanq; ſuorum*
Indefeſſa omni tempore cura tenet.
Inde pio Aeneæ *prudens, & fidus* Achates
Coràm ſemper adeſt conſilio, auxilio.

QVATEFIERI NVLLO IMPETV MENTEM BONAM.

SYMB. XCV.

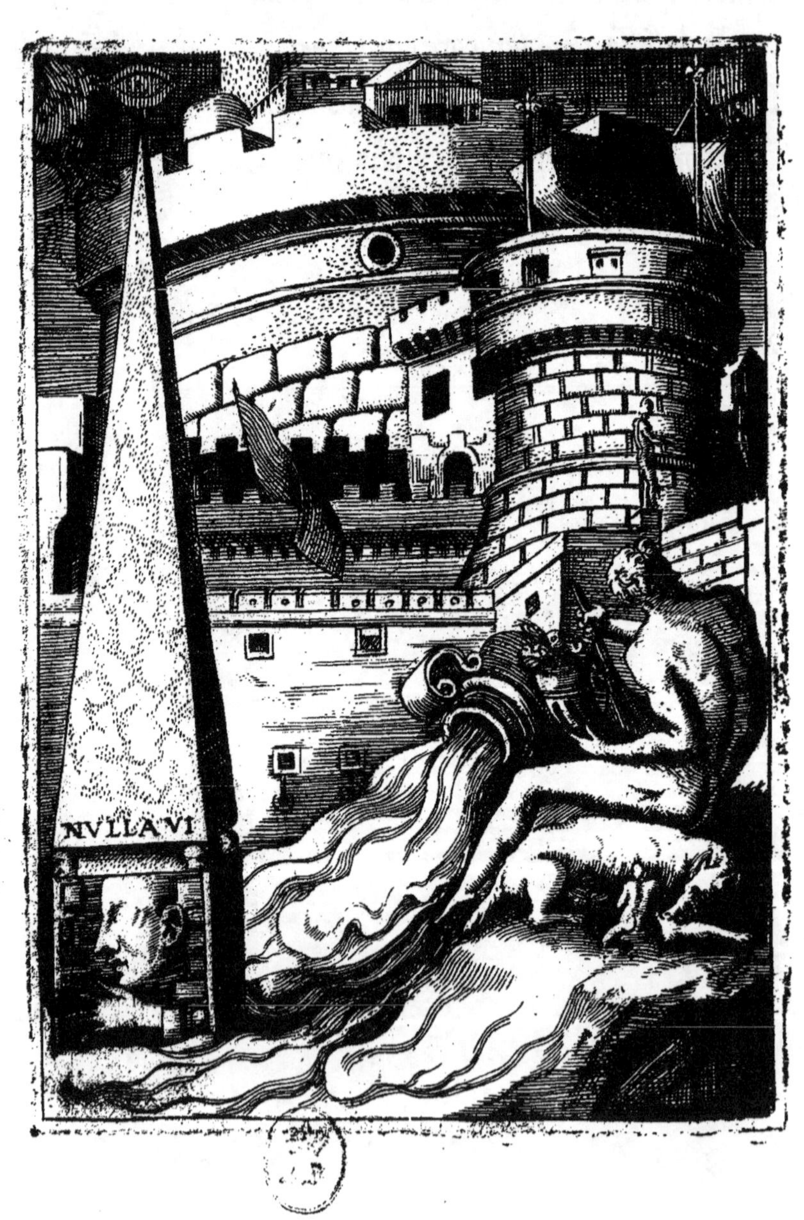

POMPEIO ZAMBECCHARIO.

SYMB. XCV.

Pyramis excelſo uaga ſydera uertice lambens
Quattuor en ſolidis nititur aſtragalis.
Peruigil huic oculus ſuper excubat, atq; ſupremo
Fungitur eximij principis officio.
Corporeos ſenſus reliquos immota crepido
Continet in medijs fluctibus intrepidè.
Non ui uentorum ualida, non Tybridis ullo
Impete, non rapidis uorticibus quatitur.
Vnde quater ſolidæ uirtuti gloria nixa
Tollit honoratum̃ celſa ſub aſtra caput.
Mens ſecura manet, circum fluitantibus undis
Fortunæ, caſus nec timet ancipites.

ARCHANA QVAERENS CVRIOSIVS, PERIT.

SYMB. XCVI.

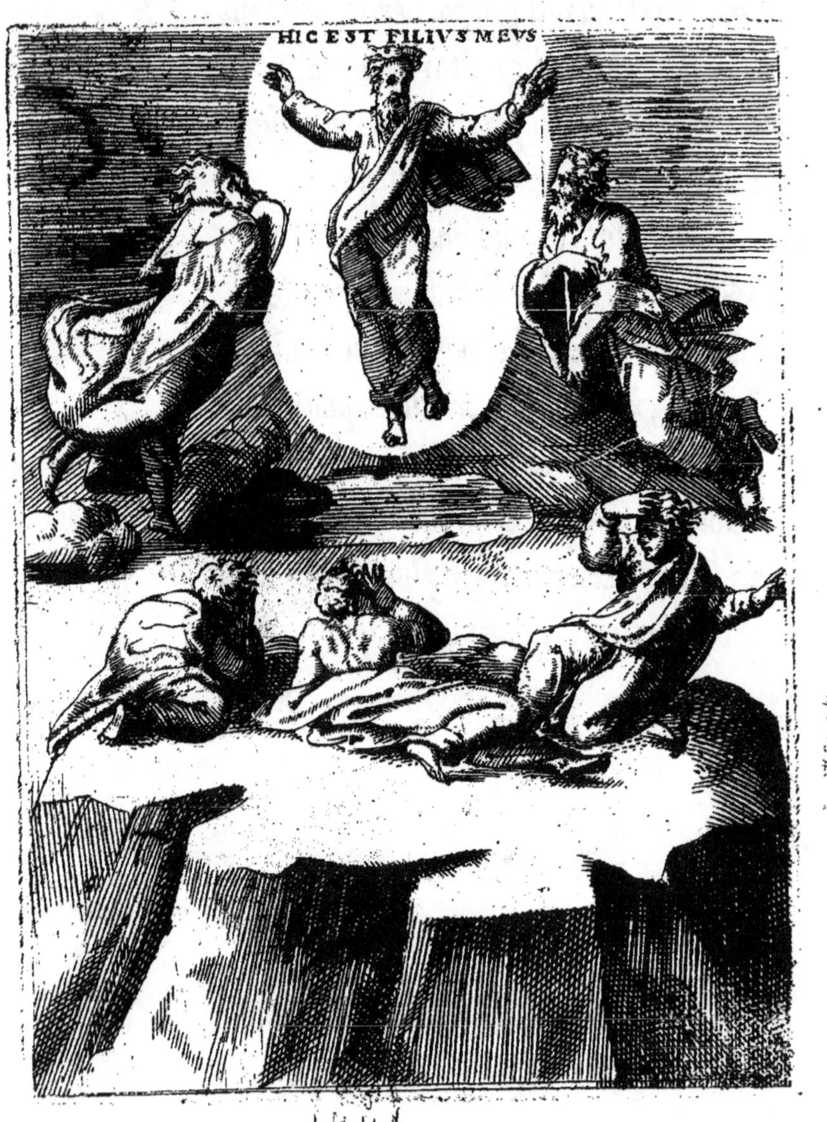

SEBASTIANO PIGHINO CARD. SAPIENTISS.

SYMB. XCVI.

Nam cui fas uidisse fuit cœlestia regna?
Quæ si fortè aliquis temerarius audeat olim,
Quanq; intenta acie, atq; inconniuente, tueri
Totius ingenij, medijs infirma repentè
Lumina deficiunt conatibus, ægráq; in ipsis
Caligant radijs, ut si quis fortè uidendo
Tentet apollineos demens comprendere uultus.
Ilicet ecce illi obtutus torpescit, & atris
Paulatim inficiunt tenebris lux candida, certant
Et lux, et tenebræ, mox circum tempora oberrat
Caligo, noctemq; oculis prætendit opacam.
Sic maiestatem quisquis scrutabitur, illum
Opprimet extemplò diuinæ gloria lucis.
Hic requies Petro, tibi Moses legifer ille,
Heliasq; aderunt in montis uertice summo,
Victori hic Domino statues sublime tropæum.

NON APPETI DEBERE GLORIAM, AT SEQVI VERAM.

INVIDIA ENIM PESSIMA VNA HAC VINCITVR

SYMB. XCVII.

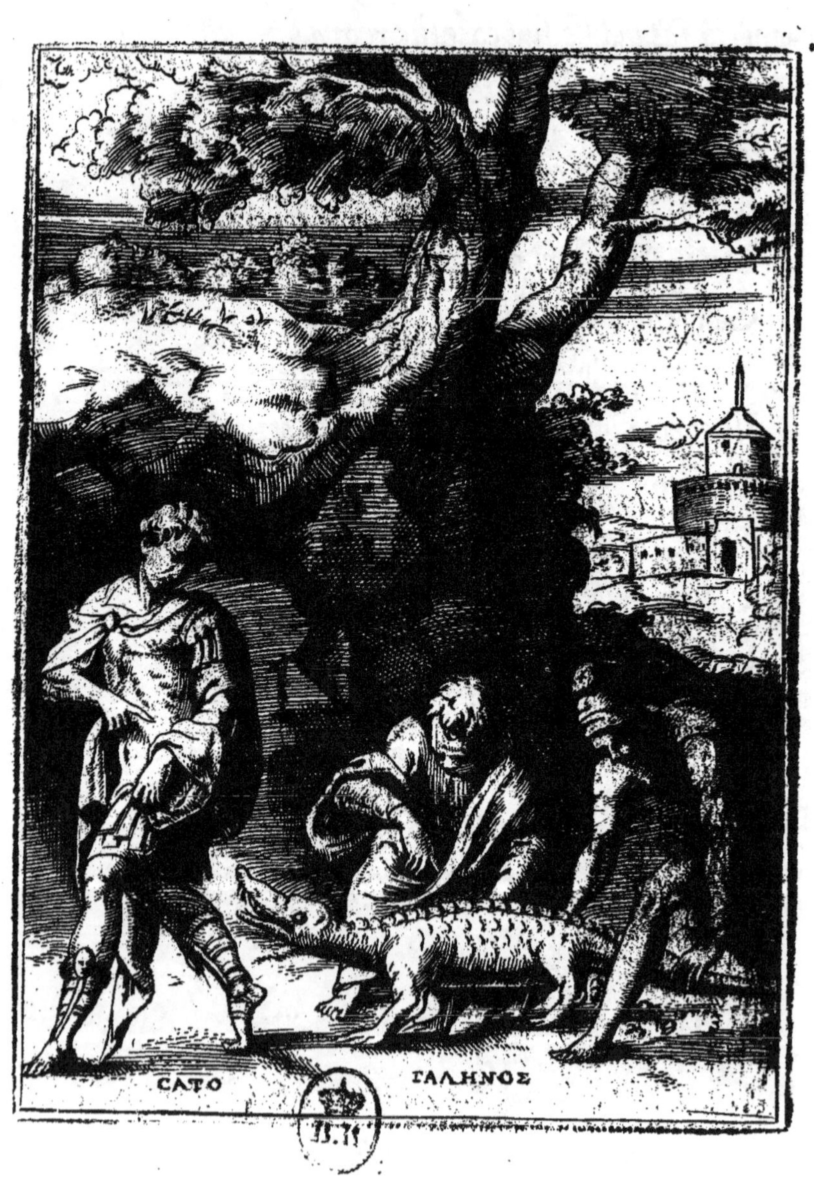

IO. BAPTISTAE EGNATIO.

SYMB. XCVII

Nota paretonij Crocodilus bellua Nili,
 Sectantes fugitat, qui fugitant ſequitur.
Vſu etiam ille caret linguæ, morbiſq; leuandis,
 Vtile corporeis, ſuaueq; ſtercus habet.
Sic uera inſtantes ſpernit, ſpernentibus inſtat
 Gloria: quin maior ſpreta redire ſolet.
Nil opus eſt lingua, celebris quum fama loquatur,
 Et uirtus merces ſit ſibi pulchra ſatis.
Præcipuam utilitatem affert quoq; gloria, tollit
 Multa animi uitia, atq; inuidiam ſuperat,
Contra uana illa eſt popularis, quæ Crocodili
 Fucatur ſuaui ſtercore gloriola.

VITA EST SINE QVERELA OPTIMA.

SMYB. XCVIII.

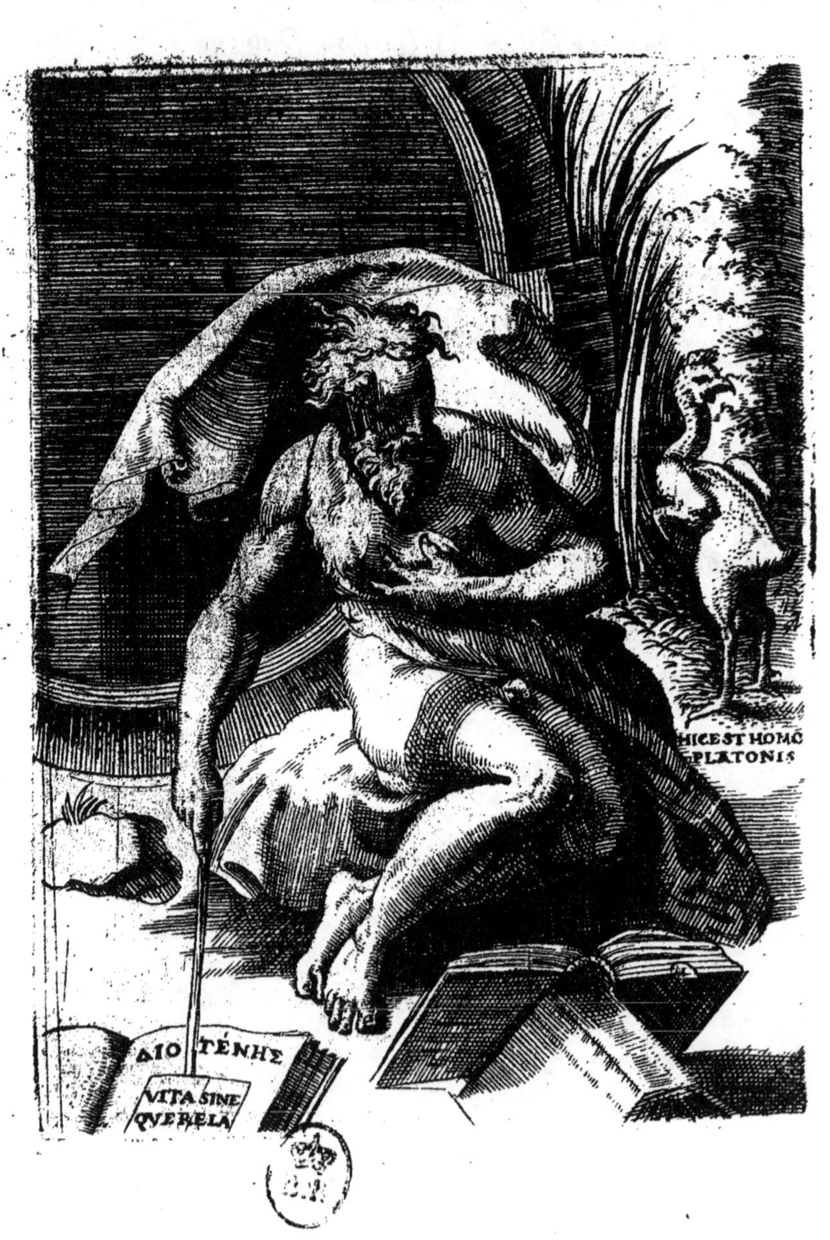

HIERONYMO FERRIO CIVI BONON. INTEGERRIMO.

SYMB. XCVIII.

Sic uiue, ne sit cur olim quispiam
De te, uel ipse conqueri
De quopiam, aut de sorte possis: ipse nec
Cuiquam uolens iniuriam
Facito: nec unquam credito factam tibi,
Si uis beatè uiuere,
Assuesce conditione quantula tua
Vti, & minus de illa queri.
Apprende quicquid commodi circa se habet.
Quippè usq; adeo acerbum est nihil,
In quo æquus animus quidpiam solatij
Non inuenire sit potis.

IN MALARVM PERFIDOS SATORES LITIVM.

SYMB. XCIX.

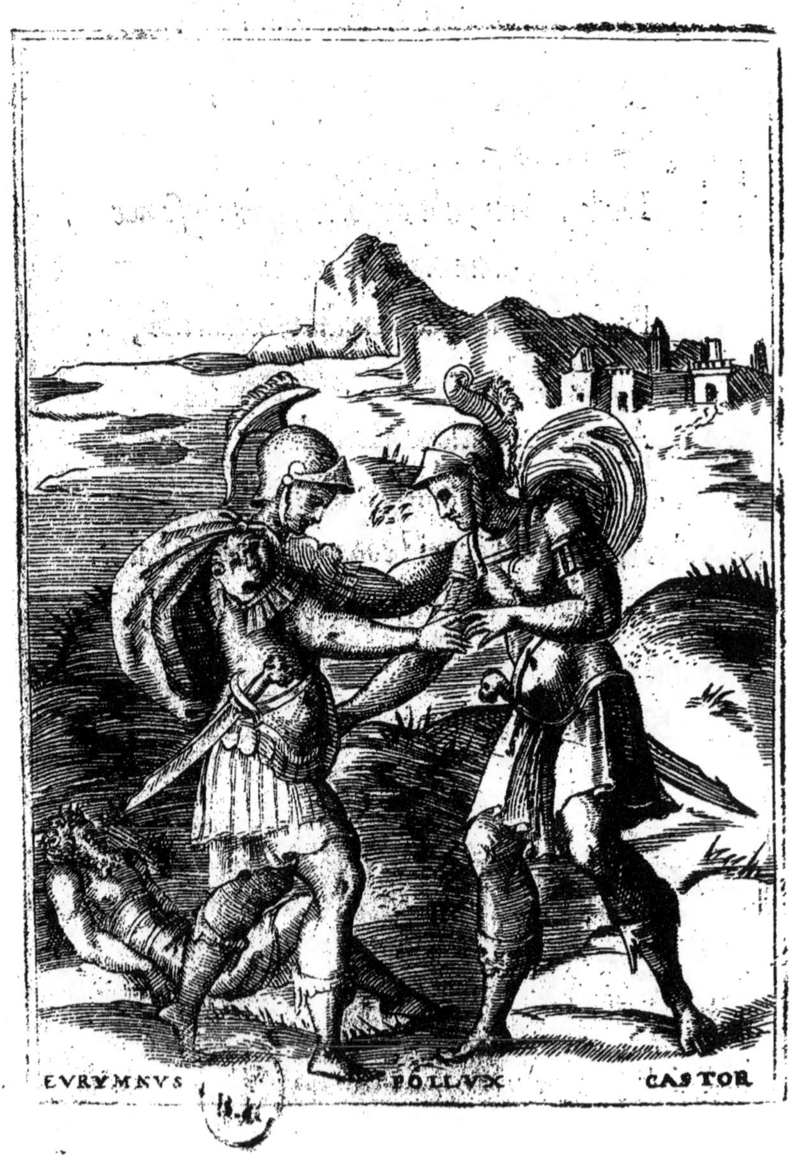

PAVLO PINO IVRISCONS. BONONIENSI.

SYMB. CI.

Inter gemellum Castorem, atq; Castoris
Gemellum iniquus tetricas
Eurymnus artibus serere lites malis
Aggressus, ut committeret
Vtrunq;, iustas postmodò pœnas dedit,
Cum fortè uterq; in gratiam
Redisset, ut fit, agnita calumnia.
Quod accidat utinam omnibus,
Qui seu propinquos, siuè amicos perfidi
Fidos student disiungere.

DD

SAPIENTIAM MODESTIA, PROGRESSIO ELOQVENTIAM, FELICITATEM HAEC PERFICIT.

SYMB. CII.

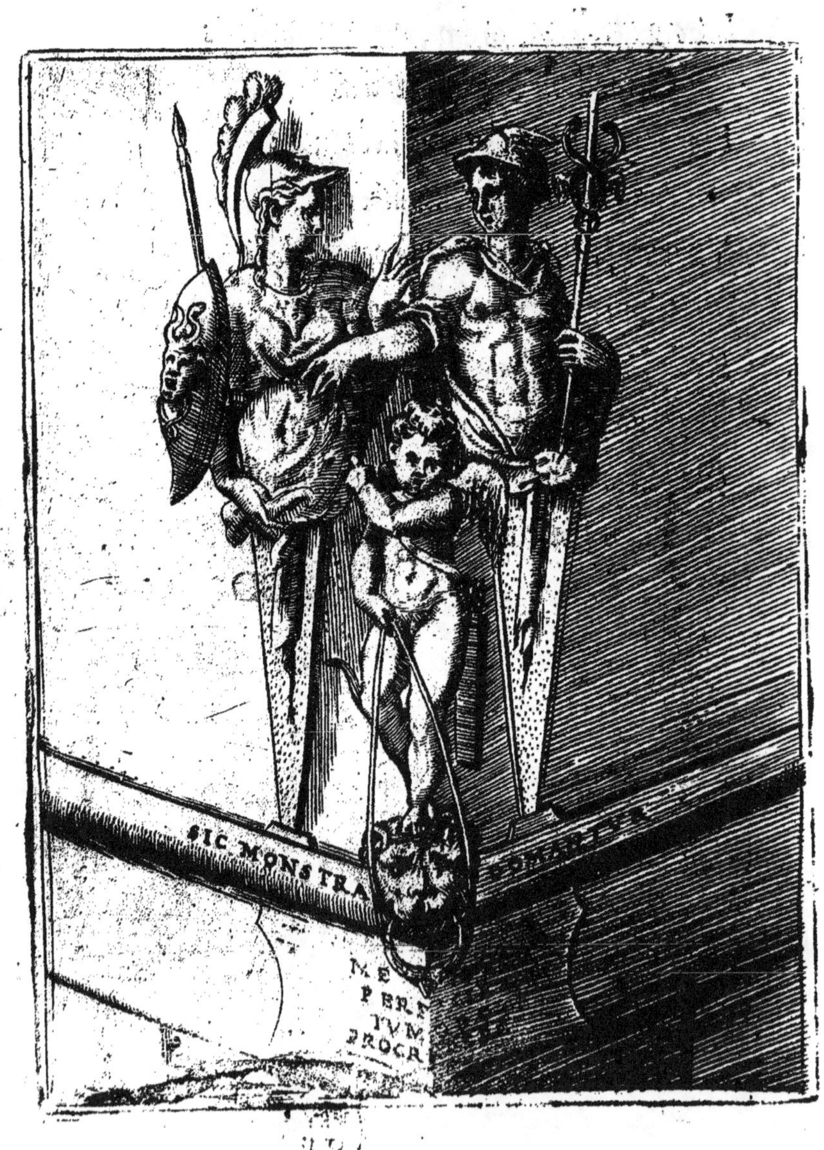

STEPHANO SAVLIO.
IN HERMATHENAM BOCCHIAM.

SYMB. CII.

Quis tibi ſancte puer, uires animumq́; miniſtrat
Maximum ut exiguo monſtrum adamante regas
Nonnè uides ſummi eductam de uertice patris,
Auſpice facundo Pallada Atlantiade?
Hanc cole totius mentis penetralibus ardens,
Sic animo poteris quicquid & ore uoles.
Incipe age. en uirga te iam Deus *euocat orco*
Me duce perficies; tu modò progredere.
Iam pater en STEPHANVS *te* SAVLIVS *ille bonorũ*
Præſidium, *atq; decus, macte animo eſſe iubet.*

FIDES EX BONITATE, CHARITASQ.
AC SPES EST, DECVS INDE SEMPITERNVM.

SYMB. CIII.

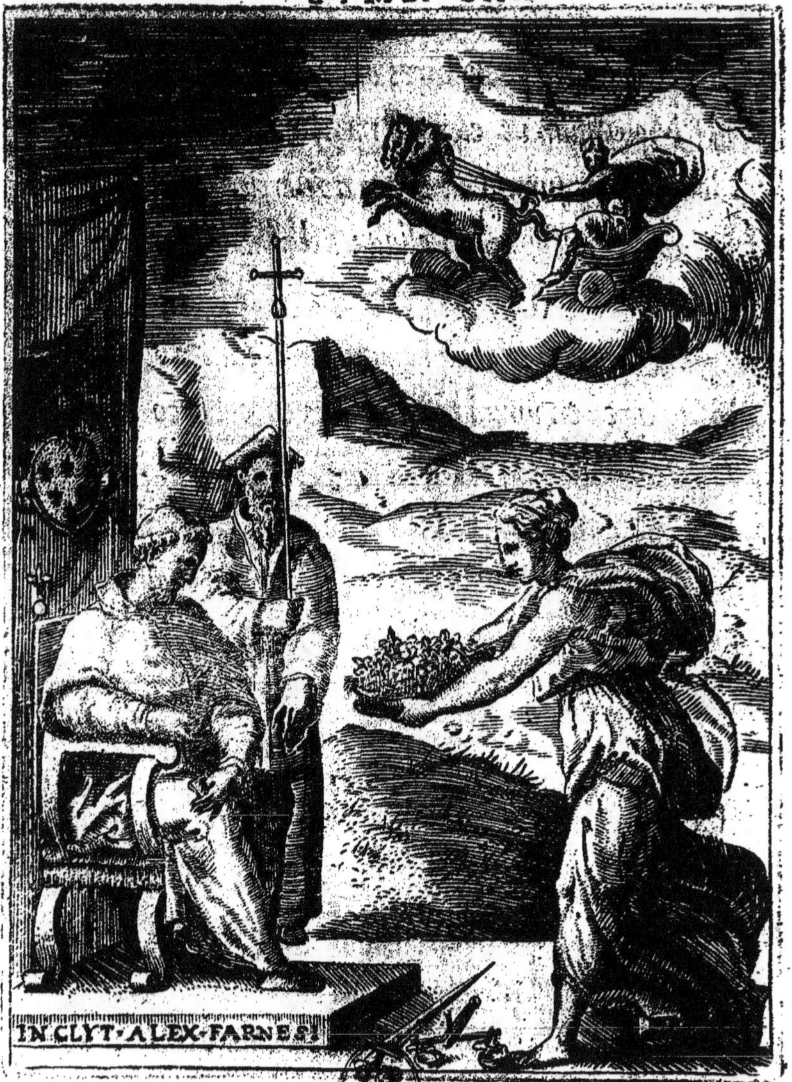

IN CLYT. ALEX. FARNES.

ALEXANDRO FARNESIO CARDINALI AMPLISSIMO.

SYMB. CIII.

In te speraui semper mitissime princeps,
Nec tua sperantem destituit bonitas.
Quippè ea sic uoluit, quæ maxima, & optima uirtus,
Cuncta creans reficit, perficit una simul.
Me tamen oppressum tenebris nox atra malignis,
Hactenus optata luce carere facit.
Ergò splendidior tu sydere lucifer omni
Exoriens almum iam mihi pande diem.
En calathis Astræa tibi fert lilia plenis
Læta, tui memores, ut facias alios.
O qui das tibimet decus immortale merendo
Si memorem facias me quoq; diue tui.

AVGVSTA SPES HAEC SFORCIAE EST.

SYMB. CIIII.

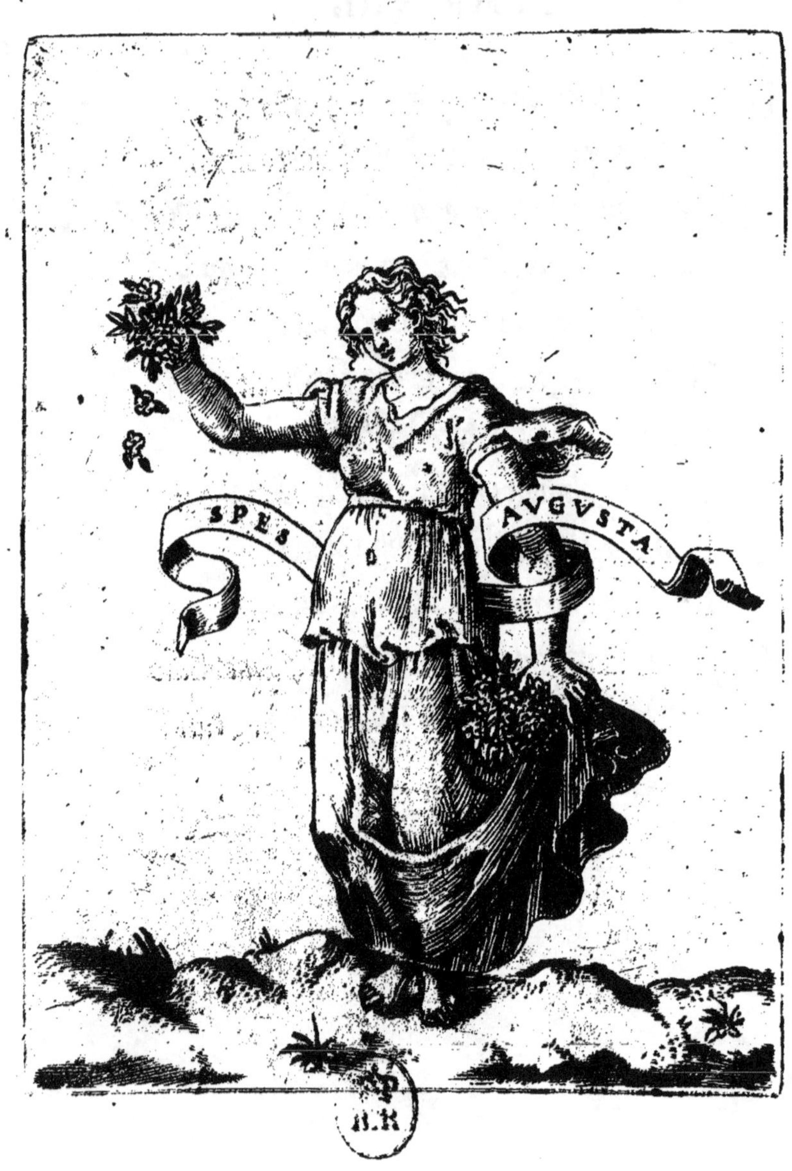

ASCANIO SFORCIAE CARD.

SYMB. CIIII.

Spes facit ambigua Tiphym sulcare triremi
Aequora, & insanis tradere uela Notis.
Spes facit Eleum cursorem carcere pulso
Ad metam rapido sollicitare gradu.
Spes facit incerto peditem se exponere Marti,
Et conclamatam sæpe redire animam.
Mille quoq; afflictum curis spes hactenus una
Erigit, atq; bono me iubet esse animo,
Quam tua in eximia illa habeo bonitate, tuáq;
Iustitia, ac uera nobilitate sitam.
Nam mihi qui possunt nolunt prodesse, uolunt qui
Non possunt. tu uis unus, & ipse potes.
Flora Augusta igitur nunq; interitura, bonorum
Tu caput, & medium es, mox quoq; finis eris.

VVLGO EST MINOR LVCELLO HONOR.

SYMB. CV.

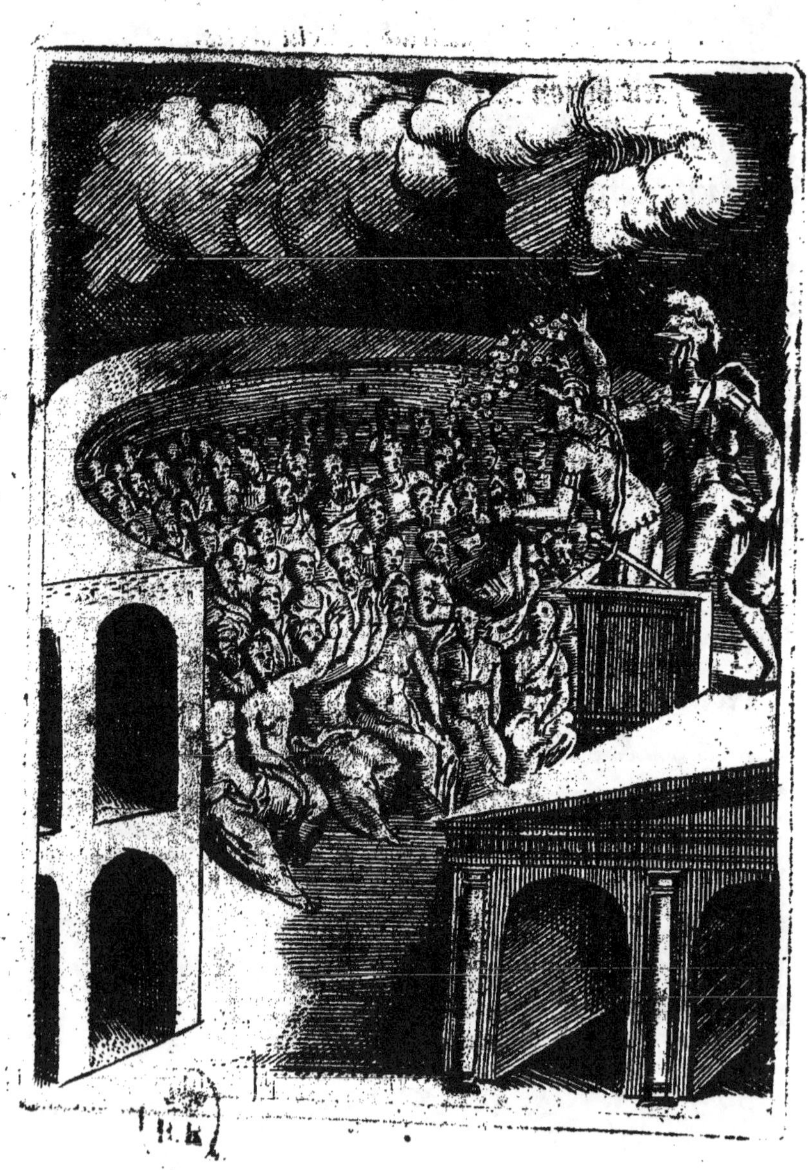

FREQVENTIAM AD SPECTACVLA LVCRVM EXCITAT MAGIS, QVAM HONOS.

SYMB. CIII.

Receptus, & probatus ille mos fuit
Olim iam Athenis, diuidendæ nonnihil
Pecuniæ uulgò affluentibus sacræ.
Frequentiores nanq; sic libentius
Allecti adibant publica ad spectacula.
Mercedulæ spe uulgus indoctum magis
Longè mouetur ac honore, ut maximo.

IBI EST SALVS TVTELAQ.
VBI REVERENTIA ET PVDOR.

SYMB. CIIII.

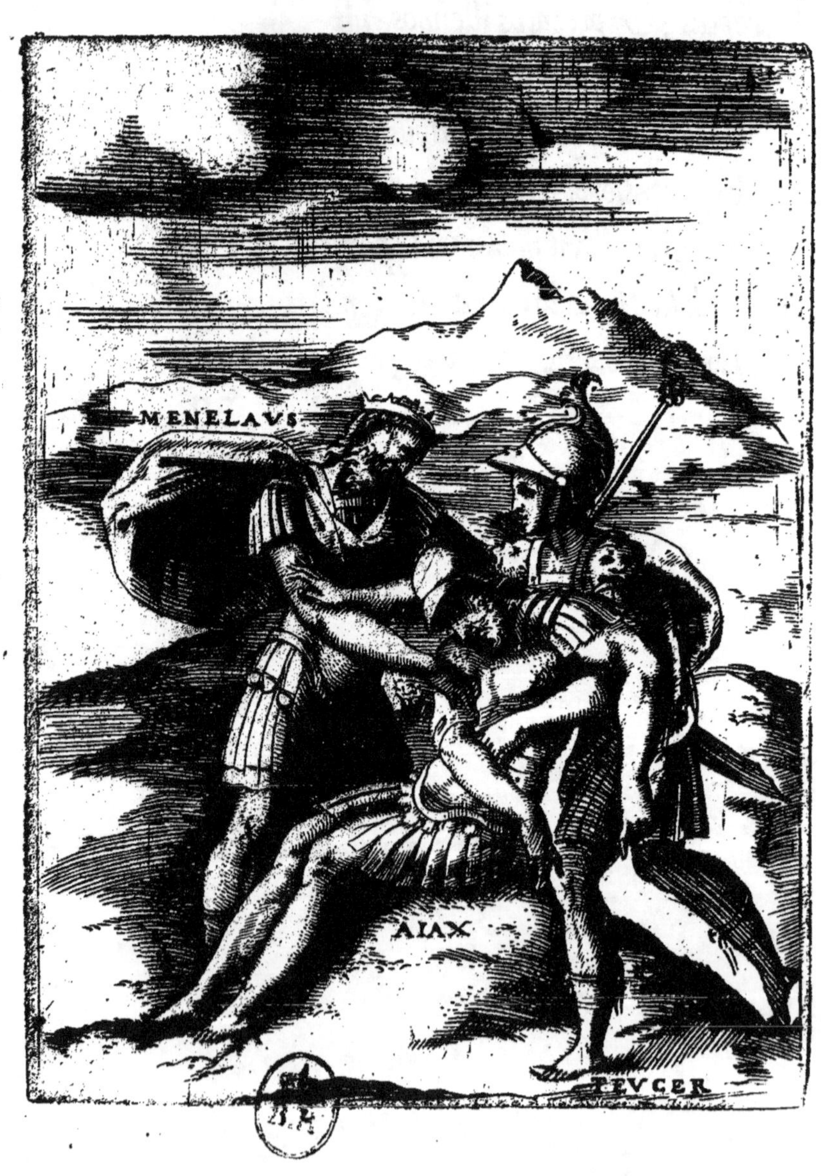

IVSTA SOPHOCLEO SENTENTIA DIGNA COTHVRNO.

SYMB. CIIII.

Superbus ille habendus eſt, & inſolens,
Nihil ferendus, principum qui ſubditus
Mandata perſequi ſuorum negligit,
Nam legibus fundarier nulla urbs ualet
Rectè, unde prorſum abeſt uerecundus timor.
Ecquis regi prudenter unq̃; exercitum
Poſſe absq; propugnaculo tutiſſimo
Metus, pudorisq; integerrimi, aſſerat?
Sed cogitare oportet, hominem ut corpore
Magno sit, attamen uel à paruo malo
Plerunq; conſternari. Vbi reuerentia
Pudorq; ſanctus, ibi ſalus tutelaq; eſt.
Veh ciuitati, in qua uiget nefaria
Contemptio legum, atq; per licentiam
Abiecta obedientia fit quod libet.
Talem, ut beatam urbem, tamen mox iudica
De uertice alto peſſum ituram funditus.

ET LINGVAM ET IRAM CONTINE.

SYMB. CV.

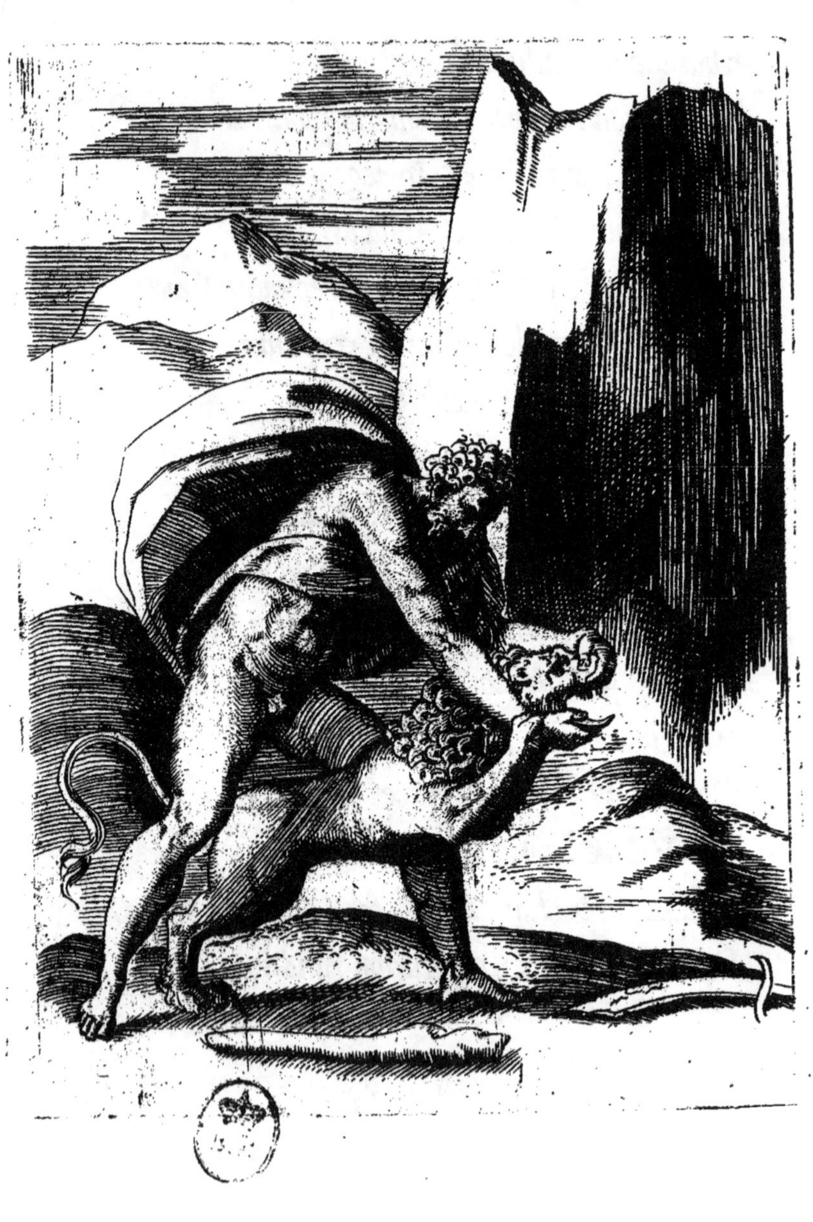

IOANNI ANGELO MEDICI CARD.

SYMB. CV.

Nil agis ò furor. incassum mea corda fatigas.
Magno animo Herculeus me iubet esse labor.
Ora Cleonei hic fregit discerpta Leonis,
Allidens linguam dentibus implicitam.
Vim stomacho appositam nostro compescere uerum est
Et septis linguam continuisse suis.
Angele Cardinei splendor, columenq; senatus,
Aulæa hoc olim nos docuere tua.

ACVMINE, RATIONE, DILIGENTIA BEARIER QVIVIS POTEST.

SYMB. CVI.

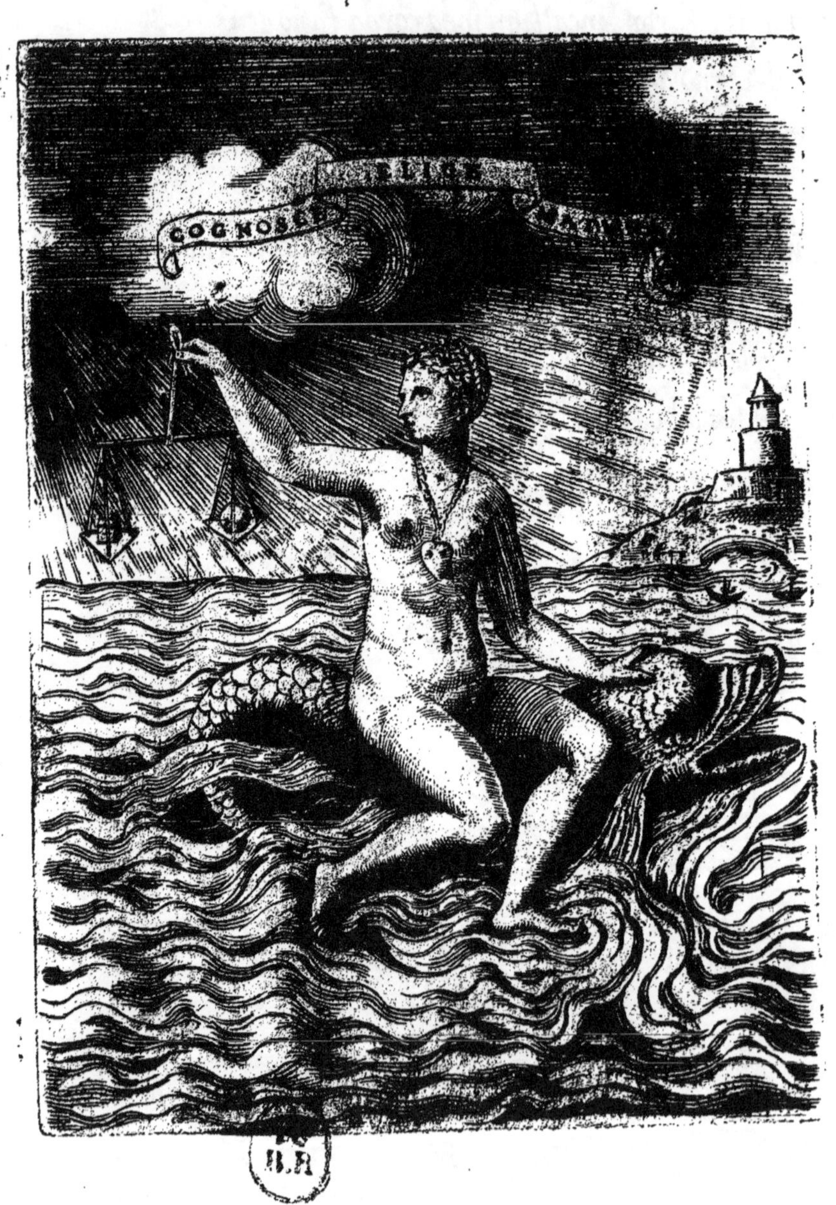

CLARISSIMO BERGVNCIO.

SYMB. CVI.

COGNOSCE, ELIGE, MATVRA, *Berguncius Heros*
Hæc tria posse olim quenq; beare putat.
Idq; notis prudens septenis explicat hisce,
Quo nil diuino sanctius est numero.
Circunspecta etenim Prudentia cor oculatum est
Principium uitæ fons, & origo animi.
Colli ornamentum torques, & pectoris alti
Aurea, doctrina est Cyclica, cordis honos.
Libram virgo tenens quadrata, rotundáq; pensat,
Delphino & uehitur lentius approperans,
Cuius honoratam impediunt redimicula frontem
Laurea, amica bonis, atq; inimica malis.
Ille autem in medijs portus tutissimus extans
Fluctib. excelsi læta quies animi est.
Postremo nitidus radiantis fulgor olympi
Vitæ immortalis spemq;, decusq; notat.

ΜΗΔΕ ΔΟΜΟΝ ΠΟΙΩΝ ΑΝΕΠΙΞΕΣΤΟΝ ΚΑΤΑΛΕΙΠΕΙΝ.

SYMB. CVII.

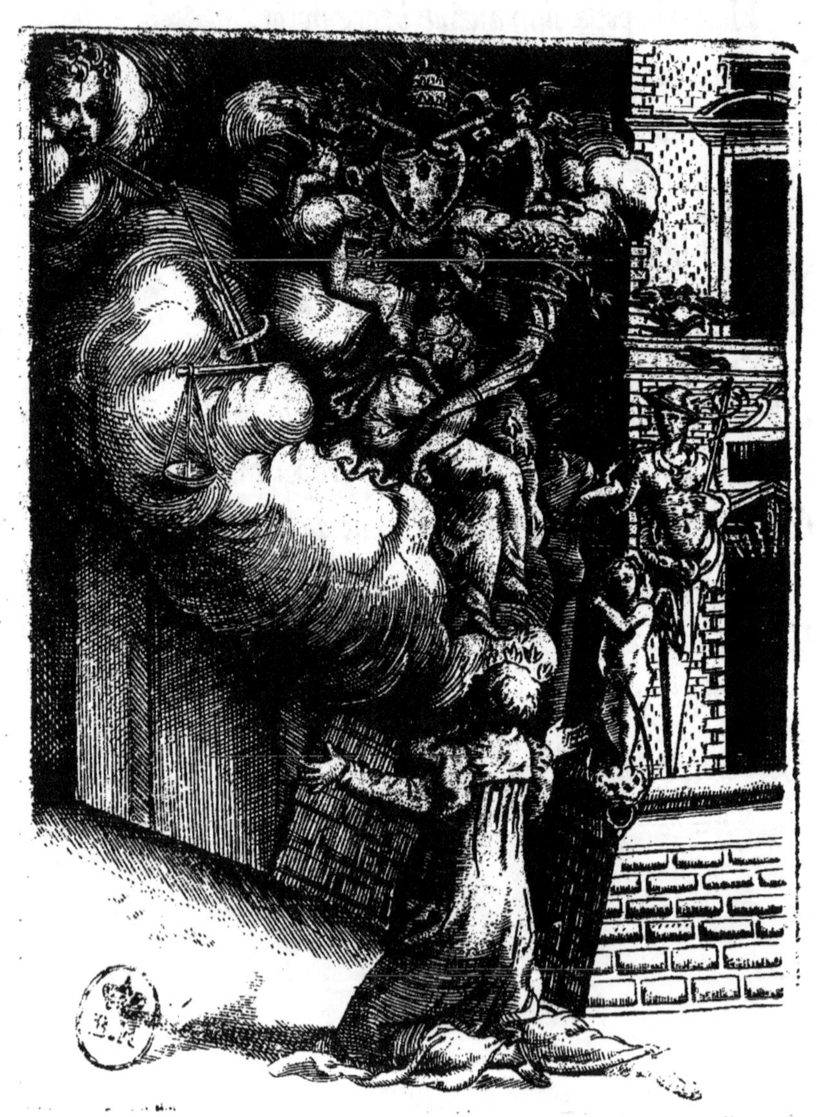

ALEX. FARNESIO CARDINALI.

NE LINQVE AEDIFICANS DOMVM IMPOLITAM.

SYMB. CVII

Quicunq; ædificas, domum uideto
Vt linquas malè cautus inchoatam,
Ne fors crocitet insidens supernè
Cornix garrula, & insolens, nec ab re
Inuisa unigenæ usq;, & usq; Diuæ.
Sic Vates heliconius monebat.
An quia ante hyemem domus niuosam
Absoluenda: etenim hæc amica fida, hic
Census optimus. An quia institutum
Quod rectè semel est opus: sit ipsum
Primo tempore quoq; finiendum?
Ergò perficere ut queam secundis
Rem cœptam auspicijs tuis, auiq;,
Quo nil terra uidet beatius, iam
Pro uestra eximia benignitate,
Præsentem obsecro uos opem feratis,
Ne uulgus mihi detrahat malignum,
Fidum despiciens clientem iniquè
Qui uos suspicio, & colo patronos.

EST NVLLA VITA LAVTIOR DOMESTICA, NEC LAETIOR.

SYMB. CVIII.

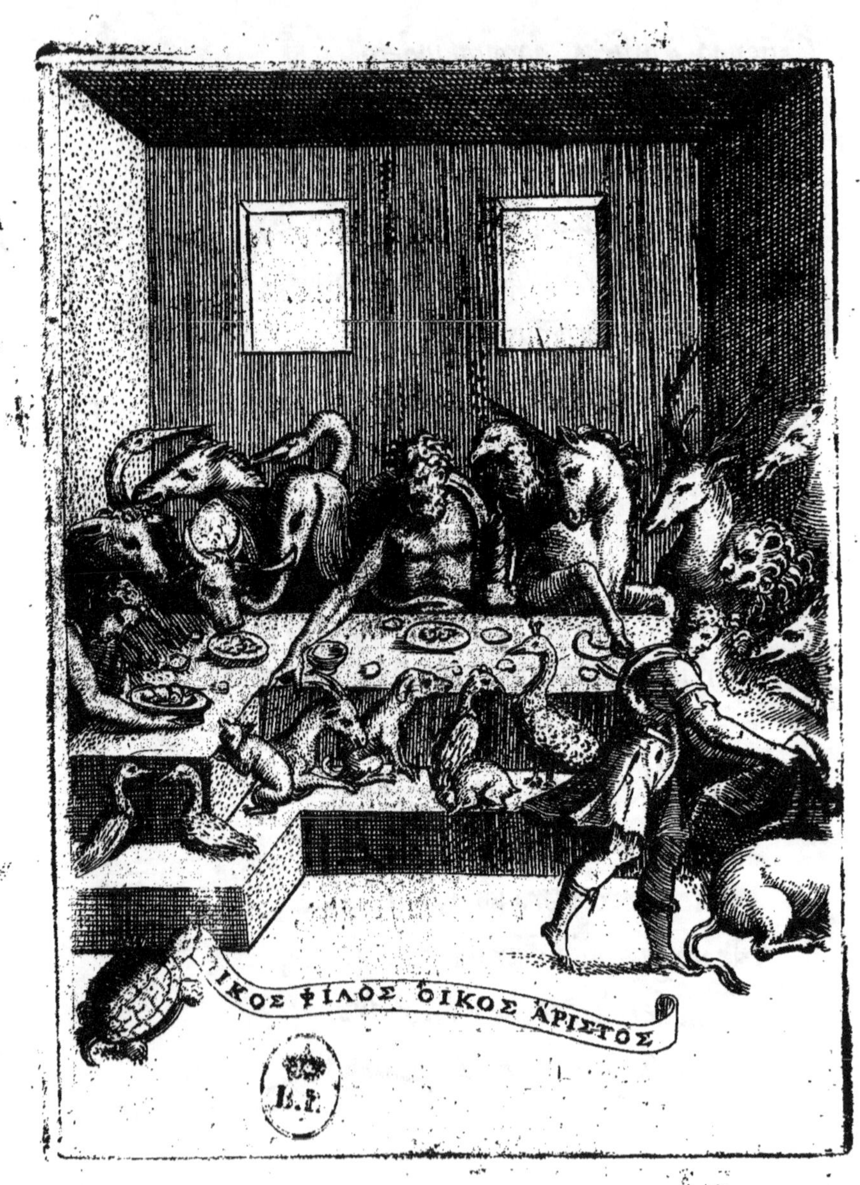

AD EVNDEM.

SYMB. CVIII.

Genus animantium magnus Iuppiter
Rogauit olim ad nuptias, tum cætera
Venere. Teſtudo *una reſtitit, neq;*
Niſi peracto aduenit hæc conuiuio.
Miratus autem Iuppiter, *quid in mora*
Fuiſſet illi: interrogauit protinus.
Reſpondit illa. Amica *ſemper eſt domus,*
Et ſemper optima domus. At Diuum *pater*
Iratus imperauit, ut domum ſuam
Vnà uſq;, & uſq; in poſterum, quocunq; iter
Intenderet, ſecum ipſa circunferret. Id
Iam ne accidat, manere ſemper ut domi
Cogar, Patrone, *opes meis conatibus*
Imploro, & appello tuas, simul fidem
Quancunq; ſuadet liberalitas tibi
Da tu facultates, quibus benè, & citò
Abſoluere inceptam domum sit fas duce
Te, & auſpice, ut uocatus ab Ioue
Noſtro ad cupitas nuptias queam
Bonæ Hermatenæ *adeſſe in ipſo tempore,*
Cui deeſſe turpe cæteris, neſas mihi eſt.
Quin annuat præſens benignitas tua
Quod ſpero, & opto. tunc procul negocijs
Domi manebo ſemper ex ſententia,
Egoq; apud me ero, otia ipſe feceris.

ILLAESVS CANDOR SEMPER VBIQ. MANET.

SYMB. CIX.

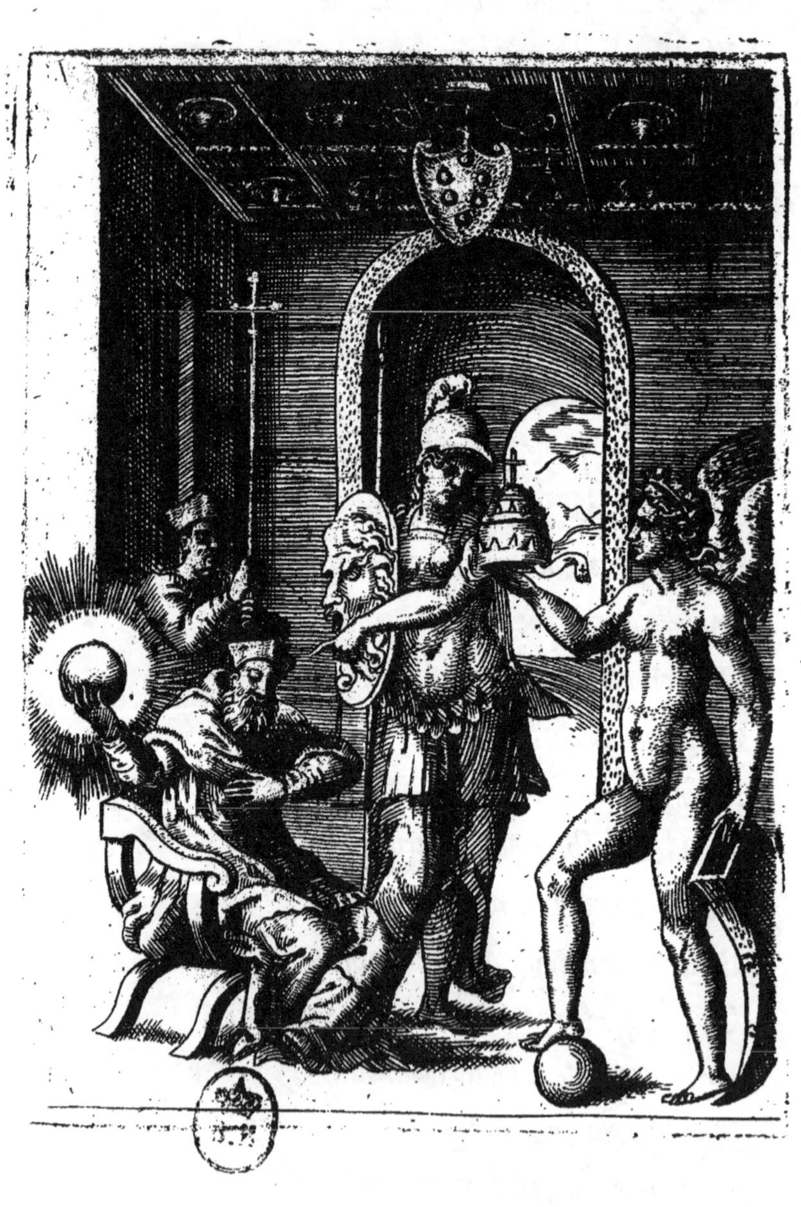

IVLIO MEDICIO CARDINALI, QVI POSTEA FVIT CLEMENS VII. PON. MAX.

SYMB. CIX.

Clara olim rebus fortissime IULE *secundis*
Illa tui semper uis animi fuerat.
Sed tamen aduersis multo præclarior extat,
Vt nitidus medÿs HE*sperus in tenebris,*
Nanq; tibi plures adsunt, mirabile, amici
Tempore tam duro hoc, rarior hostis obest
Extinctæq; faces prorsus liuoris iniqui,
Ac tuus illæsus candor, ut ante, manet.
Quin magè floret adhuc. haud illum iniuria sæui
Temporis, haud hominum conficiunt scelera.
Esse quid hoc dicam: magna est fortuna, potensq;,
Sed uirtus longè maior IULE *tua.*
Nec tu fortunam. iam te fortuna ueretur,
Et colit, & summi numinis instar habet.
Hæc tibi mox iussu uirtutis deferet ultrò
Quod prius INUIDIA *distulit imperium.*

VIRTVTIS OMNIS EST IN ACTIONE LAVS.

SYMB. CX.

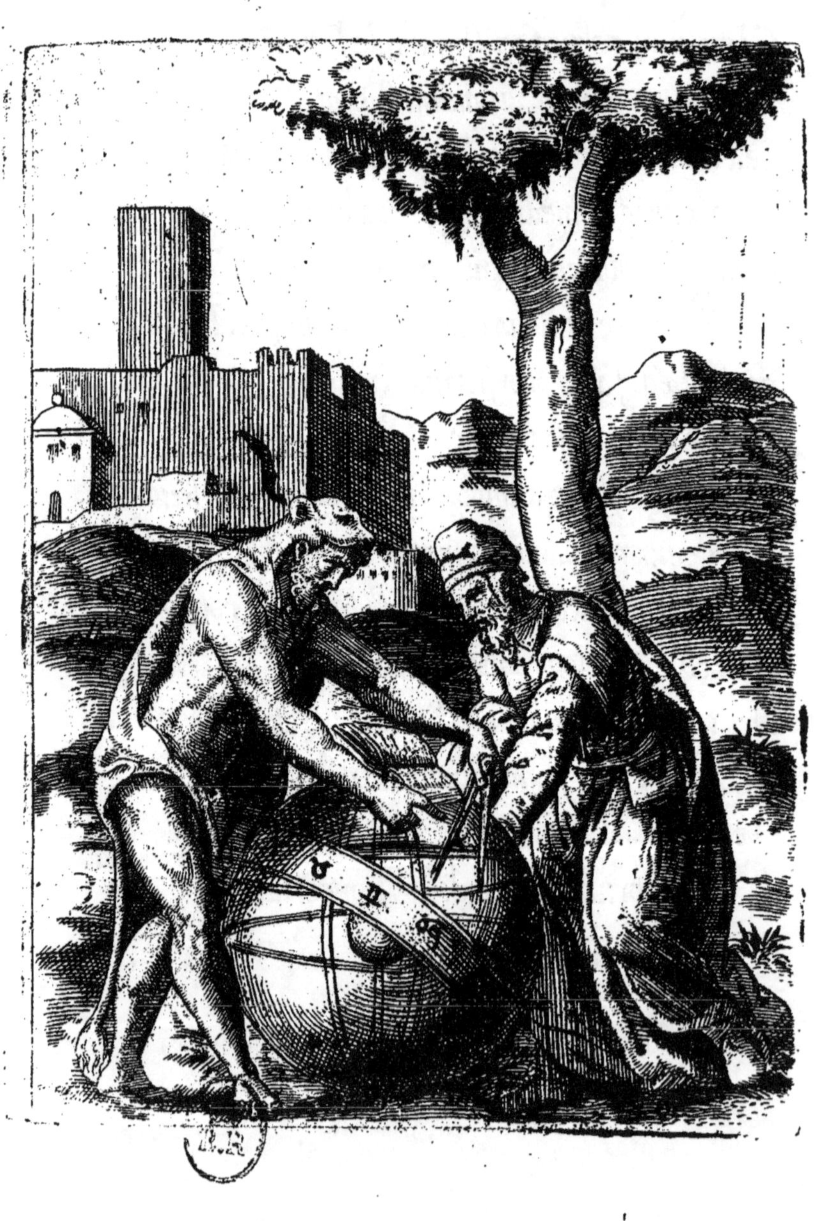

PRO MAXIMO FARNESIO.

SYMB. CX.

Monstrorum Alcides domitor, Iouis inclyta proles,
Circinum agens orbem perficit eximium.
Magnus Atlas librum retinens circumspicit astra,
Quæ quondam Alcidæ fulserat auxilio.
Diuini Heroes ambo, cælestibus ambo
Imperitant astris. hic uidet, alter agit.
Quæris uter potior? potuit qui uincere monstra,
Et se qui potuit uincere, monstra potest.
Verus hic Alcides solida est qui mente, animoq;
Impauido, iustus propositiq; tenax.

VIRTVS SAT AD FELICITATEM STOICA EST.

SYMB. CXI.

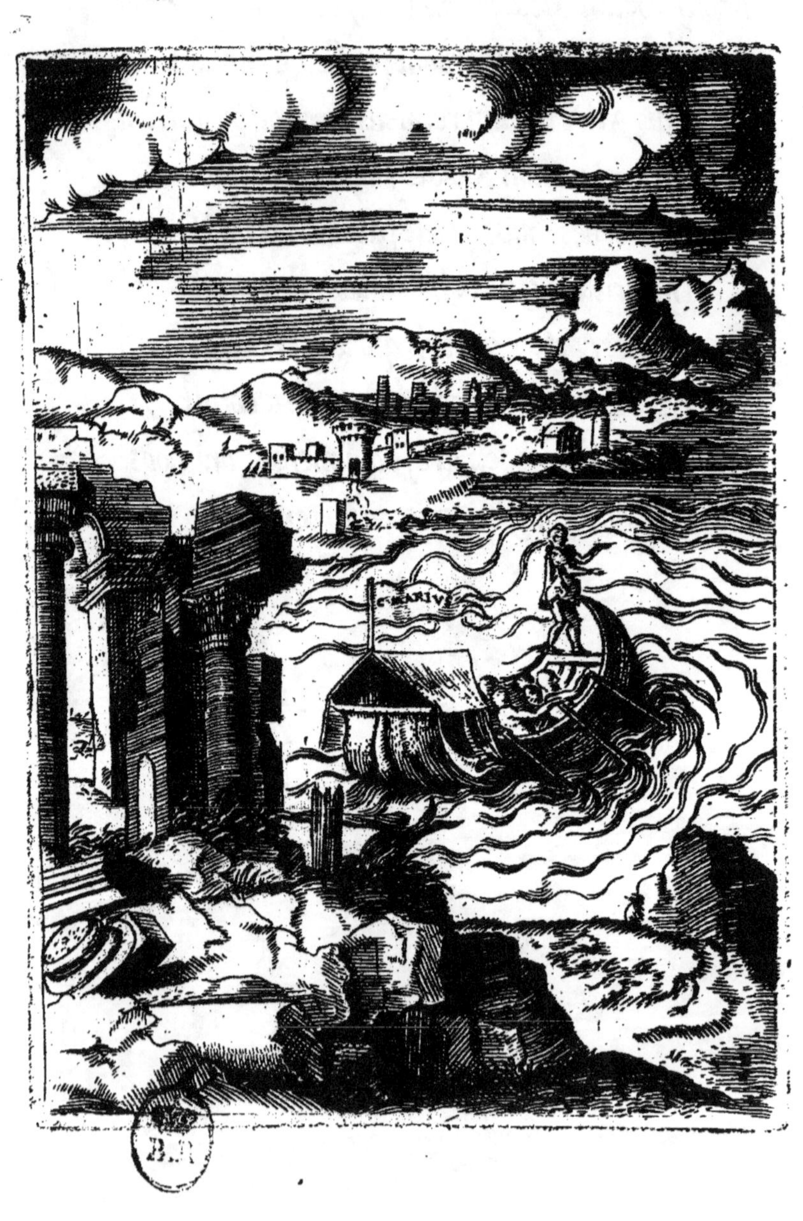

VIRTVS IPSA SIBI NISI CONSTET, NOMEN INANE EST.

SYMB. CXI

Summus in aduersis, fortunatusq́; secundis,
Quisquis erit felix, atq; beatus erit.
Vt MARIUS *quondam, cui fortiter inclyta uirtus*
Prospera magnanimo ferre, & iniqua dedit.
Qui tantum usurpas uirtutis nomen inane
Discito quid constans ipsa sibi ualeat.
Nam cui spes omnis, ratioq́; ex sorte uolucri
Pendeat, huic certi iam nihil esse potest.
Nilq́; quod exploratum habeat sibi permansurum
Ne esse quidem puncto temporis exiguo.

MAGNAM PARVA FACIT FAVILLA FLAMMAM.

HAEC PVLVERIS INVENTIO BOMBARDICI.

SYMB. CXII.

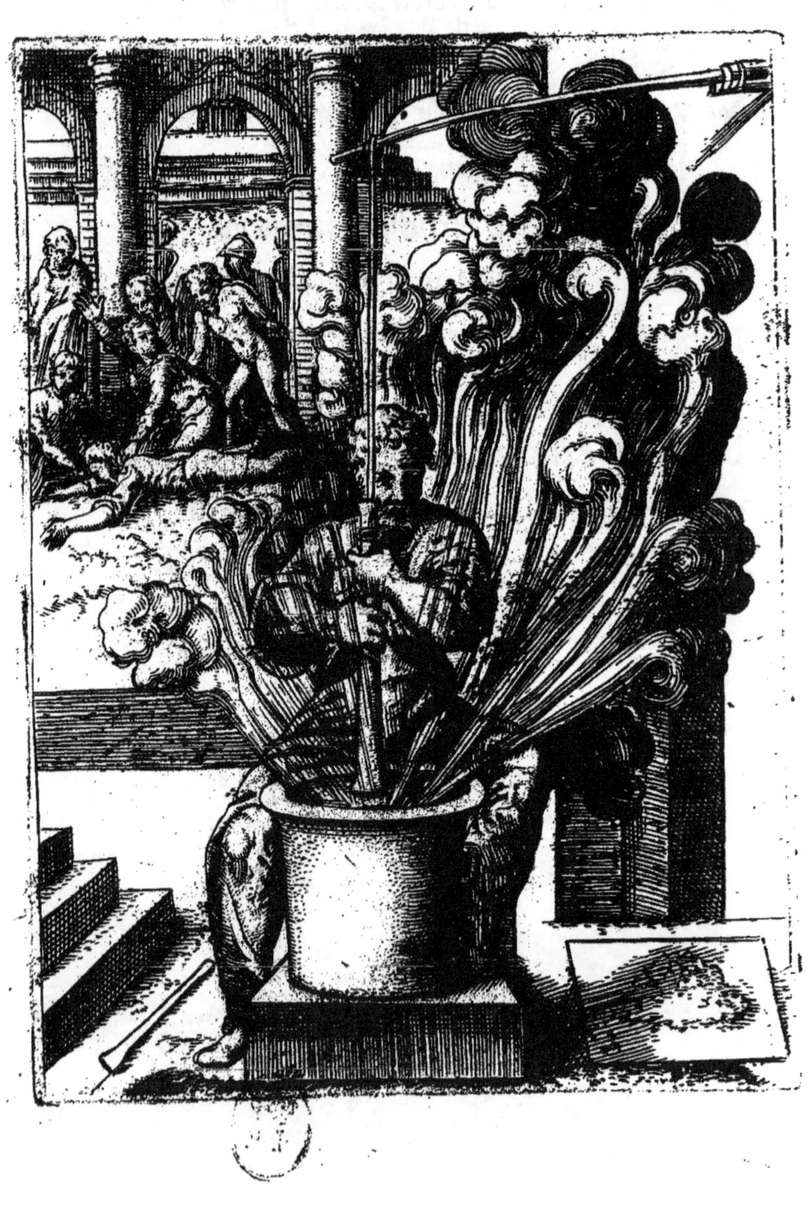

FRANCISCO BOLOGNETO BON.

SYMB. CXII.

Auriferam summis, certa spe uiribus artem,
Rerumq; species uertere.
Alcumista malus dum quærit nuper aheno
Terebat in mortario,
Admixtum sulphur nitro, & carbone saligno.
Tum excusa parua ferrei
Pistilli incerto scintillula protinus ictu est.
Vnde excitatum incendium
Ingens corripuit rutilantibus omnia flammis,
Ipsumq; opificem perditum
Vi decuma absumpsit phlegræi fulminis instar.
Inuentio BOMBARDICI
Pulueris ista fuit. SIC *ignem sæpe fauilla,*
Vt minima, maximum facit.

QVADRATO NVMERO PATRVM BEANDA EST LIBERTAS POPVLI BONONIENSIS.

SYMB. CXIII.

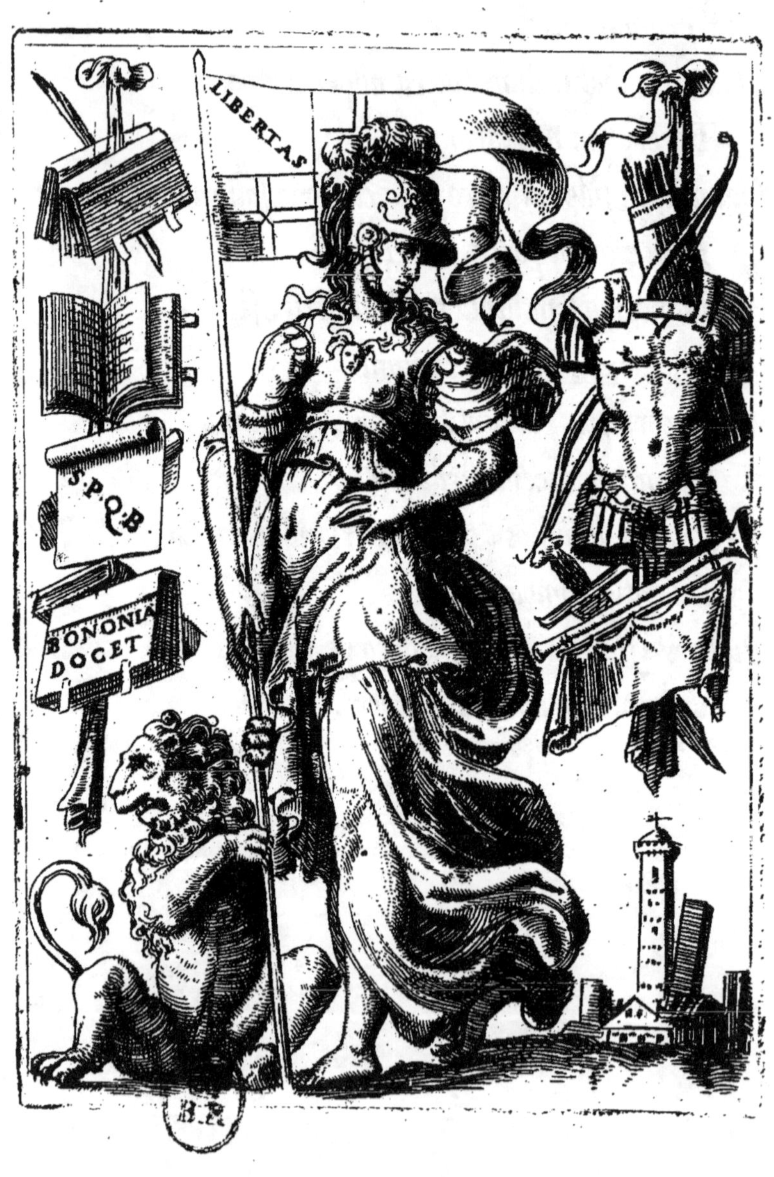

S. P. Q. B.

FORTIS SALVTEM AFFERT SIBIMET IPSE IMPERANS.

SIC FINGITVR BONONIA.

SYMB. CXIII.

Felsina docta tibi denus quater imperat ordo
Denus quadrato perficitur numerus.
Libertas, census, leges, custodia, fines
Quattuor hos uirtus continet una patrum.
Purpurea hinc albo crux intersecta salutem
In pace, illa decus lilia fulua notant.
Signifer id statuit signum Leo, *uincit & iram*
Fortis, uexillo hoc imperat ipse sibi.

CONSVLTVM MALE CONSVLTORI PESSIMA RES EST.

SYMB. CXIIII.

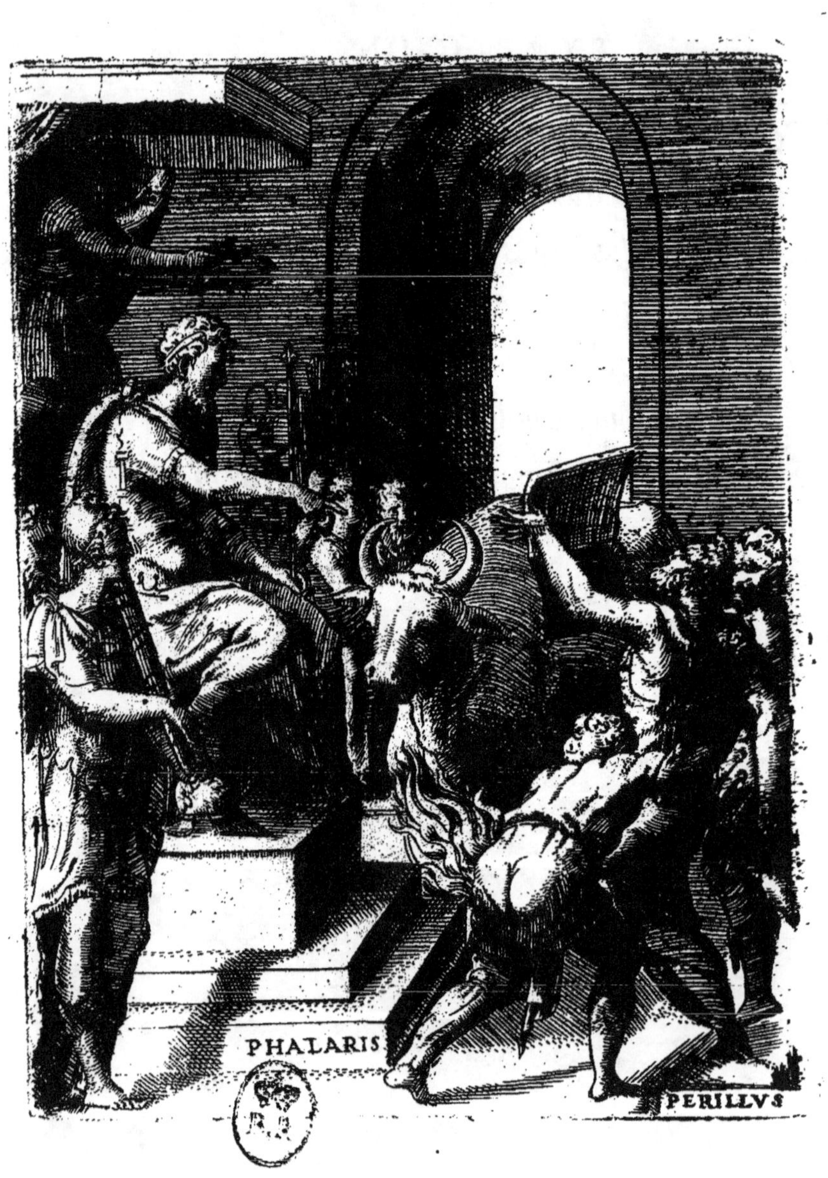

In obloqvvtores loqventes barbare.

SYMB. CXIIII.

Mugitus hominis ferus igni subdito aheni
Tauri opifex siculo pollicitus Domino.
Primus opus, primusq; periclum iure Perillus
Fecit. in autorem pœna sequax redijt.
Non etenim melior lex est, neq; iustior ulla,
Quàm necis artifices arte perire sua.
Leniter ò utinam sic comburatur iniquus
Romano quisquis detrahit eloquio:
Vt, quando rectè ille loqui contempserit, olim
Planè mugitus edere percipiat.

SEMPER LIBIDINI IMPERAT PRVDENTIA.

SYMB. CXV.

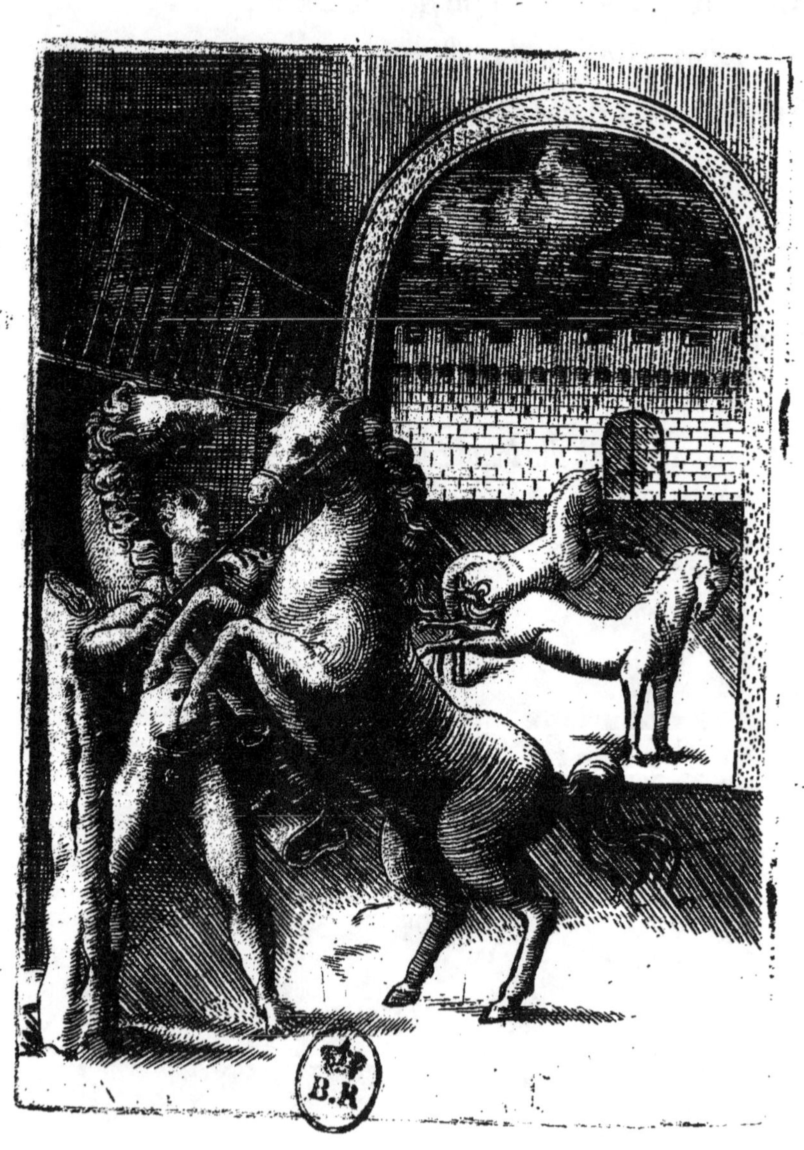

AD CAROLVM CRASSVM.

SYMB. CXV.

Nil uiolentum, quod citò idem non sit ruiturum
Quandoquidem proprium est rationis
Humanæ interea nunq; requiescere, donec
Ipsa suum ad rectum redeat. quin
Abruptis, ut equi indomiti, duro ore lupatis
Stare loco nequeunt, furibunda
Discursant rapti usq; licentia, & impete uasto,
Dum captos, pressosq; capistris
Ad palum innodent, aut ad præsepe magistri,
Dædala sic miseræ ambitionis
Atq; libidinis insanæ Prudentia *semper*
Est correptrix, & moderatrix.

SPERNE VOLVPTATES

NOCET EMPTA DOLORE VOLVPTAS.

SYMB. CXVI.

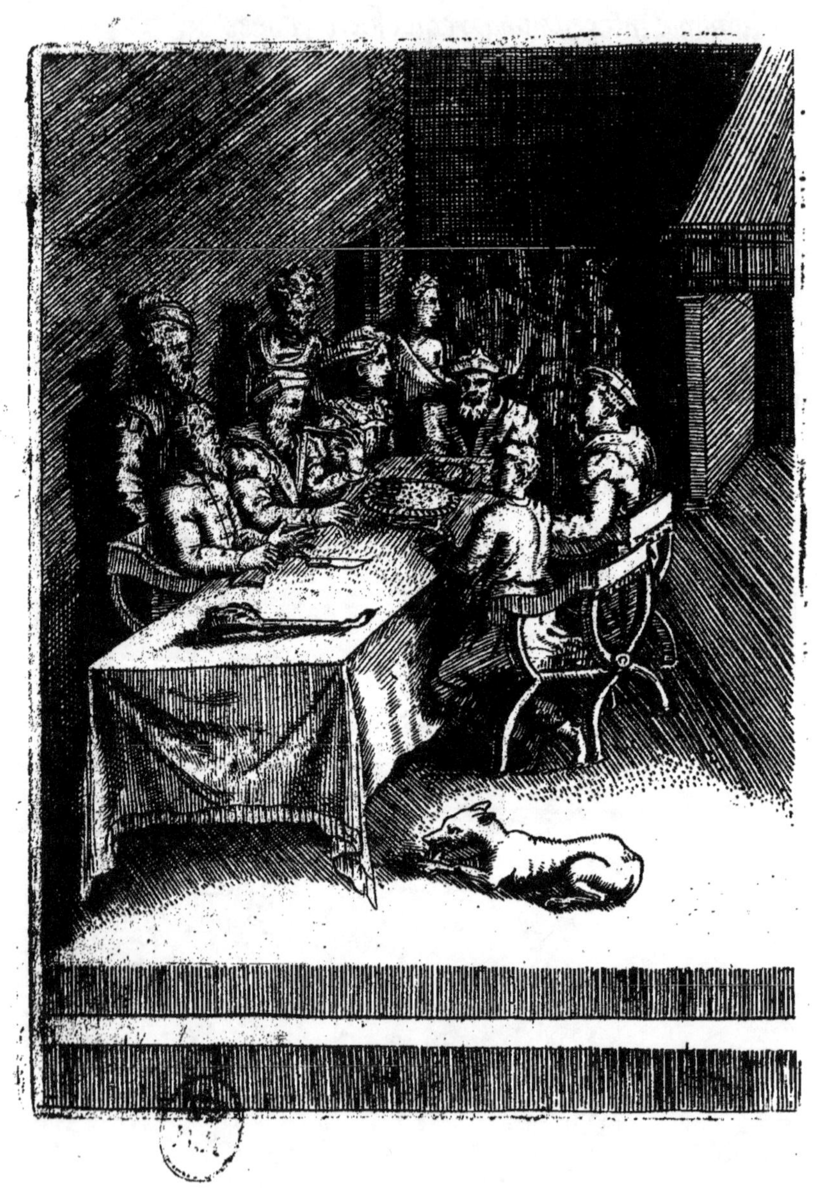

IOANNI POGIO CARDINALI BONONIENSI.

SYMB. CXVI.

Nuper Pogius hospitalitatis
Fons, idem & pater elegantiarum,
Hamatum cochlear dedit secundis
Mensis, quo sibi quisq; posset aptè
In os inserere, ut minutiora est
Mos bellaria, prandio peracto.
Tunc res ridicula accidit, grauisq;,
Nanq; hamum sibi quenq; deuorasse
Sensit Bocchius, atq; ita est locutus.
Ne factum temerè putes, sed alta
Mente, & consilio optimo. Quid ergo?
Nempè id significauit, ut uoluptas
Tristi hamata dolore non amanda.

ARCANA CONTINEBIS ET CALVMNIAS.

SYMB. CXVII.

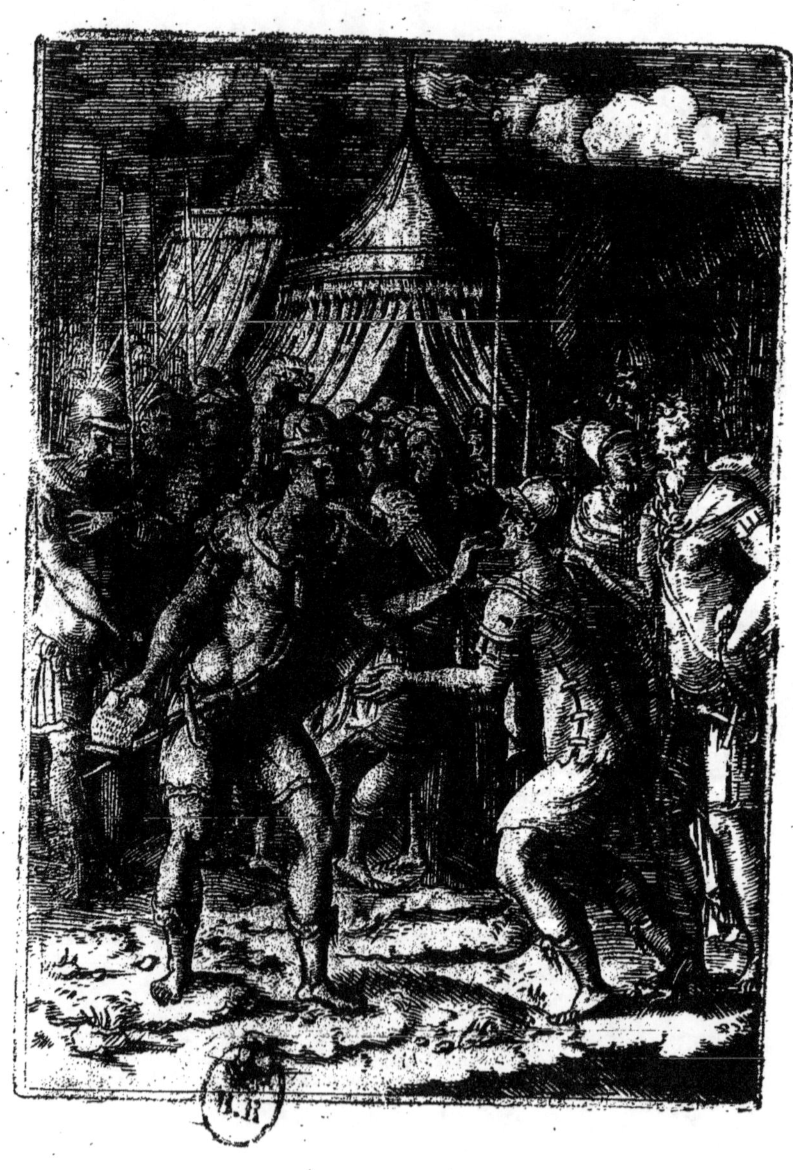

EXEMPLVM ALEXANDRI INCLYTVM HVMÃNITATIS ET FIDVCIAE.

SYMB. CXVII.

Legebat olim miſſam epiſtolam ſibi
A matre Alexander Macedo, quæ plurima
Arcana continebat, & calumnias
In Antipatrum, unaq; cum Rege, ut ſolet,
Hepheſtion legebat. hunc autem neq;
Legere uetuit, at lecta epiſtola anulum
Repente ſignatorium è digito ſuo
Detraxit, atq; ori eius appreſſit, monens
Geſtu hoc, tacenda arcana. Diſcant poſteri
Fiduciæ exemplum de amico nobile,
Tum humanitatis ſingularis. qui licet
Inuiſum haberet Antipatrum, latius
Spargi tamen non paſſus eſt calumnias.

DISCE CITO, NAM VITA BREVIS.

SPINOSA FACESSANT.

SYMB. CXVIII.

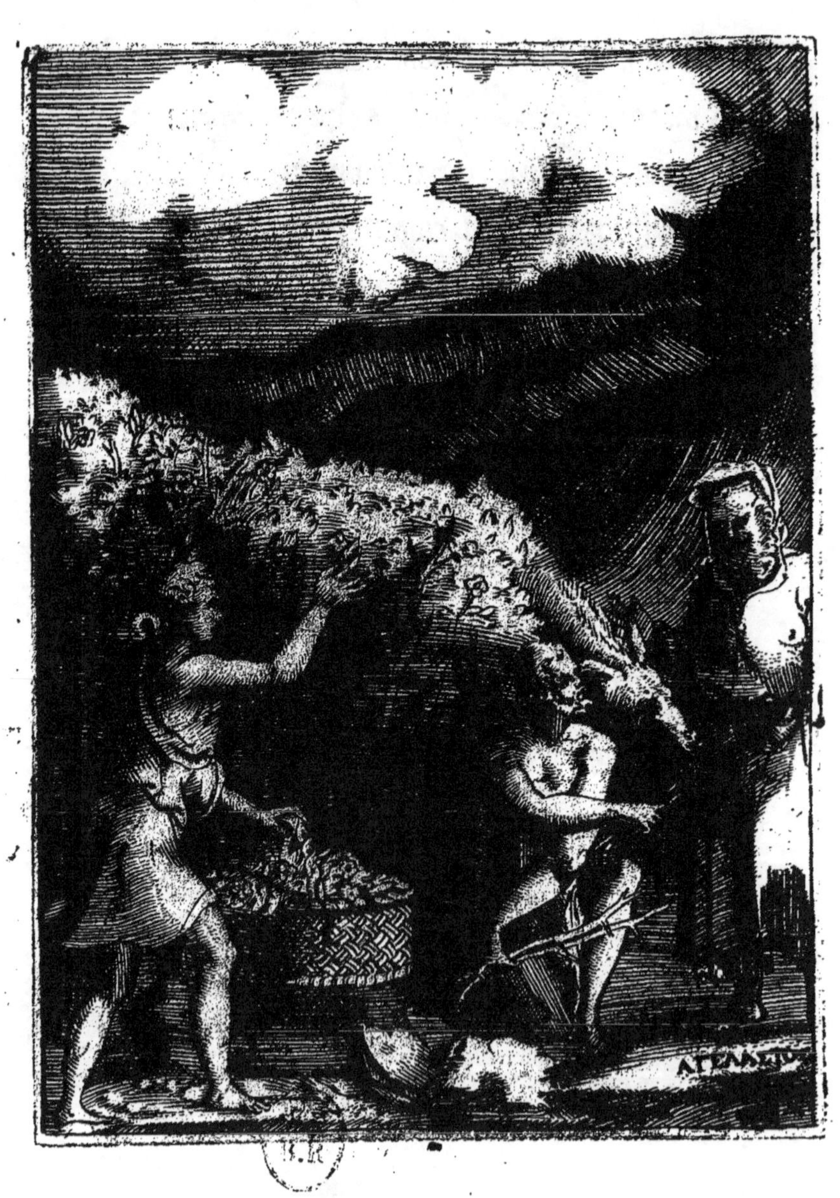

IACOBO CASONIO CENTANO DISCIPVLO.

SYMB. CXVIII.

Gratia quàm florum breuis eſt, præcepsq́; rapina,
Et dum pubeſcunt conſenuere roſæ.
Tam nobis breuis eſt ætas, præcepsq́; iuuenta,
Et dum pubeſcunt conſenuere genæ.
Ergo agè dum potis es, præſentibus utere: ne cras
Expectes. si uis diſcere, diſce hodie.
Sed malè doctorum prudens à ſentibus aſpris
Ne lædare prius, quàm doceare, caue.
Sentibus hamatis turpis lætatur aſellus.
Hinc meritò Craſſus riſerat ille ſenex.

FORTVNA NOSTRI SECVLI, FERENDA QVANVIS PESSIMA.

SYMB. CXIX.

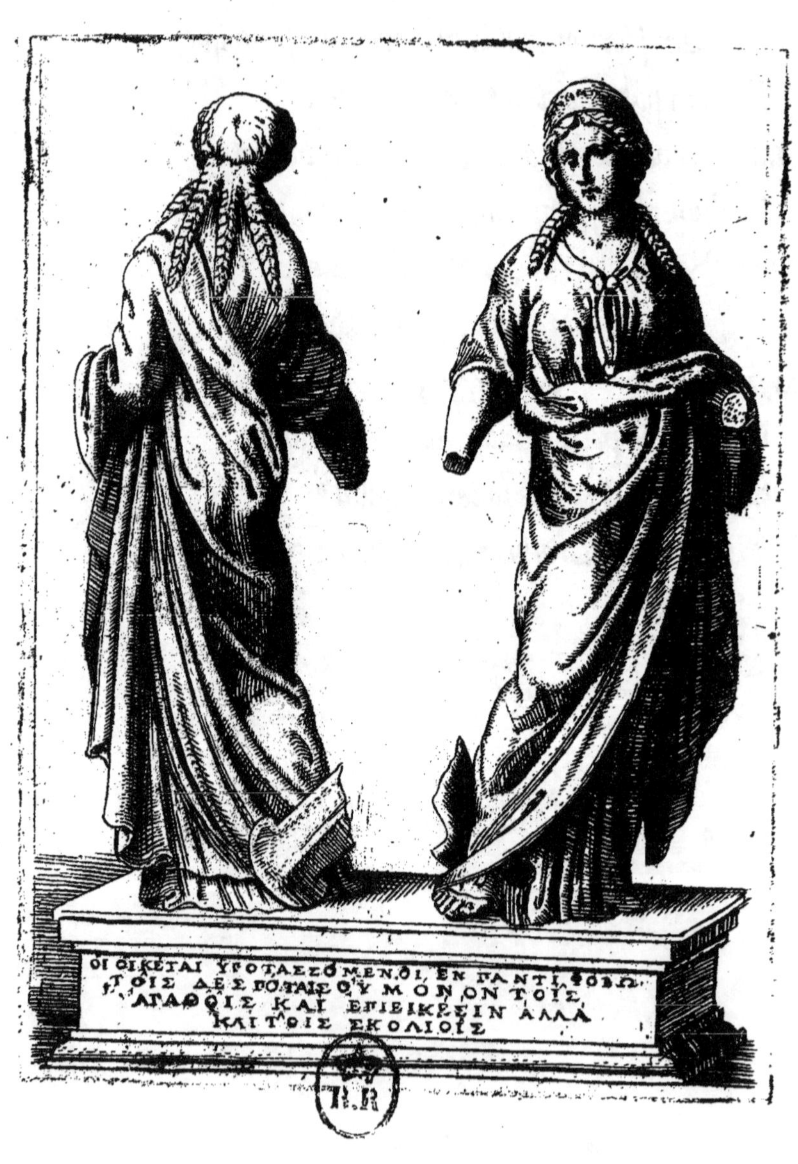

SIGILLVM AHENEVM MALAE FORTVNAE ADINVENTVM BONONIAE. M. D. XLIX.

SYMB. CXIX.

Fortunæ quondam Augustæ hæc fuit integra imago,
Isto ambas duro tempore trunca manus.
Vt leua amisit cornu, sic dextera clauum
Sola gubernacli en infima pars reliqua est.
Otia digna uiris periere, negotia uitæ
Plena periclis sunt exitiabilibus.
Fex postrema hominum superest. polus ille facessit
Astrifer, & summi numinis auspicium.
Compositis fuerat, passis nunc crinibus illa est,
Nam modus omnis abest, & pudor ingenuus.
Fert præ se obscœnam faciem meretricis auaræ,
Lusca, procax, petulans, improba, tristis, atrox,
Impatiens iuris, mendax, furibunda, superba,
Sæua, maligna bonis, læta, benigna malis.
Ante pedes uacui uestigium inanis, & umbra
Restat, ubi solidus, uerus & orbis erat.
Quid plura? expressa hæc nostrorum temporũ imago est.
Augustam ergò colas qui sapis, hanc fugias.
Quin imò, ut ueteres olim fecere, ne obesset
Huius persanctè numen & ipse colas.

IN CORDE PVRO VIS SITA PRVDENTIAE

SYMB. CXX.

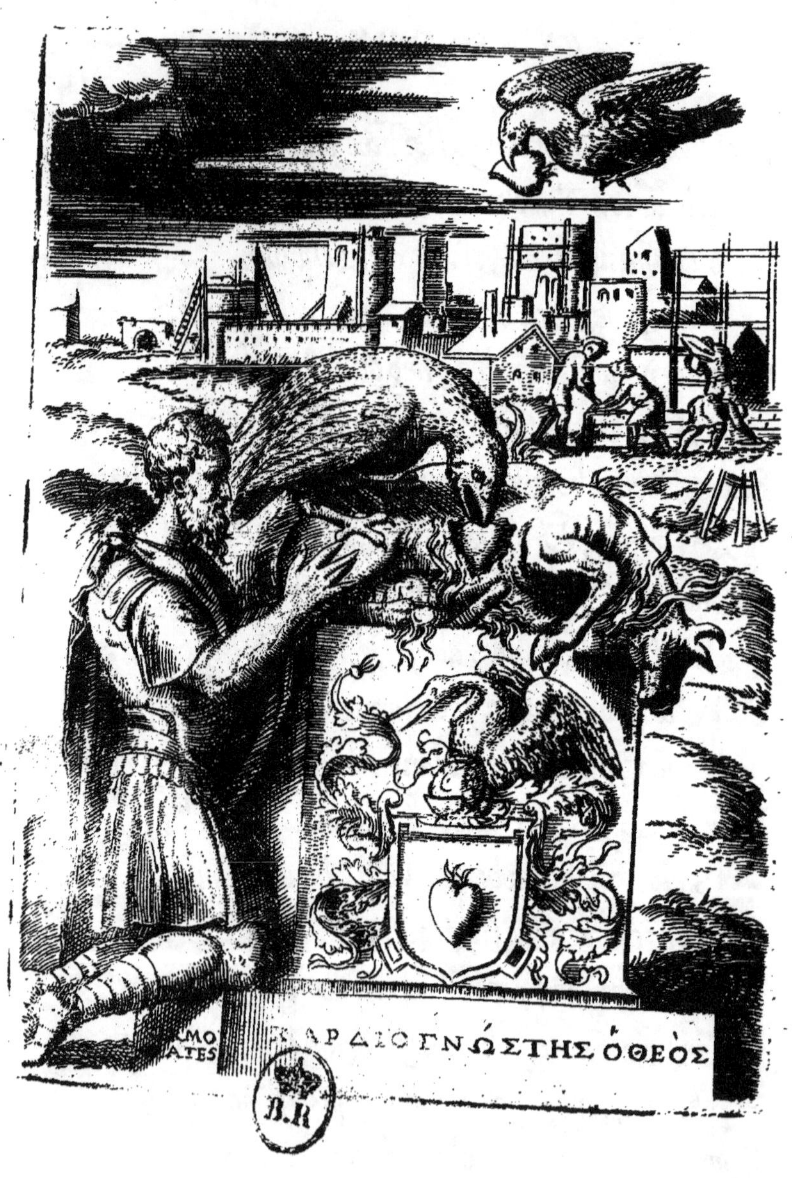

SEBASTIANO CORRADO.

SYMB. CXX.

Cor fons uenarum: illinc semita spirituum: illud
Sensibus, & uitæ creditur esse caput.
Quin si animus Deus *est, animus cor, cor ergò* Deus *est.*
Mens quoq; sub puro corde profunda manet.
Hinc cordatus homo: hinc laudauit corculum, honesto
Nomine, Nasicam *martia* Roma *suum.*
Olim adeo Hetruscis *summa obseruantia, summa*
Relligio fuerat cordis haruspicibus.
Corde silente etenim, uel deficiente, minacis
Omnia fortunæ plena fuere malis.
Sed raptum à coruo Hermocrati *dis forte litanti,*
Cor felix quondam fecerat auspicium.
Casto, atq; integro, mihi crede, litatio corde
Nulla potest summo gratior esse Deo.
Auspicijs Academiæ *Corrade secundis*
Hocce tibi nomen cælitus impositum.
Excors nostra, tuo sine corde, futura iuuentus,
Ipsa tuum concors expetit auxilium.
Huic fons consilij, huic uiuendi semita rectè,
Huic tu diuini numinis instar eris.

SIT CVM NEGOTIO OTIVM
SIT CVM OTIO NEGOTIVM.

SYMB. CXXI.

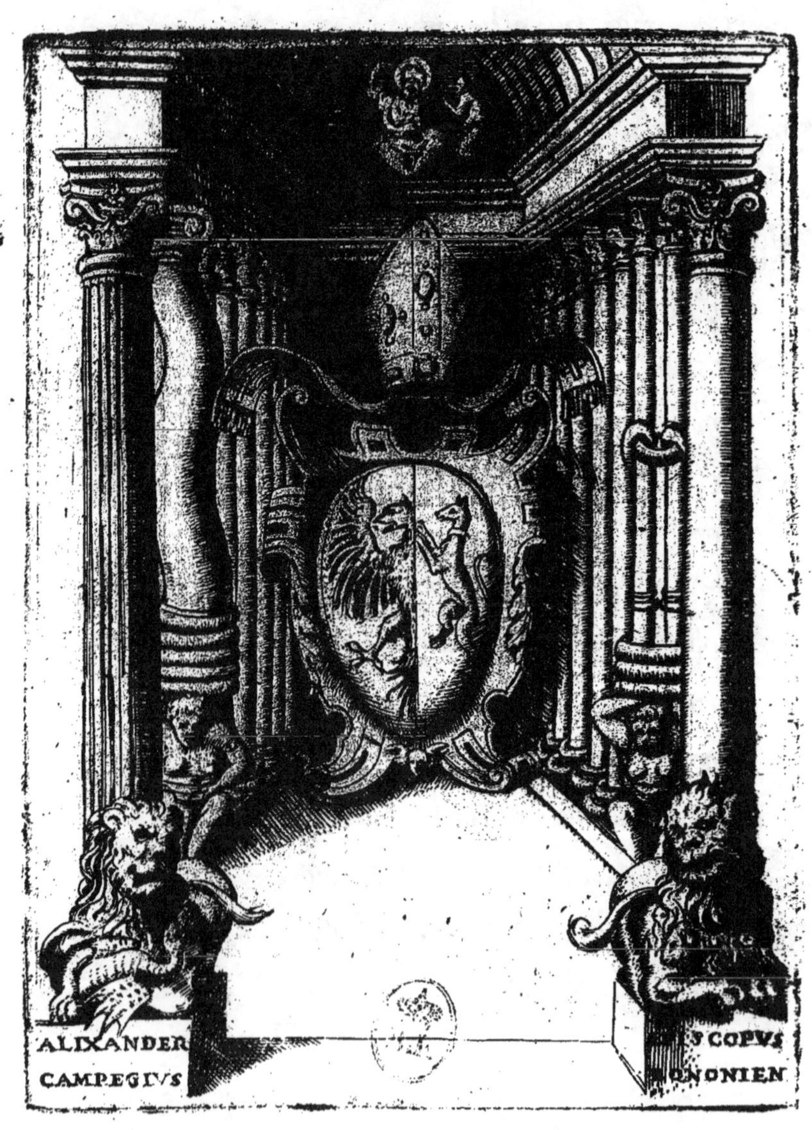

ALEXANDRO CAMPEGIO CARD. BONON. AMPLISS.

VITA EST BEATA IVSTA TEMPERATIO.

SYMB. CXXI.

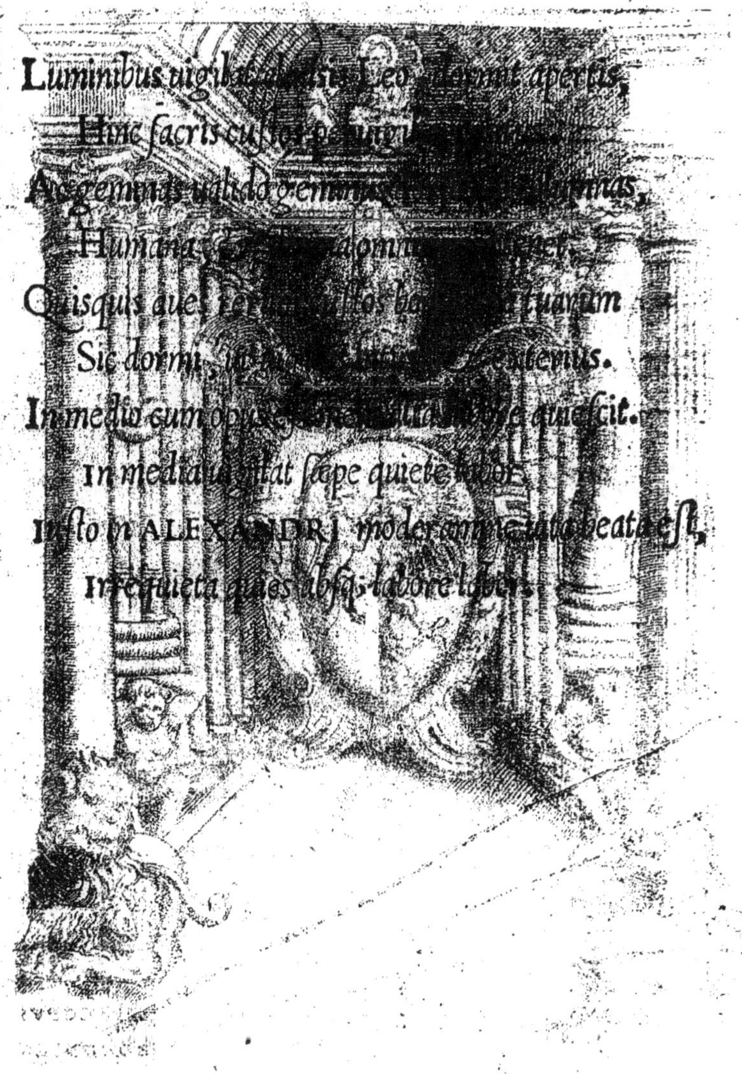

Luminibus uigil[illegible] Leo, [illegible] apertis,
Hinc sacris custos p[illegible]
A[illegible] ualido gemin[illegible]mnas,
Humana [illegible] omni[illegible]et.
Quisquis aues [illegible]os ba[illegible] tuarum
Sic dormi, [illegible] exterius.
In medio cum op[illegible] quiescit.
In media [illegible] stat sæpe quiete labor.
Iusto in ALEXANDRI moderamine uita beata est,
Irrequieta quies absq; labore labor.

MISERIAM HONORATAM ESSE CVRIALIVM NEC EXPETENDAM VLLATENVS.

SYMB. CXXII.

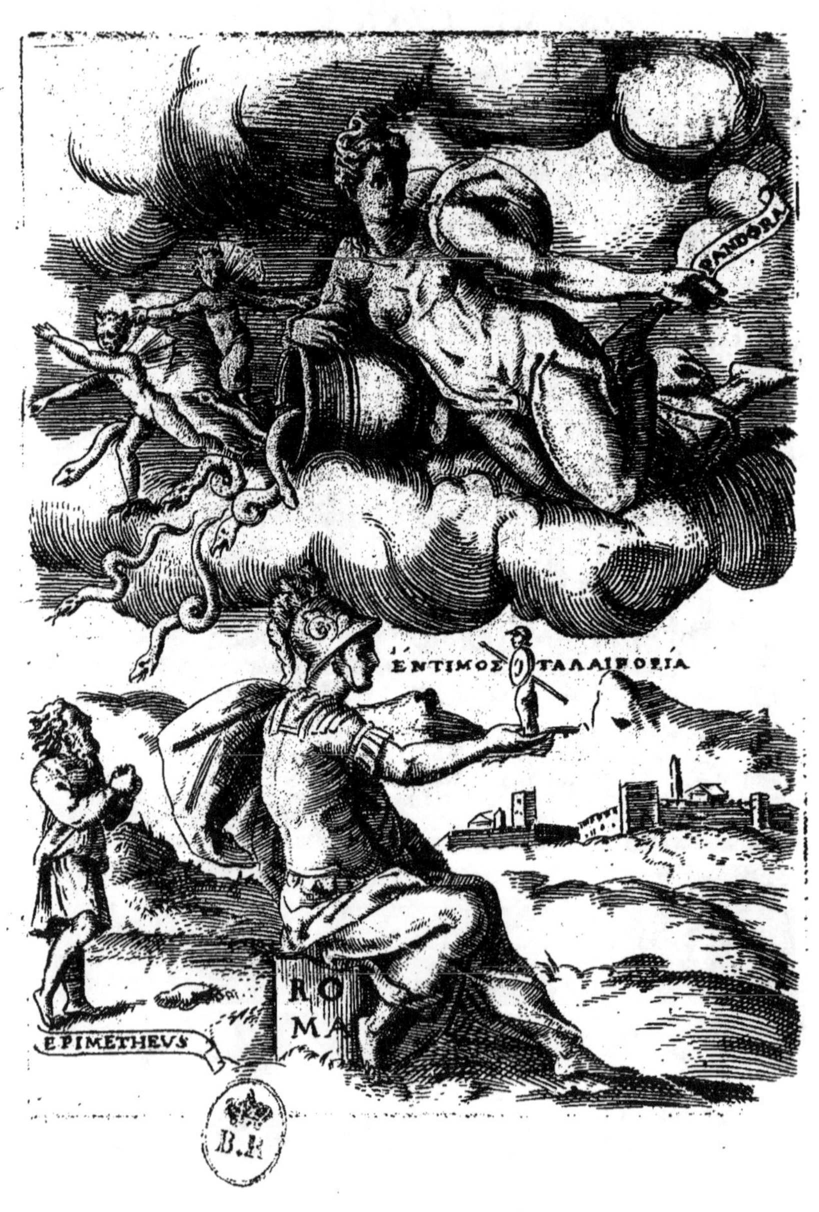

M. ANTONIO FLAMINIO.

SYMB. CXXII.

Quicunq; diram perpeti potest famem,
Sitim, uigilias, frigora, æstus feruidos,
Occulta odia, curas perennes, iurgia,
Lites, simultates, dolos, mendacia,
Fraudes, calumnias, uenena, uulnera,
Pericla mille, mille in hora incommoda,
Ad hæc furores, æstuantem gloriæ
Cupidinem: insolentium arrogantiam,
Licentiamq; diuitum, libidinem, &
Turpem tenacitatem, & impudentiam,
Et gratiam ingratissimorum Principum
Infidam, inaneis spes, metus, mutabiles
Fortunæ iniquæ in omnibus rebus uices.
Porrò uidere deprimi passim bonos
Contra cynædos, aleones, desides,
Scurras, uoraces, temulentos, perditos,
Fictos amicos, factiosos, inuidos
Hostes domesticos, malignos, perfidos,
Ac proditores pessimorum pessimos,
Quos uel sciens, uel insciens, nunquam satis
Vitare possis. tum imperitos, impios,

Sicarios

SYMB. CXXII.

Sicarios, adulteros, veneficos,
Falsarios, leuissimosq; transfugas
Et id genus homines malos, tantummodò
Amari, & usq; ad astra tolli, deniq;
Post mille toleratos dolores, ac neces,
Atq; omne tormenti genus, grauissimam
Iacturam honoris, & laborum, & temporis,
Is Marce *uestram istam sequatur curiam.*
Non me profectò, non habebit æmulum.

LIBER QVINTVS.

QVALEM VIRVM PRAESTARE PRINCIPEM DECET.

SYMB. CXXIII.

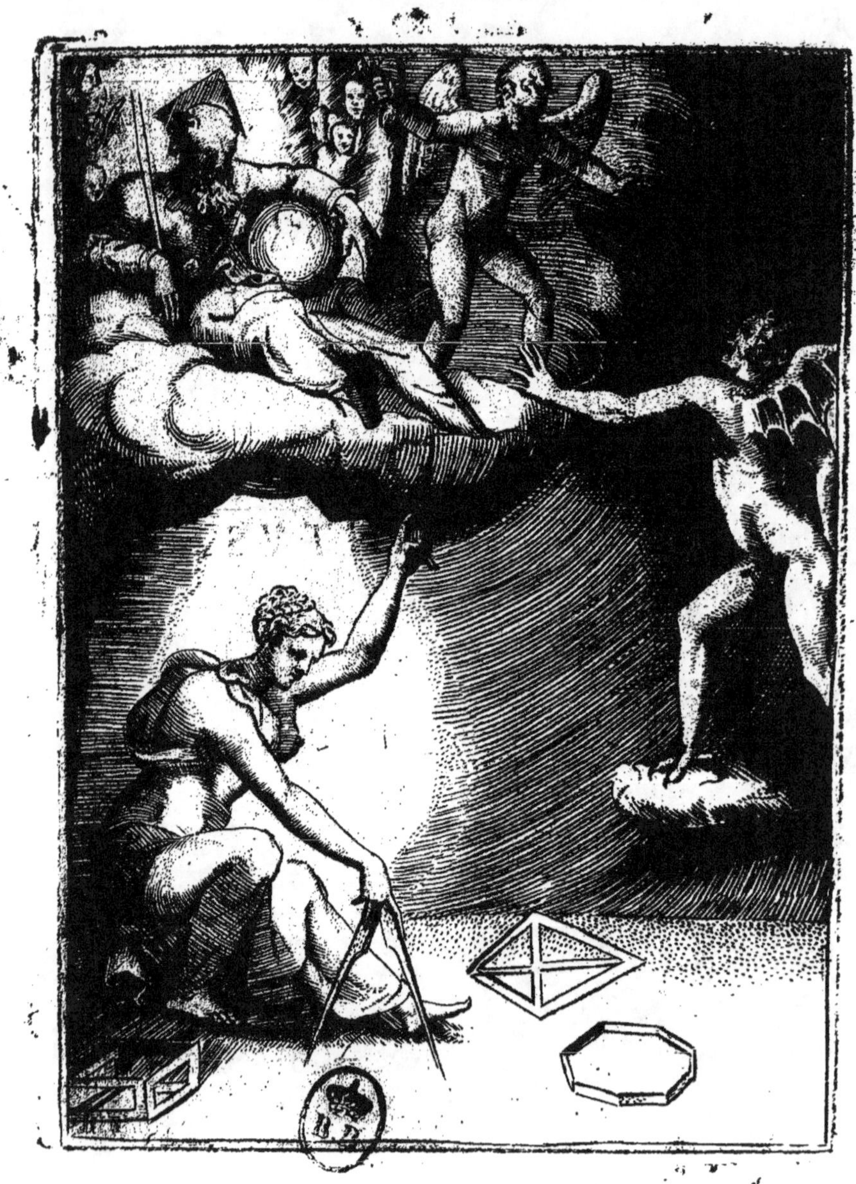

INCLYTO ALEXANDRO FARNESIO CARD.

SYMB. CXXIII.

Prima luce sui roseum quum Aurora cubile
Tithoni formosa relinquit,
Vidi ego adhuc clausis oculis in lumine lumen
Præclarum quod cætera prorsus
Lumina syderei restinxerat omnia olympi.
Vidi inquam ipse Deam ducis instar
Vndiq; stipatam comitatu incedere magno,
Mulcere & dulci æthera cantu.
O fortunatos mortales, inclyta uobis
Si modò tanti esset mea uirtus:
Quanti nuper erat priscis Heroibus illis,
Inter qui glandes, & aquas, &
Hirsutas pelles, contenti uiuere paruo,
Vitam inopem uixere beatam.
Quale decus iam nunc, qualem aurea secla salutem
Vera darent, me ultrò auspice, uobis?
Quando æternus amor Phœbum Phœbiq; sororem,
Et cœlum, & reliqua astra creauit.
Nata ego sum gremio illius bonitatis in alto.
Virtutes almæ, atq; adeo res
Forti & pulchro animo gestæ, omnia sunt mihi cara
Pignora germanæq; sorores.

Mecum

SYMB. CXXIII.

Mecum etenim ſunt, & de me genitæ simul omnes.
Sed tamen excellentior ipſa
Vna ego ſum, & magni prima admiratio cœli.
Quumq; magis pater ille ſupremus
Vos amat aſpiciens to.o me consulit unam
Tunc ſtudio. ſum etenim magè cara,
Et magè ei similis. cui quidnam sic rogo carum,
Et simile eſt: ut proſore cunctis?
Ipſa ego prosum, & amo, & gratis cæleſtia dona
Eius diſpenſo arbitrio, qui hæc
Deſtinat & nutu ſpatiosum temperat orbem,
In terras ueniens reseraui
Plutonem uobis clausum quondam, inq; samo illam
Seruam habui, omnipatentis Olympi
Quæ regina potens fuerat. sed furta, rapinæ,
Atq; auri ſcelerata cupido,
Anguibus implicitas uolucres olidamq; Mephitim
Traxere ab ſtygia usq; palude
Vnde ſceleſto prorſus, & infecto orbe, meum illud
Contemptum regnum fuit: exin
Protinus ad ſuperos ira ſtimulante reuerti.
Iam nunc caro ab amante benignè

Exorata

SYMB. CXXIII.

Exorata meo ad uos haud inuita reducor,
Vt uobiscum habitem : unius ergò
Aduenio, qui mortali sub ueste beatus,
Atq; beans sedet altitonanti.
Consimilis. celso descendit ab æthere, & imi
Vilisq; istius regni quotacunq;
Pars est ætheria, accepta huic uni referenda.
Quippè qui habet quantum æther habebat.
Armipotens Pallas, simul & Citherea caduco,
Ac æterno pectus honore,
Et uultum ornauere, manus huic repleo utrasq;
Ipsa potens, prudensq; guberno.
Sic igitur quicquid colere, & spectare soletis,
Siue à nobis defluit ultrò,
Siue in uobis nascitur, omne id uiuida in illum
Virtus, & sors contulit anceps.
Inde libens alios ipse impartitur amicè.
Si quando exemplum hinc caperetis,
Sicut opem imploratis, uulgus auare, benignam,
Tum uos certatim auxilium inter
Vos ferretis, nil fœdum, nil impium, amarum
Vita isthæc terrestris haberet.

SYMB. CXXIII.

Vnde in continuo uersatur mœsta dolore.
In more, ac uestro foret usu
Quod iuuat, & prodest, nec habendi plusuè, minusuè
Tristitia, aut malè sana cupido
Quæ nunc uos cruciare uidetur, corda serena
Turbaret uestra, aut aliena.
Semper amor uerax mecum regnaret, & una
Pura fides. totus foret orbis
Lætitia plenus geniali, & pace togata.
Ast illud quoq; tempus erit, cum
Vos reget imperio suaui, & uirtutis auitæ
Auspicio uestræ efficiet uitæ
Aeternam de more suo per secula legem.
En bysso, aurora, & tyrio ostro
Insignis tam formosæ expectata diei
Iam huic legitur sub fronte serena.
En fulcit Cœlum, & regit, en domat effera monstra.
O sancta eius, raraq; gesta,
O pulchram italiam, ò felicem Tybridis urbem.
Nunc clarè uideo aurea secla, &
Magnificis ueterum monimentis plena uirorum
Omnia, quæ mare fluctiuomum ambit.

Vos animæ

SYMB. CXXIII.

Vos animæ illustres, diæ uirtutis amicæ,
Mecum proiectæ ad genua ultrò,
Vos mecum pedibus libantes oscula sanctis,
Hunc colite obsequio illicet omni.
Sic ait, ò Clio, & gremio de diuite nunquam
Non patulo, iam me quoq; supra
Cæruleum effudit felicia lilia nimbum.
Exinde ipsa suo agmine sese
Extendit, quà orbem sol axe ab utroq; pererrat.
Ast mihi tunc oculos reseranti,
Mira & lætitia exultanti, oblata repentè est
Farnesi noua gloria magni.

HIERONYMO SAVLIO ARCHIEP. BONONIAE PROCOS.

SYMB. CXXIIII.

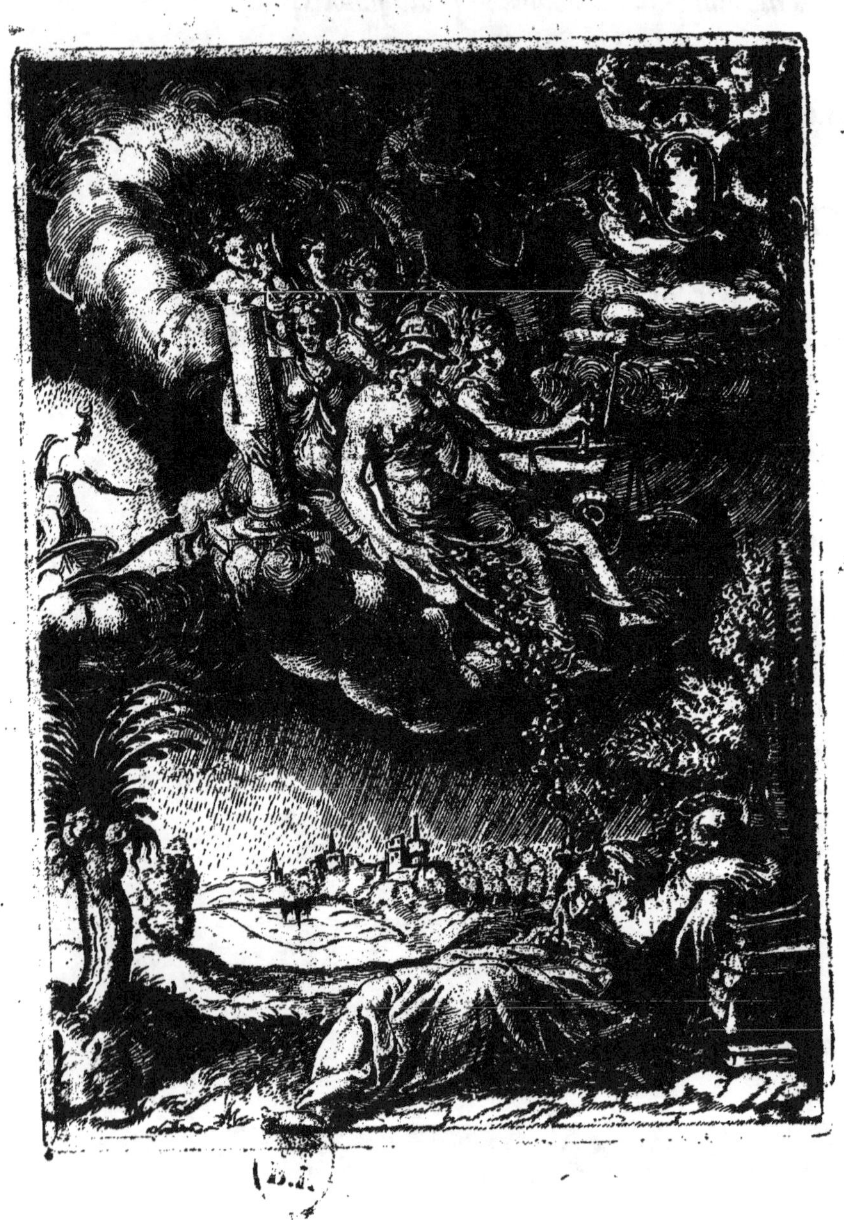

NEMO ABSQ. TEMPERANTIA A DIVINA OPE RITE IMPETRATA, PROFICI PVTET SIBI.

SYMB. CXXIIII.

Nemo Academia sine me dignabitur unquam
Pura heic securi est temperies animi.
Heic studiosa cohors discet sapere intus, & extrà
Dum sciat ut toto sit magè dimidium.
Verùm difficile id demens facit impetus. at quid
Auspice diuino numine difficile?
Quare illud ritè implorabit semper, honestis
Moribus intendens, & studijs animum.
Quod facis ipse, ideo speramus summa bonorum
Omnia SAVLI omnes de bonitate tua.
Ergò Academia posthac dignabere nostra
Nosq; tuis memores iam facies meritis.

VIRTVTIS ET FELICITATIS FORMVLA.

SYMB. CXXV.

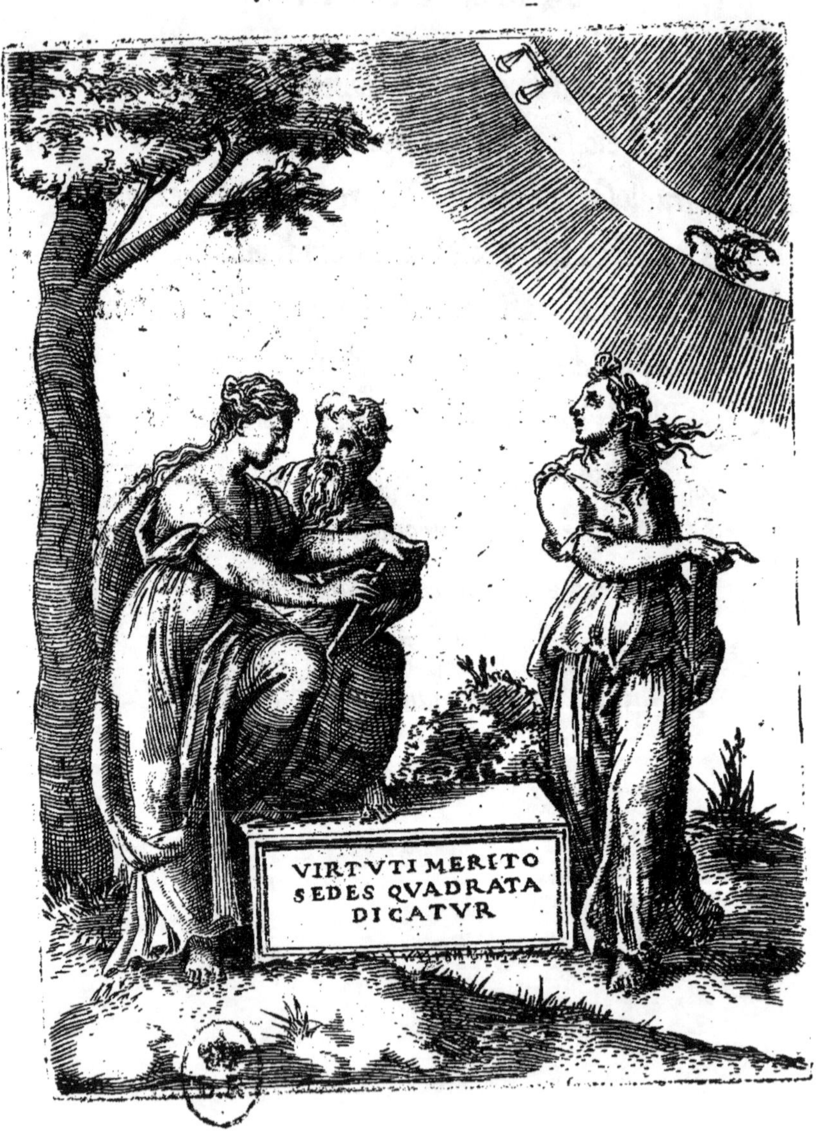

ALEXANDRO MAGIOLO.

SYMB. CXXV.

Magiole utilitas ſi nobis ædificandi
Siue medendi artes, alias commendat & omneis
Iure bono ars debet nulli non illa placere,
Deſcriptas certo quæ continet ordine formas
Virtutum, ſiquidem uitæ haud minus utilis hæc eſt,
Quàm quæcunq; alia humanæ. & ſi talia noſti
Experiar tamen ut potero parere tibi nunc,
Quo mandante aliquid mihi nec quod neſcio prorſus
Fas neſcire puto, neq; non quod non queo poſſe.
Principio diſcentum animos hæc uita ab agreſti,
Ac fera ad humanum cultum, & ciuilia paſſim
Officia incenſos miro deducit amore.
Quisquis enim ipſius ſpecies cognoſcit honeſti,
Has uelut in tabula propius, meliusq; tuetur
Depictas, quàm uulgus iners, indoctaq; turba,
Propterea magè ad officia is præſtanda mouetur,
Nanq; abeunt ſtudia in mores, habitusq; perēnant.
Porrò fundatis ſtabilitisq; urbibus olim
Qua doctrina orta eſt legum ueneranda poteſtas,
Publica iuditia, & Ratio, quæ cuncta gubernat?
Qua magè diſciplina ipſi quibus utimur, iſta
Tempeſtate, boni ſcriptores, iure in utroq;

SYMB. CXXV.

Imbuti fuerunt? Quid quæris? cuncta seueri
Iuris prima elementa, & semina flexilis æqui,
Ocia digna uiris, tum urbana negocia quæq;
Accepta huic arti diuinæ sunt referenda.
Præterea herbarum uires, Libycosuè lapillos,
Aut ueterum cœlo Phœnicum inuenta sereno,
Si laus est cuiq; non ultima noscere, quanta
Laus fuerit naturam hominis, quæq; optima in illa
Emineant uidisse, & quò ratio uocet alma
Aut ducat, penitusq; ipsos cognoscere nosmet?
Quid frutices, gemmas, magnumq; inquirere cœlum
Profuit, & dulcem non exaudire parentis
Naturæ uocem interea, monitusq; salubres
Præmonstrantis iter benè uiuendi, atq; beatè?
Dormitare domi, atq; foris sapere id fuit olim.
Ast ubi Socratico auspicio sapientia ad usum
Communem æthereo nobis demissa ab olympo est,
Vnde uidere licet quosdam motus animorum,
Et quædam cunctis mortalibus insita sensa,
Quæ recta ostendunt ciuilis commoda uitæ.
Tum demũ cœpere homines sapere intus & extra.
Quin si hæc cognitio nihil utilitatis haberet,

Ipsa tamen

SYMB. CXXV.

Ipsa tamen genere humano dignissima longè, &
Optima debebat censeri, ac maxima: nam quid
Tota in Natura *rerum præstantius extat,*
Aut melius, ueri quàm perspicientia honesti?
Cuius si nostris simulachrum haurire liceret
Luminibus, quales animis incenderet ignes?
O quanto illius desyderio afficeremur?
Nulla magis capiunt nostras spectacula menteis
Ac uirtus, ipsam propius si cernere sit fas.
Iam uero nostris si mentibus anticipatæ, &
Innatæ agnitiones sunt cœlestia dona,
Nos ea, ne immemores uideamur temnere, tantò
Acrius ad cognoscendum inuitarier omnes
Debemus, cum nulla homini maiora supremus
Munera contulerit summi regnator olympi.
Tu uerò quæ spontè facis Magiole*, memento*
Perficere egregij monimenta æterna laboris.
Nanq; ostrum ut melius collato noscitur ostro,
Sic precium est operæ ueterum conferre sophorum
Doctrinam eximia ad pietatis dogmata nostræ:
Nec miscere tamen, quippè hanc discernere ab illa
Haud poterit, nisi qui, ceu tu, bene norit utranq;.

ADVERSVS IRAM SYMBOLVM.

MOS EST NOCENTVM LAEDERE INNOCENTIAM.

SYMB. CXXVI.

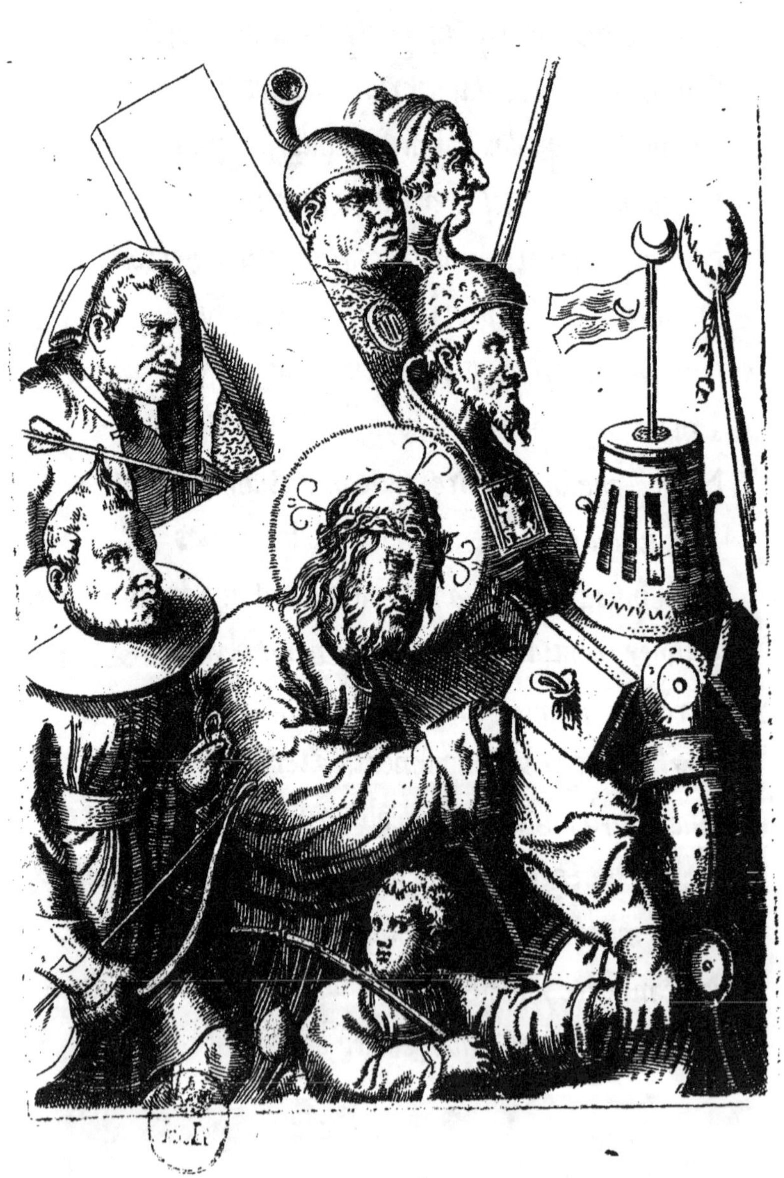

AGNI INNOCENTIS VINDICI INTEGERRIMO
IVRE HOC DICATVR REGINALDO NERLIO.
SYMB. CXXVI.

Dignum quid ira existimari est par. nisi
Quo lædimur? proindè cum potissima
Sit noster animus ipse nostri portio,
Præstare quo censemur uno cæteris
Animantibus, quæcunq; sine animi queunt
Offensione adimi. ea uerò temnere
Debemus, ad nos ut nihil spectantia,
Damno nec ullo unquàm putemus affici
Nos, siuè fortunæ bonorum lubricæ
Ablatione, siuè grauibus corporis
Incommodis, doloribusuè acerrimis.
O qui secundus es Adamus, CHRISTE optime,
Qui conditus ad imaginem terreni es, at
Cælestis ipse, iudicium id omne auferas
Quod noxa nobis omnibus primi indidit
Parentis olim. da obsecro tu uim integram,
Puramq; nostris iudicandi cordibus.
Lædi innocentiam ut malum grauissimum,
Iraq; iudicemus id dignissimum.
Nobis tuæ inuictæ illius constantiæ
Robur da, ut hostes diligamus inuicem
Nostros: crucemq; humaniter tecum simul
Feramus almæ sub crucis signo tuæ.

VSVM MAGISTRVM VNVM OPTIMVM.

SYMB. CXXVII.

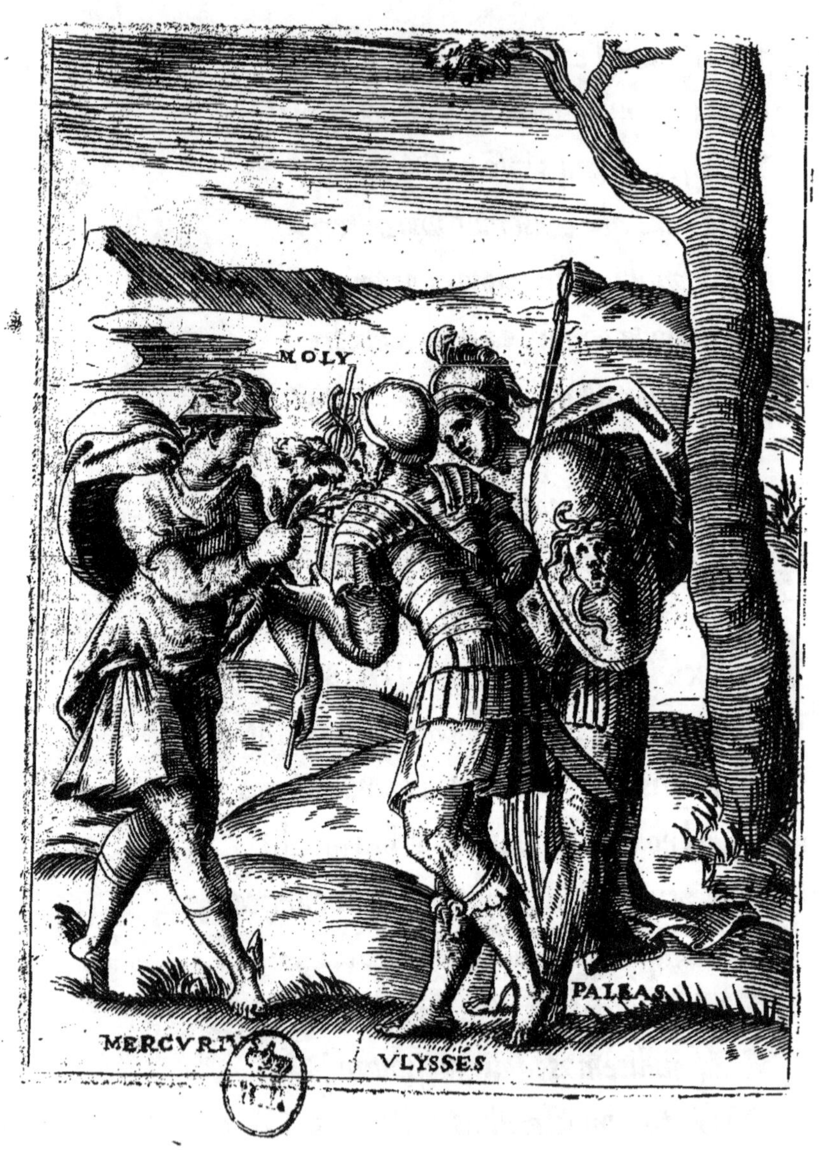

IOANNI BAPTISTAE PIO.

ET DECVS ET PRETIVM RECTE FERT EXPERIENS VIR.

SYMB. CXXVII.

Qui nuncupari haud immeritò Pie
In rebus humanis ſapiens cupit,
Non diſciplinis ſat uacare eſt
Rhetoricis, Dialecticiſuè,
Verùm diù uerſari etiam eſt opus
Illum, diù exercerier omnibus
Conſtanter in rebus uidendis
Comminus, atq; periclitandis,
Atq; omnia acta, euentáq; firmiter,
Dum uiuit, alti ſub penetralibus
Seruare cordis, tum ſecundis
Temporibus, dubijsq; ſemper
Rectum eſſe, & ex ijs, quæ docuit ſagax
Vſus magiſter, quæq; pericula

Ipſa ante

SYMB. CXXVII.

Ipsa ante monstrarunt, perindè
Consulere, ac sapere est necesse.
Quicunque enim scit facta per omnia,
Et dicta prudens ingredier, diù
Secum reuoluens cuncta, siuè
Sole dies reseratur orto,
Seu nigro opacum nox Erebo caput
Obscura profert, haud facilè is potest
Inducier, quin expetenda,
Aut fugienda repentè norit.
Hinc nomen adsciuere sibi patres
Illi priores, & meritò sophi
Dicti. hinc decus, famamq; adeptus
Pythagoras Samius perennem,
Qui præter Aegyptum, & Babylonias
Lustrauit oras, & Lacædemona,
Persasq;, minoamq; Cretam,
Atq; salutiferam Crotonem.

SYMB. CXXVII.

Vix docto HOMERI *ad sydera carmine*
Elatus esset SISIPHIDES, *nisi*
Vidisset urbes plurimorum &
Acta hominum, uariosq; mores.
Inde optimè ipsius sapientiæ
Vsum parentem, & MNEMOSYNEN *ferunt.*
Nam longa quid non præstat omni
EXPERIENTIA MAIOR ARTE?

SVMMVM BONVM PRAESTAT FIDES,
FIDEM INTIMVS AMOR IN DEVM,
RITE IPSE CVLTVS OMNIA.

SYMB. CXXVIII.

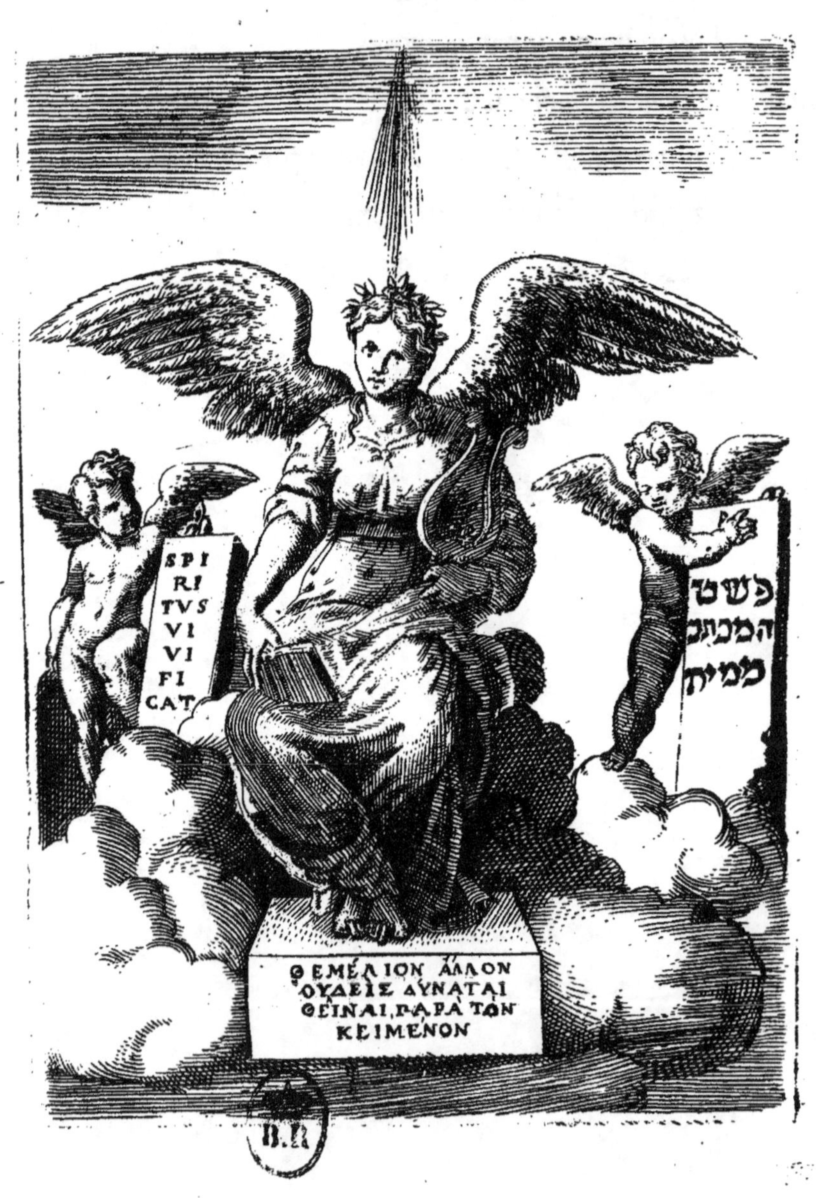

ANDREAE CASALIO SENATORI BONONIENSI.

SVMMA PETAT QVICVNQ. BONVM SVMMVM EXPETIT VLTRO.

SYMB. CXXVIII.

Diuinum nobis animum generose Casali,
Quandoquidem diuina cupit, sat constat inesse,
Si benè sese ipsum cernat: ueruntamen illa
Haud quaquàm apprẽdit, dũ quæ cognata sibi sunt,
Hoc est, aut sensus, & sensilia aspicit, aut quas
Concipiunt animæ formas sæpe horum obiectu.
Nanq; à diuinis procul hæc sunt omnia rebus.
Nec diuersa magis tenebrosi frigida ditis
Tartara, & astriferi flãmantia mœnia Mundi,
Hinc animus discedens à se cogitur olim
Errare, ac malè de superis sentire loquiq;.
Verum igitur quicunq; bonum comprehendere prudens
Optat, eoq; aliquandò frui, terrena relinquat
Summa petens, summo studio, summoq; labore,
Sed prius instituenda inuestigatio rectè.
Nam nisi ter purum per certa piacula quis se,

SYMB. CXXVIII.

Per certas leges discendi reddidit, ab mox
Ingreditur scelerisq; uiam, infandumq; furorem
Vsq; adeo, ut uel perneget esse Deum omnipotentē,
Vel de illo falsa affirmet, uera unde repentè
Relligio perit, & cunctorum elementa bonorum,
Contra luxuriat subitò genus omne malorum.
Inde iubent omnes semper procul esse profanos
Fatidici uates, totisq; absistere sacris
Haud ab re. siquidem malè sana affectio stulti
Exagitans animos uulgi contraria prorsus
Distrahit in studia, & rapit ad tetramq; grauéq;
Materiam, atq; Deo miseros alienat ab alto,
Quo nihil est immobilius, nil fortius uno,
Nil à materia quicquàm semotius ipsa.
Quin pote nil intelligier minus, aut finiri
Humani captu ingenij, ratione, modòue
Nam ad finita infinito proportio nulla.
Hunc autem licet intellectus noster agendo
Consequier nequeat, tamen interdum patiundo:
Luminis æterni authore aspirante benigno
Assequitur

SYMB. CXXVIII.

Assequitur, dum mens se colligat undiq; totam
In caput ipsa suum: qui flos pulcherrimus, atq;
Intima uis animæ fertur, centrumq; profundum.
Tunc diuinæ illius simplicitatis imago
Exprimitur, solo quæ nutu cuncta gubernat:
Quæ nos sole suo à nebulis, & carcere cæco
Vindicat incensos uitæ immortalis amore.
Heic ubi mira pijs plerunq; arcana reuelat,
Sed nunquàm est fas illa loqui mortalibus ægris.
[Propterea nostris sapientes mystica censent
Inuentis nunquàm referenda accepta, sed almæ
Lucis inexhausto sub pectora munda uigori
Cælitus infuso. Hinc homines animasse Prometheus
Igne domo ætheria subducto fingitur audax
Palladis auspicio. sine qua frigescimus omnes
Nilq; sumus, præter graue cœnũ, & inutile pondus.]
Pallas enim summi est sapientia dicta Tonantis,
Cui nos conciliat perculsos corda sua ui.
Quare diuinas quum res sine luce suprema
Per se nulla queat speculari humana facultas,

SYMB. CXXVIII.

Nedum uerbis exprimere, aut cõmittere chartis,
Semper eo de his consilio pia turba loquamur,
Scribamusq; uicissim, non quo ostendere posse
Quæ nulla ostendi possunt ratione, sed olim
Speremus magis exhortari, animosq; parare,
Atq; statum sensim perducere mentis ad illum,
Cui tandem ex alto domus omnipatentis olympi
Panditur, & mundo fas est meliore potiri.
O uanas hominum curas, ò pectora cæca
Queis potior rerum uesana scientia, & acris
Ingenij meditatio, quàm tranquilla, quieta,
Sancta fides. Atqui hanc iampridẽ iussit habẽdam
Ore suo uerbum, Ratio, sapientia uera,
Synceriq; oblata sibi penetralia cordis
Commendanda, & in hoc præclusis sensibus uno
Gnauiter hærendum, ut dubio procul esse beatos
Credamus quicunq; patri confidere magno
Constituunt, totisq; illum peramare medullis.
Sic nihil obscurum nobis, nam dia repente
Lux oritur, tenebras omneis quæ noctis opacæ
Discutit, & caussarum dat cognoscere caussam.

Cuius ab

SYMB. CXXVIII.

Cuius ab æterno perfecta scientia fonte,
Gratia, certa salus, pax, uirtus, gloria, uita,
Aurea libertas, immensáq; gaudia manant.
Tantum iusta fides habet ex se se una bonorum.
Salue igitur ueneranda altæ Pietatis alumna,
Qua sine nec tutũ esse potest, nec amabile quicq;.
Te colimus. nostris præsens adlabere cœptis
Inclyta. nanq; boni dona immortalia summi
Solus homo per te quam primum intelligit, optat,
Possidet, ijs fruitur. solus generi omni animatum
Montibus, & pelago, & cælestibus imperat astris.

INEPTIIS HOMINVM VORATIS VNICA INTELLIGENDA VERITAS.

SYMB. CXXIX.

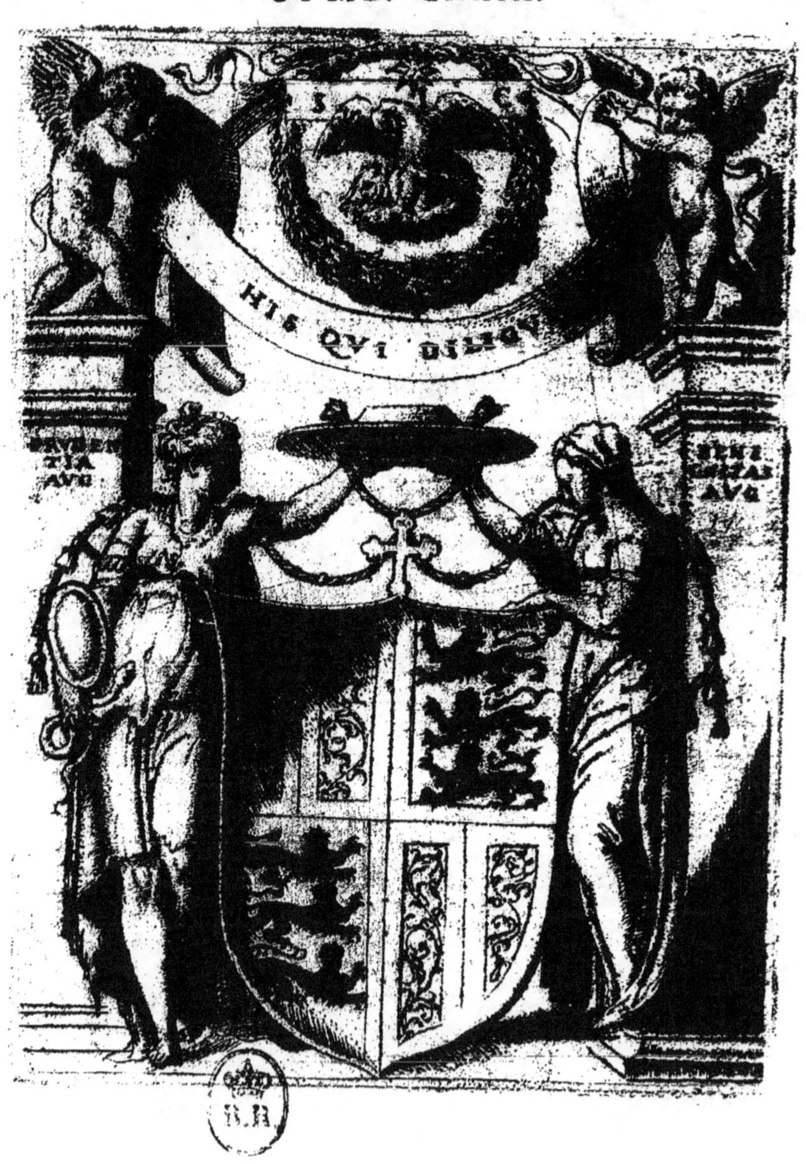

AMPLISS. CARD. OTHONI EPISCOPO AVGVSTEN.

AVGVSTA PASTORIS BONI PRVDENTIAE, ET BENIGNITATIS NOTIO.

SYMB. CXXIX.

Est platalea, uocat ΠΕΛΕΚΑΝΟΝ Græcia, conchas
Illa auis, ut fama est, deuorat æquoreas,
Quas ubi concoxit rursum euomit, ut facilè ipsas
Discuneet. post hinc uescitur elicitas.
Stultitias hominum sapiens patienter ineptas
Sic uorât, atq; imo digerit in stomacho.
Tum digesta uomens uerum elicit, inde potitus
Hoc fruitur, ueluti nectare, & ambrosia.
Sic se habet Augusti prudentia maxima Othonis,
Virtus, & bonitas, iustitiæq; soror.
Quin constans pietas, & amor sibi nescius ipsi
Parcere, quod uolucris mystica significat.
Pullos illa suos, monstrum mirabile dictu,
Aspera quos serpens fortè necare solet,
Ab latere incusso, atq; insperso sanguine nidis
Dicitur in uitam restituisse suo.
Discite mortales plataleæ nobile posthac
Exemplum Augusta de pietate legi.
Hac quicunq; frui cupit, alto diligat illum
Pectore, cui satis est uerus, & unus amor.
Lucifer hinc nobis clarissimus ille coruscat,
Diuini indè pios aura beat zephyri.

MENS ORBEM ILLVSTRAT, RETINET SAPIENTIA MENTEM.

SYMB. CXXX.

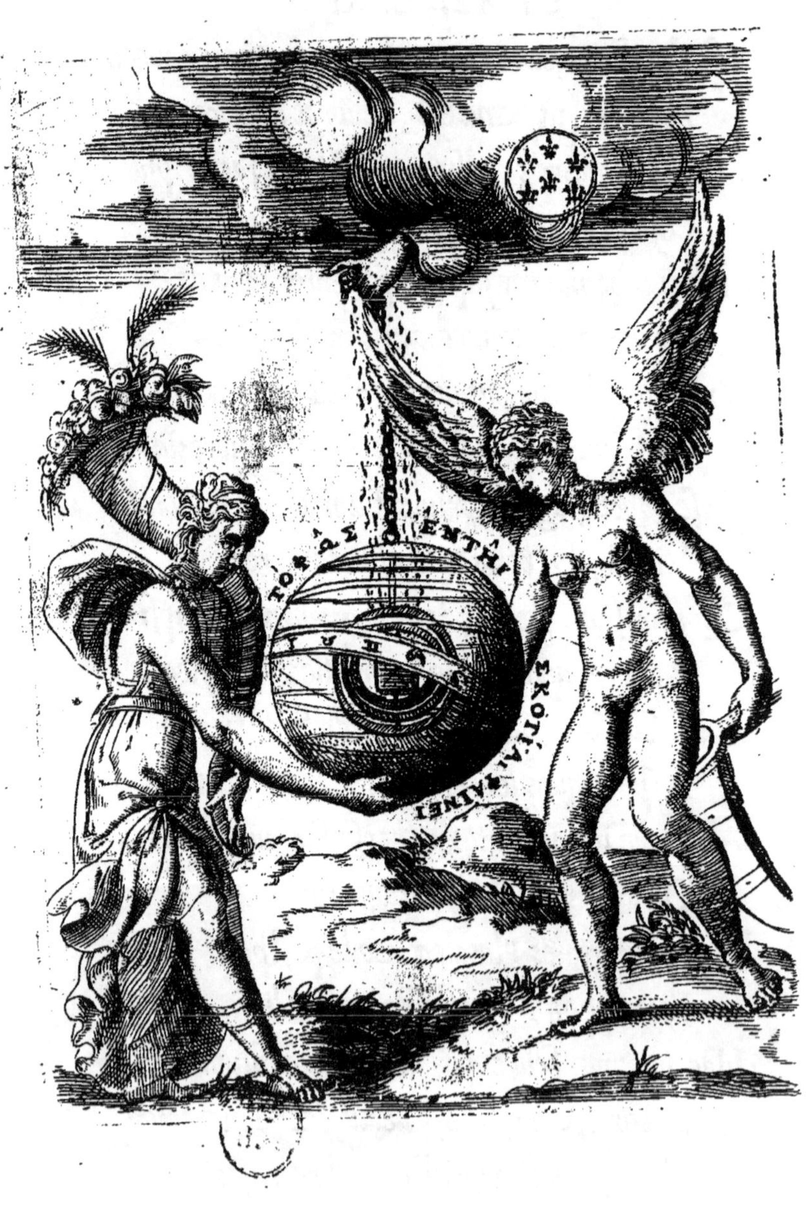

ROMVLO AMASAEO.

HAEC EST LVCERNA PENSILIS FARNESII.

SYMB. CXXX.

Effigiem mentis, qua nil diuinius esse
Nemo neget nisi uecors, eia age fingere iam nunc
Aggredior. Quoniam sic tu mihi Romule mandas.
Aspice quàm nostri sit magna potentia amoris
Qui me uelle etiam quæuis durissima cogit,
Nec quæ non possum mihi uult non posse licere.
Adsis Calliope tanto duce, & auspice amico,
Cui te iure bono multùm debere fateris.
Sic faueat semper uotis Farnesius Heros
Ipse tuis, & materiam, segetemq; canendi
Det tibi quod facere instituit, nec desinet unquàm:
Tanta est diuinæ illius constantia mentis.
Aurea fortuna hinc, quæ regia dicitur: illinc
Alma suo insistens prædiuite copia cornu
Stat complexa globum mundi, quem sustinet illa
Cælesti demissa manu miranda catena
Aurea Mæonij nunquàm interitura poetæ.

NN

SYMB. CXXX.

Accensa in medio centri quadrata lucerna
Pensilis ipsa suo librans se pondere cyclis
Septa tribus : tum dispositis sex axibus aptè,
Et facilè usq; uolubilis undiq; , nec tamen olim
Non erecta , licet uehementer sæpe agitato
Exterius quatefacta globo manet , & sibi constat,
Immensa replens mundum luce intus , & extra,
Et magè comprehendit q̃; comprehendatur ab illo .
Tum repetens flãmis rutilãtibus æthera , tanquàm
Incensura manum , pendens fulua undè cathena
Illam caussarum seriem notat immortalem,
Per quam principium , non immemor ipsa sui mens
Finemq; agnoscens miro inflammatur amore , &
Astra super celeri lapsu uolat ardua,nanq;
Igneus est olli uigor , & cælestis origo.
Attamen interea uero nil secius uni
Puncto hæret medio , orbiculis circundata ternis .
Consulit interius ratio , dein sceptra uoluntas
Imperiosa tenet : memor hinc custodia rerum
Exterius uigilat , mox ut depromere possit
Thesauros, olim in uarios quos condidit usus.

Nec mentem

SYMB. CXXX.

Nec mentẽ illa regũt potius, quàm à mẽte regũtur.
Emicat in tenebris lux pura, atq; omnia ſecum
Fert ſua, ſex innixa polis sic uertitur, unquam
Subuerti ut nequeat. grauitas id ponderis ipſa
Efficit, ima petens, facile ut uirtute ſuapte
Mens ualeat ſuperas animoſa euadere ad auras.
Quid memorem quàm mirifica ſenarius eſſe
Vi numerus fertur? nonne hoc mundi genitura
Eſt confecta? simulq́; tener concreuerat orbis?
Nonne huic eſt incluſa Monas? quæ myſtica ſacræ
Perficit hebdomadis connubia? Nempè ita quondã
Panthoides Samius numerum laudauerat illum,
Nanq; ſuis iuxta positis de partibus ipſe
Gignitur, & similem reddit genitum genitori.
Nonne idem facit, ut nunq̃; mens exeat ex ſe.
Vtq; sibi insiſtens luſtret radioſa iacenteis
Lampade inexhauſta terras camposq́; liquentes.
Et uolucres auras, atq; ultima mœnia mundi?
Hinc totidem noſtro iam cærula lilia ſeclo
Florent, atq; aura zephyri aſpirante benigna

SYMB. CXXX.

Diuini: florent pariter sapientia, uirtus,
Pax, Astræa, fides, & pleno copia cornu.
Ergo si me audire uoles non plura aliunde
Symbola præterea mentis quærenda, sed unum
Id mecum statues proprium, quod & ante rogabas
Inclyti Alexandri Farnesi nomine, quodq;
Purgatam mihi personuit Latonius aurem.
Nam quæ forma potest effingi expressior eius,
Quam non percipere est oculis, non auribus, ullo
Deniq; nec sensu? tantum, mirabile dictu,
Mente licet pura puram comprehemdere mentem.
Signum optas? Ecquid pote significantius esse
Quàm uiuentis Alexandri maioris imago?
Quare huius positā effigiem ante oculos habeamus,
Siuè manu expictam Bonarottæ, seu Titiani,
Siuè tuo potius calamo, quam nulla uetustas
Deleat ex animi penetralibus. hinc erit olim
Cernere quid ualeat grauitas, constantia, sancta
Integritas, firmum & casto sub pectore robur

Deniq; quid

SYMB. CXXX.

Deniq; quid uirtus, quæ in tempeſtate quieta,
In tenebris lucet, tum pulſa loco tamen hæret,
Et manet in uera ſummi pietate Tonantis.
Nunquàm per ſe ſe non ſplendet, nunquàm alienis
Sordibus obſolet. hoc quicunq; negat, neget idem
Vſq; licet lucere die ſolem æthere in alto.

NEC VIXIT MALE QVI NATVS, MORIENSQ. FEFELLIT.

SYMB. CXXXI.

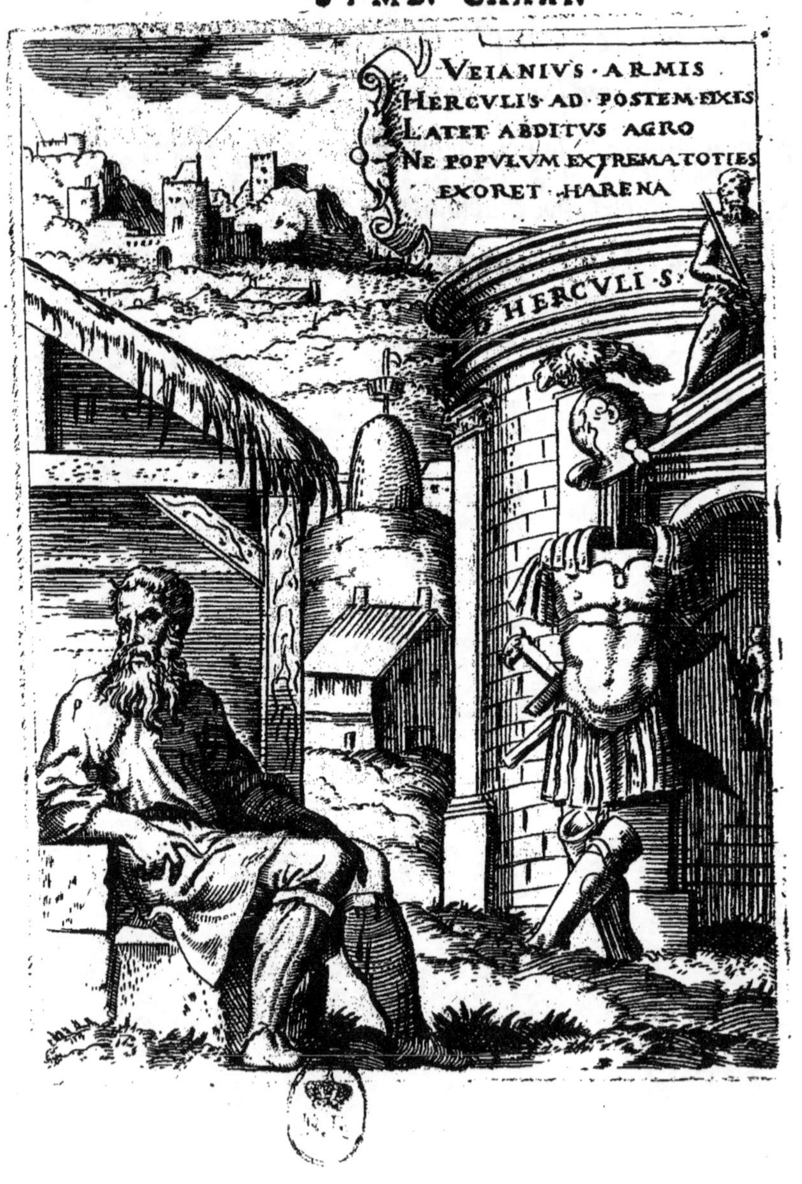

ROMVLO AMASAEO.

ΛΑΘΕ ΒΙΩΣΑΣ.

SYMB. CXXXI.

Consilium, quod nulla queat uis frangere, iniui
Romule iampridē, latebras mihi quærere, & antra
Auia constitui, contentus uiuere paruo,
Securumq; sequi dulcis genus id mage uitæ,
Quàm cum tot, tantisq; laboribus, atq; periclis,
Vel terrarum orbis totius sceptra tenere.
Nanq; parùm facio, ne tantillùm quidem, honores
Hosce fugaceis, quos uulgus miratur, & optat,
Quandoquidem inuidiæ morbo, curisq; uidentur
Sollicitis, penitusq; malis esse undiq; pleni.
Nec me cunctorum coget pater ille malorum
Plutus opes inhiare suas, & inania regna,
Plutus, quem spinis confert sapienter acutis
Oraclum semper uerax, nam pungit habentum
Infima sexcentis agitans præcordia curis,

SYMB. CXXXI.

Nec pungit modò, ſed miſeris corda intima rodit:
Nec prodeſſe sinit potus alimenta, cibiuè,
Nec feſſa irriguo perfundi membra ſopore.
Vita breuis docet omneis ſpes præcidere inanes,
Quæq; meas ſuperant uires, ac mille pericla
Omnibus intendunt horis. uerum quia nemo
Tempore perpetuo heic manſuram poſſidet urbem,
Quærenda haud dubiè eſt nobis illa illa perennis,
Quam nunq; aſſequitur qui mundi huiuſce dolosis
Se ſemel illecebris permiſerit irretiri.
Vni igitur, ueroq; Deo ſeruire, nec ulli
Præterea ſtatuo. eſt etenim uerus Deus unus.
At contra falsi reliqui omnes prorſus, humiq;
Serpentes, genuit quos noxæ deditus olim
Fatali pater infelix ab origine prima.
Ac nullum excipio, ut magnus, paruusuè sit ille.
Ter uero execrandus, & amplius eſſe putatur
Diuinis niſi ſi ſcriptis nil credimus, is qui
Perquirit toto mortalia pectore demens,
Quiq; ſuas

SYMB. CXXXI.

Quiq; suas homine in solo spes collocat omnès.
Quare etiam, atq; etiam fateor, semperq; fatebor
Tantum uni seruire Deo me constituisse.
Hei mihi quàm multum effluxit præterq; uolauit
Temporis incassum? sed id irreparabile cum sit,
Quid faciam? serò, quod dicitur, est satius quàm
Non unquàm sapere. ob commissa piacula tecum
Si doleas: uitia & uitans, benè semper agendi
Firmum habeas posthac animum: tum gratia magni
Sat tibi sola Dei fuerit: qui tempore in ipso
Postremis eadem quæ primis munera donat.
Hunc igitur primum colere, hunc uehementer amare
Tota ex mente uolo, ex anima, ex penetralibus imi
Cordis. cumq; ualere scius iam dixero multis,
Quæ prius admirabar, tanquàm maxima, prorsus
Abijciam, meq; huic, sic stat sententia, dedam.
Hanc mihi proposui certam, faxis modo Christe
Decurso possim spatio contingere, metam.
Spei uerò, pietatis, & alti factus Amoris
Muneribus locuples, inimicos æquè, & amicos
Diligere, exemploq; tuo facere ijs benè semper,

OO

SYMB. CXXXI.

Cumq́; bonis pacatam, & honestis degere uitam,
Forti animo, quæcunq; dedit DEUS, *omnia ferre.*
Deniq; cælesti ex auro expectare coronam,
Qua redimire pios se uelle æterna potestas
Pollicita est, uana nec spe frustratur amantes.
Plutus hic est uerus. qui maximus, optimus unus
Autor inexhaustæ lucis largitur honores
Aeternos, & opes ueras, uitamq́; beatam.
Non ueluti Stygius scelerum sator ille tyrannus
Qui falsas ostentat opes, ostentat honores,
Dum parat exitium stultis, noctemq́; profundam.
Ad summam falsò cæcis bona credita uitæ:
Quippè hominum ijs fruitur uita, aurum, gloria, MUNDUS,
Quæ tanti pleriq; solent facere, omnia planè,
Omnia planè inquàm à uita disiuncta superna,
Nil propè sunt aliud, quàm puluis, inanis & umbra,
Luctus atrox, nugæq; meræ, & lachrymabile lætum.

QVAM SE SE CVNQ. IN PARTEM SAPIENS DEDERIT, STAT.

SYMB. CXXXII.

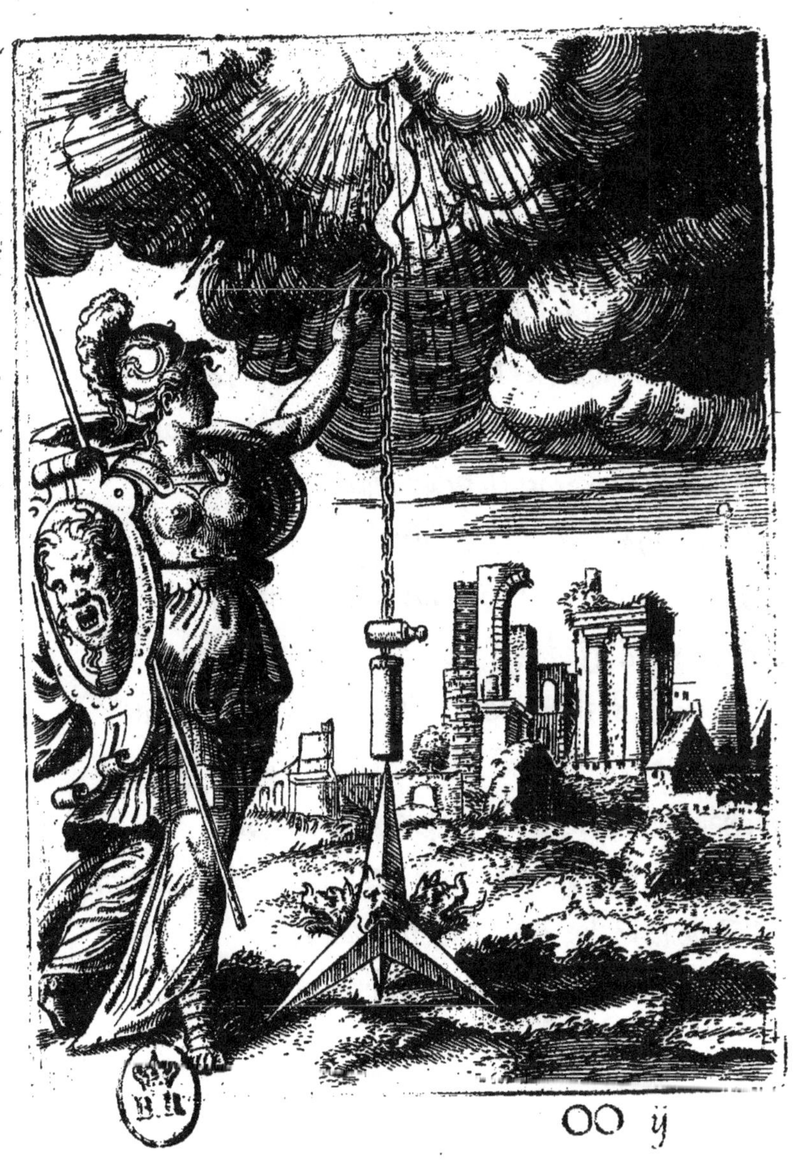

IOANNI BAPTISTAE CAMOTEO.

SYMB. CXXXII.

Eximiam nostri Camotei Diua figuram
Fare age. nam incertus sum, an sit dicenda tricuspis,
An quadricuspis? enimuero sic uoluitur ipsa
Quattuor in partes, tres imæ ut semper earum
Defigantur humi: à reliquis seiunctior una
Terq; quaterq; beata petat sublimis olympum.
Quales, & quantas habeat Trias unica uires
Indicat omnipotens Monas, olim Pythagoreis
Cognita, qui rerum primordia quattuor omnium
Esse rati numeros, statuunt ante omnia primum
Ens unum fieri, sic omnia respicere unum
Posse, nec ulla alia prorsus ratione, modoue.
Adde quod ad triada est monadis proportio mira.
Nonne uides hominem cælum spectare, suumq;
Principium, surrecta facit quod Pyramis illa?
Iam noua acuminibus surgit proportio in ipsis
Quattuor, en totidem tibi stant fundamina earum.
Quæ uero dici potè conuenientior esse?
Sicut enim in trinas acies cadit alma figura hæc,
Vna ita quæq; trium laterum patet inclyta cuspis.

SYMB. CXXXII.

Hæc eadem est semper talis sapientia uera,
Quancunq; in partem incumbat feliciter ultrò
Ipsa sibi constat, nec tempore corruit ullo.
Quid magis æternum signat, quàm Pyramidata
Illa, trium & laterum forma, ignem quæ alta petentem
Assequitur, decima & ui dissipat undiq; frangens
Omnia, consumens uolat, & rapit omnia sursum.
Est illi perpendiculum rectissima cuspis,
Et medium ex æquo quæ linea diuidit orbem,
Quem paribus distans circummeat interuallis.
Ad Summam nil non æquale est schemate in ipso.
Quattuor ex medio serpentes orbe figuræ,
Quos proferre uides caput, hæc sapientia, rerum et
Optima cunctarum mensura, caput Iouis illi
Caussa ortus fuit. haud fœdissima corporis ulla
Pars alia, ore biscunt, indè ut sapientia sese
Efferat eloquio, noceat nulli, omnibus adsit.
Vtitur his Pallas tritonia sæpius armis.
Ferrea machinula infestis quadrangula figens
Cuspidibus, quam se cunq; in partem dederit, stat.
Nomine qui latio murex, tribulusq; pelasgo
Dicitur, occultè arcendos hanc spargere in hostes
Mos fuerat. Dolus an uirtus quis in hoste requirat?

PRAE SE FERENS LIBRVM LEO
ALATVS ILLE QVID NOTET:
HOC NANQ. VENETVM EST SYMBOLVM.

SYMB. CXXXIII.

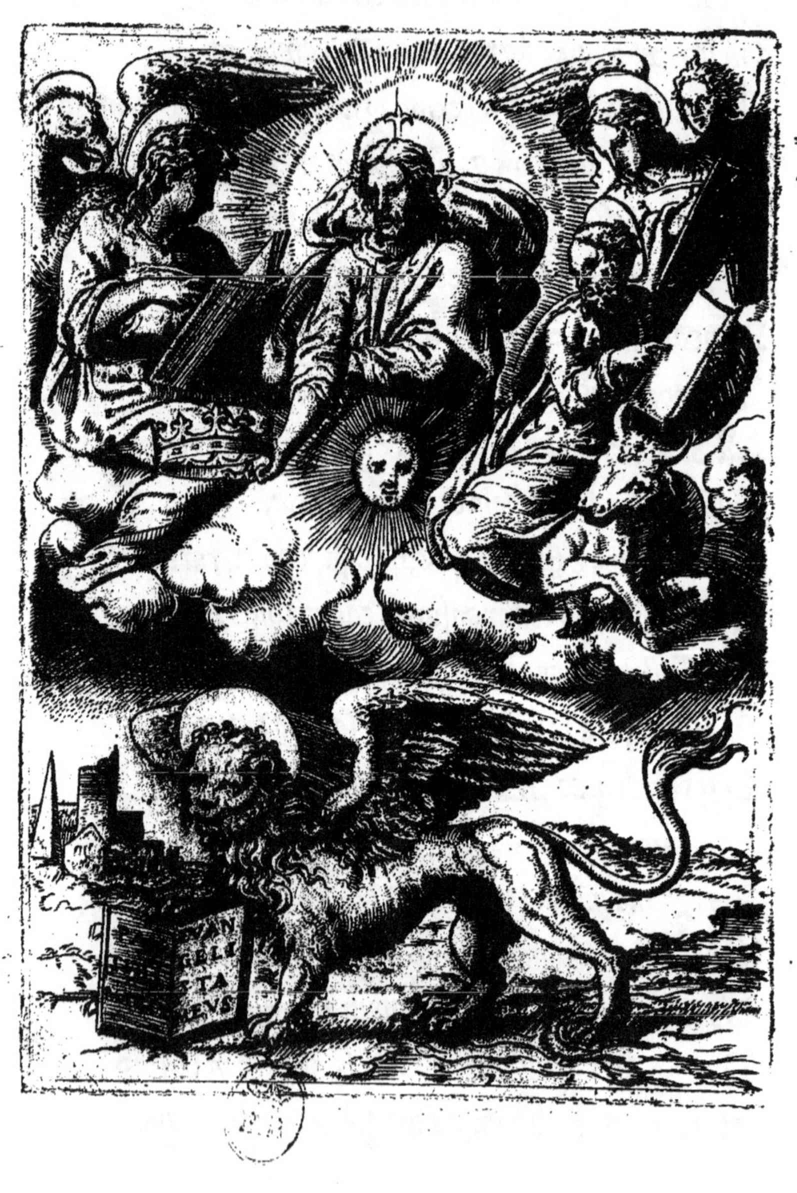

DIVO MARCO, ET REIPVB. VENETAE.

PAX TVTA EST SEMPER AVSPICE IVSTITIA.

SYMB. CXXXIII.

Magnanimus furor eſt, ira & generoſa Leonis,
Tum caput eſt ingens, lumina flammifera,
Eſt corpus teres, eſt iuba fulua, ſimillima Phœbo
Omnia. ſic Pharius *credidit* Harpocrates,
Aegyptusq; parens rerum, conſueta Leonem
Semper Apollineo *pingere ſub ſolio.*
Perfectam Venetum *hæc insignia myſtica signant*
Imperij ſpeciem, mirificumq; decus.
Nam quis Marce *librum placidæ tibi* Pacis *apertum,*
Iuſtitiæ nisi ſol: antetuliſſe dedit?
Ille pedem dedit in terris te ponere, & alto,
Ille ingens iuſſit te caput eſſe pijs.
Regnare, & paci tranquillum imponere morem.
Debellare malos, parcere ſupplicibus.
Lumine flammifero, atq; alis ſuper aſtra uolare:
Cuſtodem Adriaco *peruigilare mari.*
Hic ubi præcipua Auſoniæ *ſunt clauſtra potentis,*
In qua Relligio *ſceptra beata tenet.*
Corporis hinc robur teretis, ſpecioſaq; forma,
Hinc iubaris ſplendor flammicomi exoritur.
Auſpice Iuſtitia, *tua* Pax, Leo *maxime, pacem*
Securam nobis, perpetuamq́; facit.

SCENAE, QVOD AIVNT, SERVIENDVM, ET TEMPORI.

SYMB. CXXXIIII.

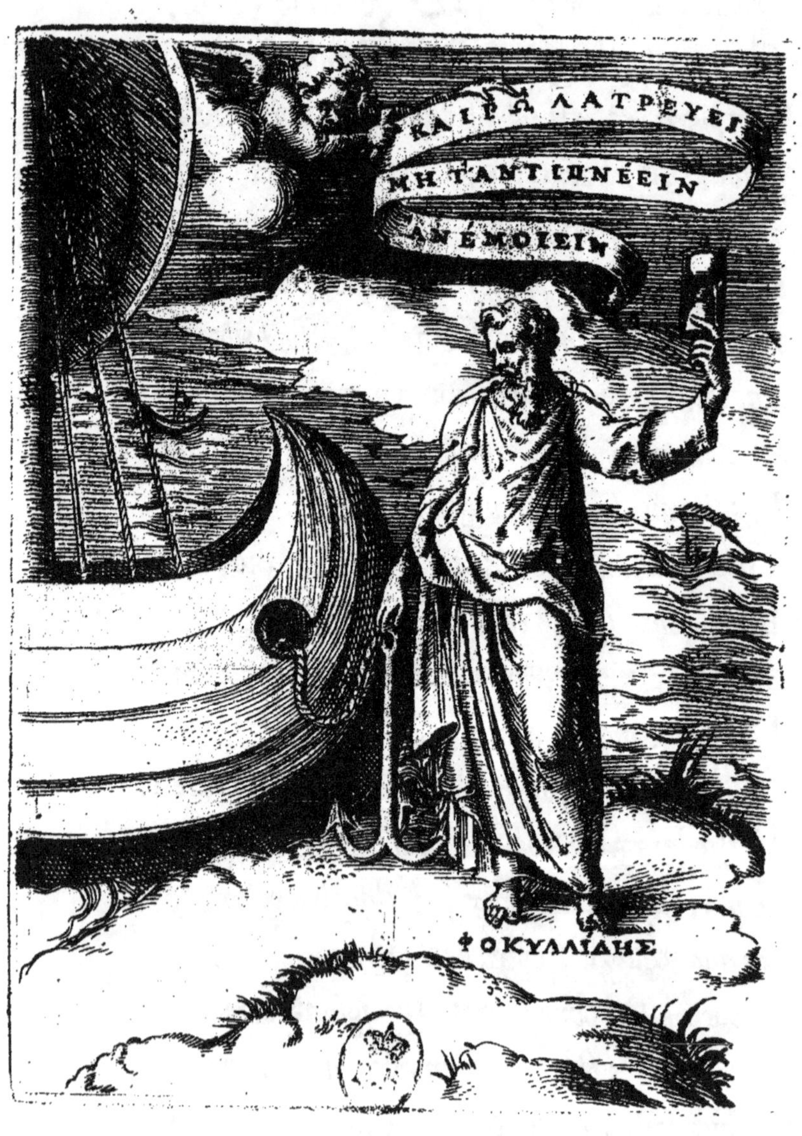

ROMVLO AMASAEO AMICORVM OPTIMO.

SYMB. CXXXIIII.

Quod tempori, & scenæ putes mi Romule
 Nunc seruiendum, maximè
Laudo, & probo: nec est, quod inconstantiæ
 Crimen timendum sit tibi,
Si permanere pristina in sententia
 Certum est, ut inquis, amplius
Te nolle, mutato omnium rerum statu:
 Prudens es herclè, qui optimè
Scisti foro uti. non enim unquàm est publica
 In re gubernanda uiris
Præstantibus laudata flecti nescia
 Mens, perpetuaue immobili
Vna modò in sententia permansio. at
 In nauigando ut obsequi
Sæuissimis plerunq; tempestatibus
 Est artis, etiamsi interim

SYMB. CXXXIIII.

Portum occupare non queas: ueruntamen
Cum fortè cautus senseris
Te posse uelificatione protinus
Mutata id assequi, nimis
Stultum est, eum tenere cum periculo,
Quem cœperis cursum semel
Potius, quàm eo mutato in ipso tempore
Mox peruenire quò uelis.
Sic cum administranda iam in hac Republica
Proponere in præsentia
Nobis honestum debeamus otium,
Haud quaquàm idem semper loqui,
At semper omnes sedulò spectare idem
Debemus illud, quod benè
Elegimus: quandò in negocio sine
Periculo uersarier
Non possumns. Quarè optimè & sententiam
Tuam, & uoluntatem, ut reor.

SYMB. CXXXIIII.

Mutaſti. enimuero iubet id Plato
Diuinus ille, quem ſequor
Autorem, & in primis colo, tantummodo
Contendere in Republica,
Quantum tuis probare poſſis ciuibus.
Vim per ſcelus neſarium,
Manu impia, nunquam parentibus, neq;
Ipsi afferendam patriæ.

ARS RHETOR, TRIPLEX MOVET, IVVAT, DOCET,
SED PRAEPOTENS EST VERITAS DIVINITVS.
SIC MONSTRA VITIOR. DOMAT PRVDENTIA.

SYMB. CXXXV.

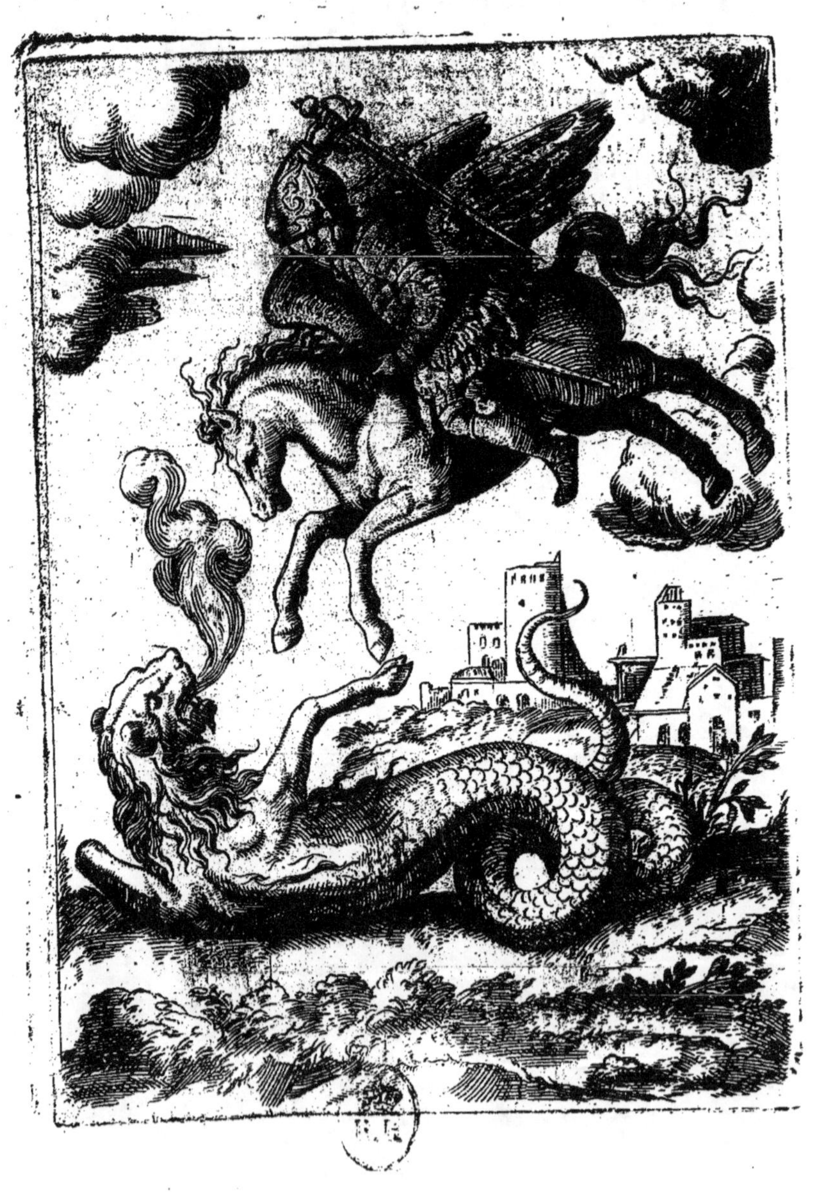

IOANNI BAPTISTAE CAMOTEO.

SYMB. CXXXV.

Mandas Chimeræ enucleari symbolum,
  Rectè id quidem: nam Muſa uatis maximi
  Molita nunq̃; quicq̃; ineptè eſt. Verum ego
  Fortaſſè ineptus ſus Mineruam, ut dicitur.
  Vtcunq; fas erit, tibi obſequar tamen.
Sunt qui indicari treis uelint partes, quibus
  Diues facultas conſtat omnis Rhetorum,
  Siuè in foro, ac ſubſellijs cauſſas agant,
  Siuè meditentur roſtra, siuè curiam.
  Forense enim horridus Leo notat genus:
  Nam exterret, ac elinguat aduersarios.
  Sed capra: ideſt, Chimera ipſa, obtinet typum
  Plausibilis laudationis: lætius
  Laſciuit etenim orator ore, ut auribus
  Auditor. At quod consulit, draconis eſt
  Persimile uarij, ac flexuosi anfractibus.

Matrem poetæ

SYMB. CXXXV.

Matrem Poetæ monstri Echidnam huius ferunt,
ΠΟΙΚΙΛΛΟΝ ΕΙΝΑΙ ΝΟΥΝ ΤΕ ΠΟΛΥΕΙΔΗ ΤΕ, *idest*
Variam admodum, atq; multiformem uiuidæ
Vim mentis esse: qua nihil potentius.
Indè orta fertur artifex audacia
Mortalium in uetitum nefas ruentium, &
Vomentium ore fulgura, & tonitrua
Imitantium Iouis supremi, & Dædalæ
Rerum creatricis uoluptates simul.

SVMMA OMNIA TENET, SCIRE QVI SCIT SE NIHIL.

SYMB. CXXXVI.

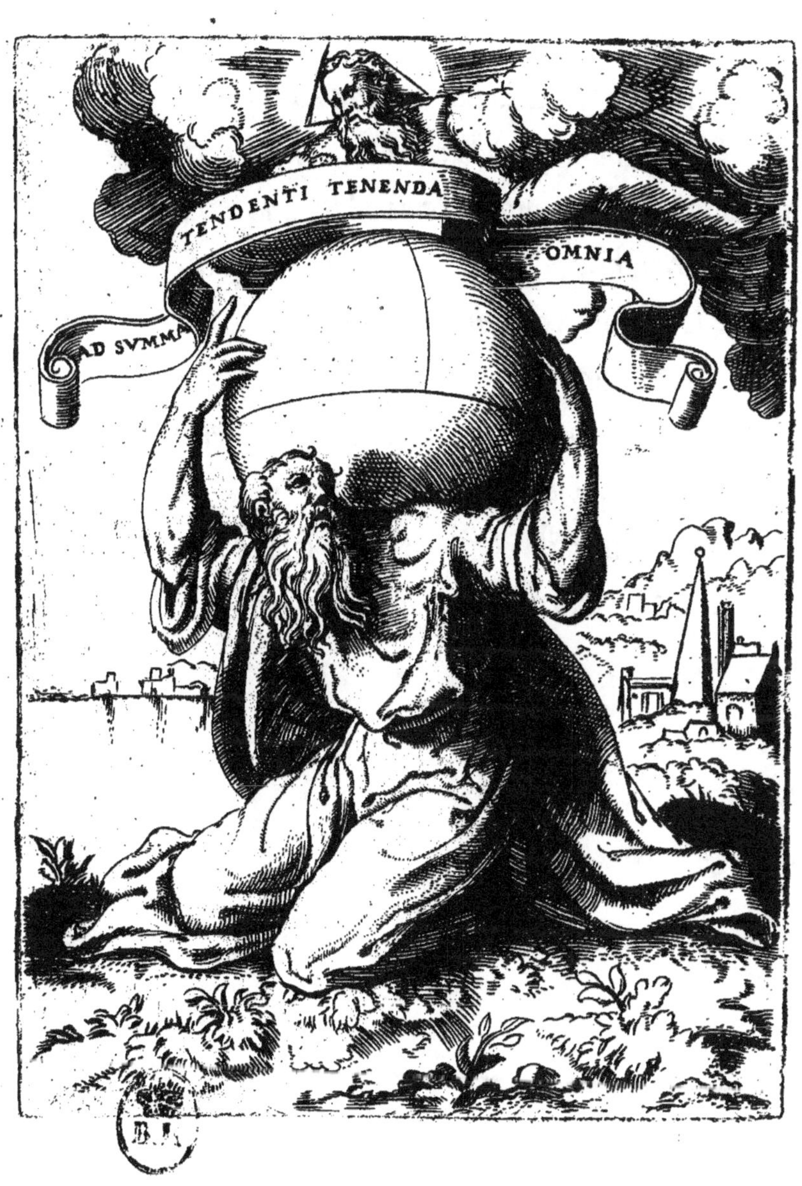

IOANNI HANGESTO EPISCOPO NOVIODVNENSI.

SYMB. CXXXVI.

Iure nomisma tuum sibi poscunt Symbola *nostra,*
Dulce, Hangeste*, decus, præsidiumq́; meum.*
Nobis tu digitum fontes intendis ad ipsos,
Stratus humi, pandens brachia, summa tenes.
Omnia sunt etenim tendenti ad summa tenenda,
Scire nihil qui scit se, omnia summa tenet.
Sic se supposuit placidi conuiua Molorchi,
Ardua cum fessus sydera fulsit Atlas.
Sic docuit quondam Actæo *nutritus* Hymetto,
Oraclo sapiens dictus Apollineo.
I modò, scire tibi attribuas stultè omnia, ni iam
Stratus humi discas te quoq; scire nihil.

CONTEMPTIO MORTIS, METV COR LIBERAT.

SYMB. CXXXVII.

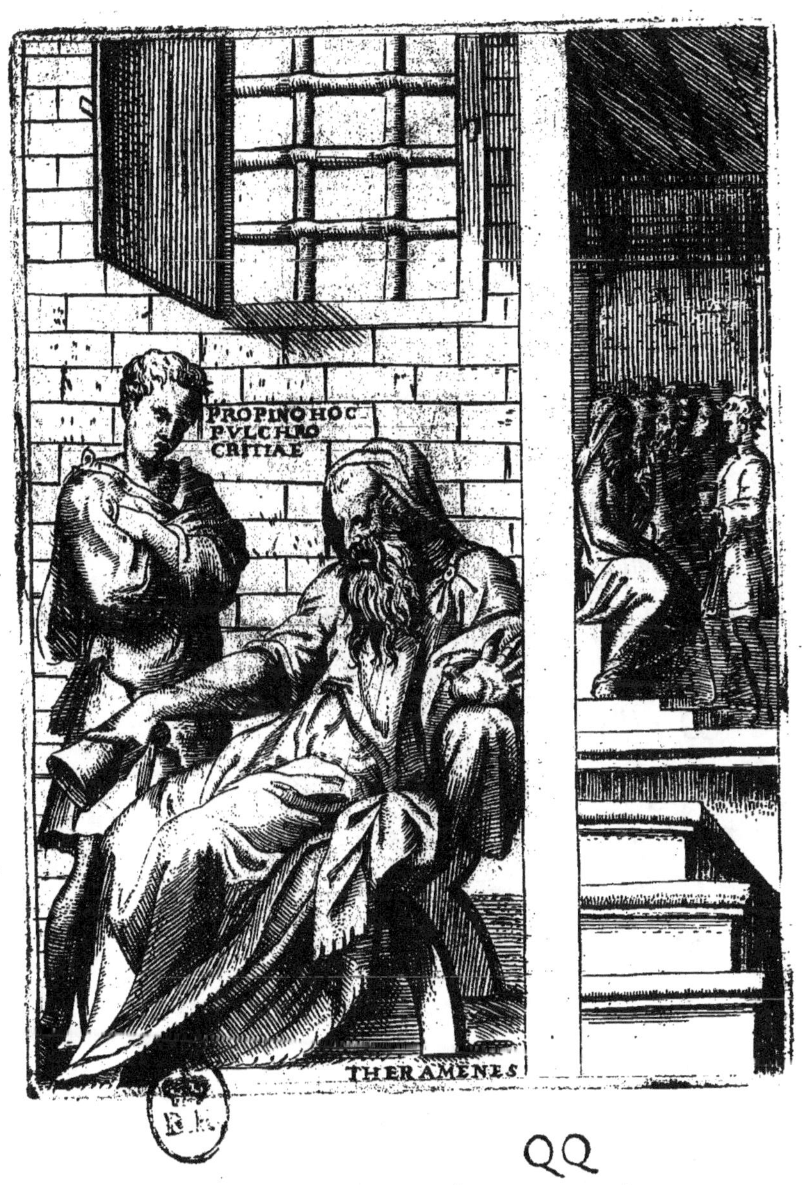

FRANCISCO CAMPANO COLLENSI.

SYMB. CXXXVII.

Campane, me nunc si, quid agam, roges
Dicam. Hoc *tam acerbo tempore, quo meum*
Charissimum amisi parentem,
Quo patria, tenerisq; amicis
Te maxime uno, quem ante alios amo
Dira ut carerem pestilitas nimis
Diu coegit, uitam amaris
In lacrymis traherem misellam
Ni præsto adesset consilio graui
Diuinus Arpinas meus, ac suis
Me perditè ægrum recrearet
Colloquijs ita disserendo.
M. *Mortale quicquam si saperet genus,*
Mortem uel optare inciperet, uel hanc
Desisteret saltem timere,
Dogmate Socratico *ut monemur,*
Nam quid potest optabilius dari,
Nostris supremus si ille animis dies
Mutationem affert loci, non
Interitum, omniaue auferentem
Extinctionem: sin *perimit statim*
Ac delet omnino, an melius putas
Quicquam esse nobis, quàm repentè
In mediis miseræ: & caducæ

SYMB. CXXXVII.

Vitæ huius obdormire laboribus,
Somnoq; conniuentia lumina
Mox consoporari perenni,
Vndè mala omnia finiantur?
A. Ergò miser non interitum mei
Flebo parentis; quo mihi carior
Nemo fuit? M. Quin temperare
A lachrymis, penitusq; edaci
Debes dolori parcere. fata enim
Sic lege sanxere irreuocabili,
Aucta ut senescant, occidantq;
Serius, ocyus orta quæq;.
A. His maximas ipsum memini Patrem
Extremo agentem tempore gratias
Vultu sereno prætulisse
Lætitiam, ac sibi gratulantem,
Quippè ille felix iam appeteret dies
Quo liberum se cerneret e graui
Custodia emitti, atq; uinclis
Corporeis subito leuari.
O uerba semper fixa animo meo.
M. Ergo ultimum illum nos etiam, ut decet,
Nobis diem faustum putemus,
Qui solet horribilis uideri

SYMB. CXXXVII.

Vulgò imperitis. Quin nihil in malis
Ducamus unquàm, quod Deo ab optimo
Sit constitutum. nanq; frustra
Si nihil ille opifex supremus,
Siue omnium natura parens facit
Quis fortuitò, quis temerè satos
Nos, & creatos arbitretur?
Nemo quidem, nisi mentis expers.
Sed uis profectò, crede mihi, potens
Quædam ultimo indè à principio fuit,
Quæ sedulò humano usq; & usq;
Consuleret generi, nec ipsum
Id gigneret semper, ne aleret quidem,
Quod quum labores innumerabileis
Casus iniquos, & tot æstus
Anxiferos animi tulisset,
Tum demum in æternum incideret malum
Mortis, uelut contingere bestijs
Sat constat. Ast portum, & perenne
Perfugium potius putemus
Nobis paratum promeritis benè
Quo peruehi passis utinam omnibus
Velis, cito cursu, & secundo,
Iam liceat. sed enim indè uentis

SYMB. CXXXVII.

Reflantibus si reijciemur, haud
Multò tamen post diua Necessitas
Omnes eodem uult referri.
Non homines, neq; Di repugnant.
Sed quod necesse est omnibus, obsecro,
Vníne tantum esse id miserum potest?
Hac nuper ille oratione
Flexanima mihi consulebat,
Quum nostra plectrum Melpomene interim,
Et Lesbiam præ se Cytharam ferens,
Ista ut referrem iussit, ac non
Erubuit canere ipsa mecum.
Tum effecta mortis maxima protinus
Contemptio est, quæ non minimùm ualet
Ad liberandum cor timore,
Atq; labantem animum erigendum.
Qui nanq; quod uitare nequit, timet,
Esse is quieto nunquàm animo potest.
Qui autem mori non extimescit,
Non modò propterea, quod olim
Planè id necesse est, uerum etiam quia
Nil Mors, quod horrendum sit, habet, sibi
Certissimum omninò ad beatam
Præsidium parat ille uitam.

ΕΝΤΕΛΕΧΙΑ ΨΥΧΗ.

SYMB. CXXXVIII.

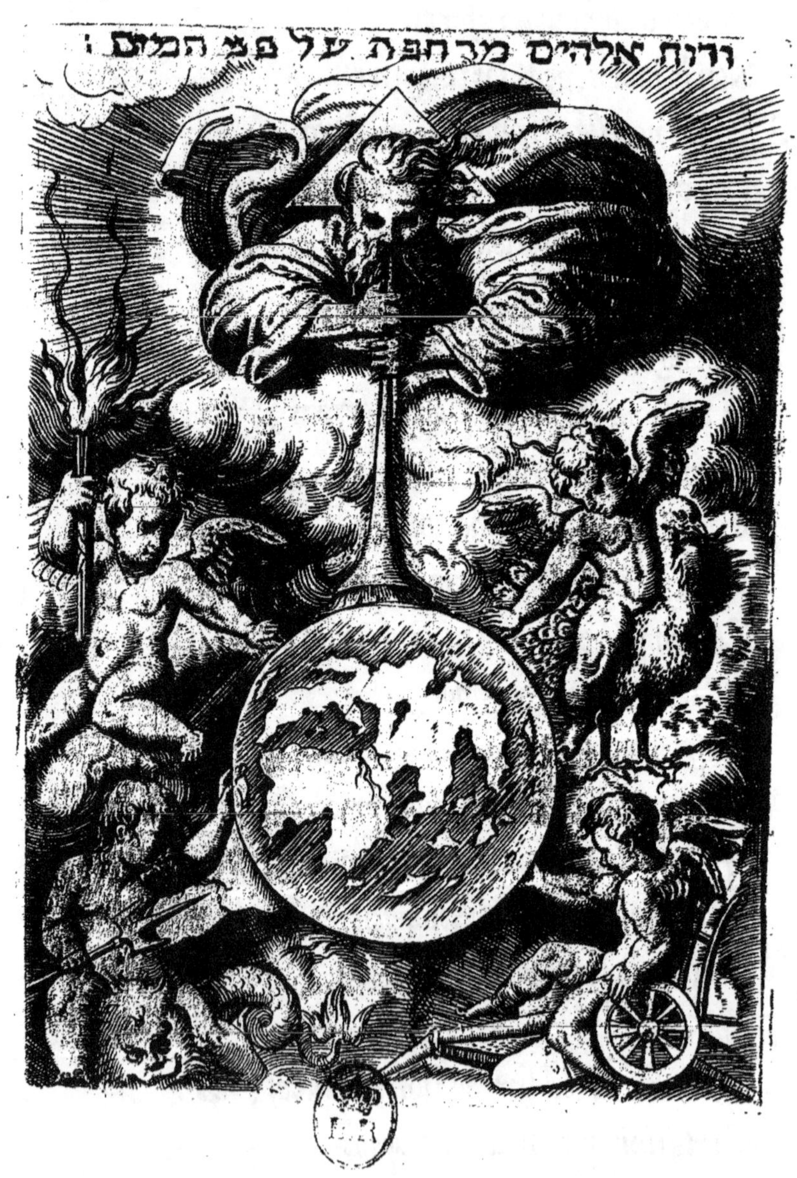

CAESARI CATANEO.

SYMB. CXXXVIII.

Nulla inueniri animorum origo prorſus in
Terris poteſt, nanq; in animis mixtum nihil
Eſt, atq; concretum, aut quod ex terra ſatum
Eſſe uideatur, atq; fictum. ad hæc nihil
Ne aut humidum, aut ſpirabile quidem, aut igneum.
Nam in hiſce naturis ineſt nil, uiuidam
Quod uim memoriæ, mentis, atq; dedalæ
Cogitationis habeat admirabilem,
Quod præterita tenens, futura prouidens,
Complectier præſentia queat, quæ ſola ſunt
Diuina, nec fas inuenire ullatenus
Vnq; fuerit, undè ad hominem, nisi à DEO,
Venire poſſint. ERgo *natura abdita eſt,*
Ac singularis quæpiam animi uis, procul
Ab usitatis, atq; notis cæteris
Seiuncta naturis. Ità *illud quidquid eſt*
Quod ſentit in nobis, ſapit, uult, ac uiget,
Cæleſte, DIuinum, *&* ob id æternum quoq; eſt.
Quid quæris? hæc perfectio ſumma, hic DEUS
Semper colendus mente syncerißima.
Eſt nempè mens ſoluta quædam, & libera
Mortali ab omni ſegregata protinus
Concretione ſentiens cuncta, & mouens,
Atq; ipſa motu ſempiterno prædita.
Hinc orta mens humana: non humanitus.

PAVLO III. PONT. MAX.

SYMB. CXXXIX

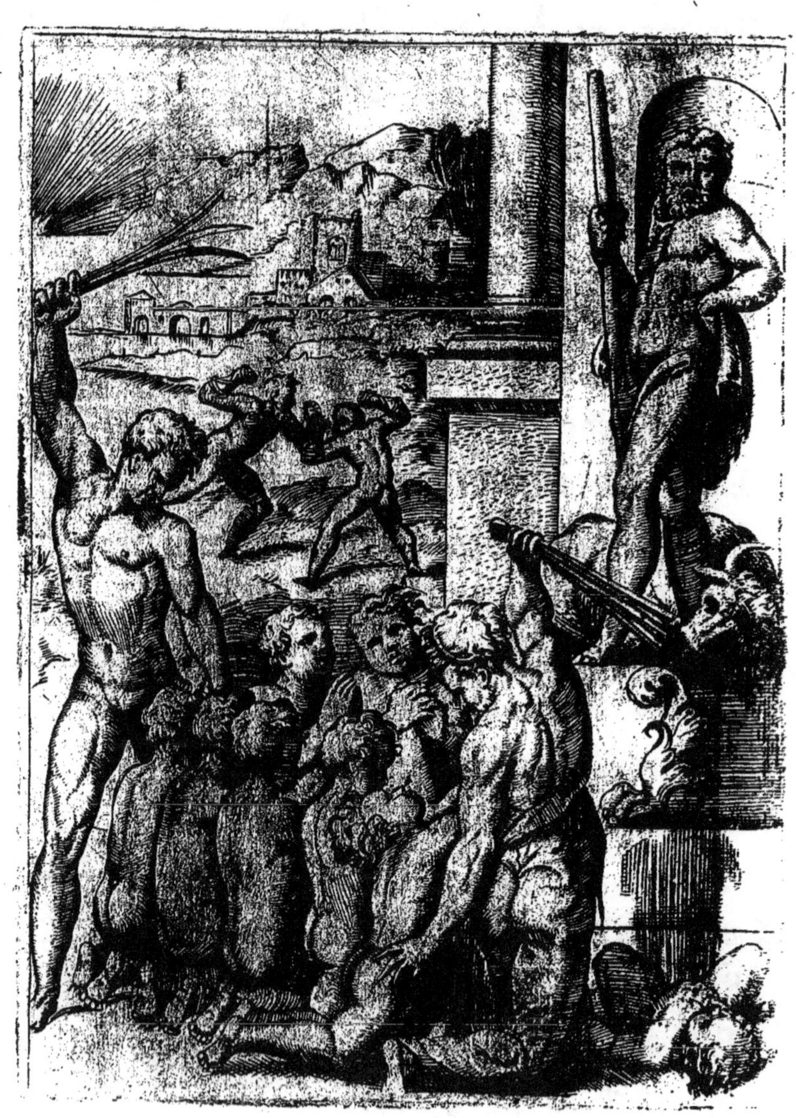

PRVDENS AC FORTIS RATIO, MEDITATIO, ET VSVS EDOCET OMNIPOTENS OMNIA DVRA PATI.

SYMB. CXXXIX.

Dic age Melpomene, quæ sit medicina dolorum
Optima, quam tuus ille docebat
Arpinas nuper cuius de fonte perenni
Mellifluos haurire liquores
Te iuuat, atq; adeo aonios traducere in amnes.
Sic te turba colat pia uatum,
Sic tua doctus amet nunq; non carmina Paulus,
Paulus spes secli ultima nostri,
Cui tantum meritò tribuis, nulli ut placuisse
Vsq; adeo, atq; illi studeas. sic
Formosus faueat tibi semper Apollo canenti,
Sic aliæ quoq; spontè sorores
Assurgant, primiq; tibi reddantur honores.
M. Principiò proponere debes
Hoc tibi, nil potius studio sapientiæ, & alti,
Magnanimiq; uiri generoso
Pectore, qui humana infra se putat omnia semper,
Qui uera nunq; à ratione
Desciscens nunquàm ipse suæ confidere uitæ
Nescius anteactæ, atq; futura

SYMB. CXXXIX.

Prospiciens ex præteritis, sibi recta probanti
Ipse placet, iudex bonus idem
Ipse sui: indocilis nequicq; credere uani
Iudicio uulgi, omnia uincit,
Non aduersa timet, non fracta mente dolores
Fert, contemnit lætum animosus,
Solus hic est uerè felix, uereq; beatus.
Hic diues. quippè omnia rectè
Eius dicentur, solus scit qui omnibus uti.
Hic multò pulcherrimus extat,
Ipse animus siquidem rerum pulcherrimus extat.
Hic rectè inuictus, quoniam & si
Corporeos artus constringant mille catenæ,
Nulla tamen possunt cohibere
Vincla animum. Hic rectè liber, cui nulla cupido
Imperat, hic Rex deniq; Regum,
Nam sese regere ante alios solus bene nouit.
Nimirùm Sapientia, & alma
Perficit hoc Virtus, qua nil diuinius una.
Nempè salutarem medicinam
Illa animis adhibet, curas & detrahit omnes.
Protinus, illa cupidine cæca,
Liberat, illa metus pellit, temnitq; dolores.
Huic igitur si pectore toto

SYMB. CXXXIX.

Ipſum te dederis, celſa ſecurus ab arce
Tu quoq; deſpiciens hominum orſa
Ridebis cum illa, & ſtatues nil pulchrius eſſe
Conſtanti patientia, in omni
Fortunæ genere, externæ quæ haud indiga laudis
Nec plauſum captans popularem
Ipſa modò oblectet ſeſe, tum fortiter audax
Sit, certa potius ratione,
Quàm ſtudio quodam uehemente, & gloria inani.
Quin etiam laudanda magis ſunt
Quæ nihil oſtentant ſeſe, at ſine teſte popello
Fiunt, non quò ſit fugiendus:
Quæq; etenim ſe in luce uolunt benefacta locari:
Mente tamen ſibi conſcia honeſti
Nullum maius habet virtus præclara theatrum,
Nec putat eſſe malum, niſi turpe
Flagitium, id læto peius refugit, timet, odit.
Nec putat eſſe bonum, niſi honeſtum,
Viribus id totis unum ſequitur, cupit, ambit.
Quare nil facit illa abiectè,
Nil timidè, nihil ignauè, aut ſeruiliter unquàm.
Non muliebriter eiulat immò
Nec tacitos edit gemitus, niſi fortè dolori
Quo magis obſiſtat, uelut hoſti,

SYMB. CXXXIX.

Intendat ſeſe ad robur. sic curſor anhelus
In ſtadio exclamat uehementer,
Sic athleta bonus, media & gladiator harena,
Sic in iactandis pugil audax
Ceſtibus. aſt idem contuſus non gemit unq̃;.
Vſq; adeo uir fortis abhorret
Dedecus, idq́; malum maius putat eſſe dolore.
Quod facilè ut faciat docet uſus
Omnipotens, gnauusq́; labor, quibus omnia cedunt.
Hoc cæsi teſtantur ad aram
Verberibus SPARTÆ *pueri, tum uirgo* LACENA,
Cui magis EUROTAS SOL, *puluis,*
Militia, & ſudor, quàm cultus mollis, & ulla
Barbara fertilitas fuit olim
In ſtudio. tantum meditatio præualet, & mos.
Sed quid conſtanti ratione
Fortius, aut melius? quodnam mortalibus ægris
Certius eſſe poteſt medicamen?
Quam tibi quum mater dederit NATURA *magiſtram,*
Atq; ducem uitæ, hanc dominari
Eſt operæ pretium, ne animi pars mollior illa
Imperet interdum, simul omnes
Eneruet uires, & te ſuccumbere cogat.
An tu quum LACEDÆMONE *cernas*

SYMB. CXXXIX.

Quales extiterint pueri, innuptæue puellæ
Atq; adoleſcentes in olympico
Olim puluere, quamue graues plagas in harena
Barbarus excipiat, tacituſq;
Perferat, an tu inquam uirtutem natus ad ipſam,
Ac decus; ut muliercula flebis?
Non conſtanter; non ſedatè ferre ualebis,
Si quis te peruellerit acris
Fortè dolor? scio quid dicas: natura repugnat,
Non patitur. quin prorſus aberras.
Non etenim hoc patitur modò, uerùm & poſtulat ultrò,
Nam quid habet præſtantius; aut quod
Expetat illa magis laude à uirtute profecta?
Quid porrò uſq; adeo fore tetrum,
Vſq; adeo aſpernandum, quid ſe indignius, atq;
Turpe putat? nunq; illa dolorem
Eſſe malum ſtatuit ſummum, ſed opinio mendax,
Quæ tenebras prætendit opacas,
Et pleroſq; omnes tranſuerſos ſæpius egit.
Ergò te regina uolente
Si ratio extiterit, ſæuo indulgere dolori
Non sinet. Aſt tecum ipſa loquetur,
Inſtruet, armabit, ſpecies proponet honeſtas,
Clarorumq; exempla uirorum.

SYMB. CXXXIX.

Tum ueri decoris tanto incenderis amore,
Fortiter ut paſſos grauiora
Iure bono ſtatuas felices, atq; imitandos
Summa ope. ſed contentio magna
In primis adhibenda animi, nam fida tuendi
Officij ſola eſt ea cuſtos.
Ac uelut aduerso ſubigit qui flmuine lembum
Remigijs, ſi fortè remittat
Brachia, nequicq; conatur. & alueus illum
In præceps prono rapit amni:
Contentumq; onera ut leuius fert uaſta, remiſſum
Opprimitur corpus facilè, sic
Intenti obsiſtunt animi, urgenturq; remiſſi.
Quæ tecum mediteris oportet
Noctes, atq; dies: quippè iſthæc latius olim
Manabit ratio: tum aliquantò
Maiorem præſtabit opem, quàm rere, Libido
Scilicet infrenis cohibetur
Hac duce, ueſanusq; furor compeſcitur iræ,
Quandoquidem si lumen honeſti
Aſpicies ſemper, fugies si turpe, doloris
Tutus non ſtimulos modò, uerum &
Fulmina fortunæ contemnas cuncta licebit.
Hæc memini muſam cecinisse

SYMB. CXXXIX.

Nuper uoce mihi liquida, quam summus eburno
Cum plectro genitor dedit olli,
Et cythara: ad cuius modulamina dulcia ludunt
In numerum Fauniq́;, feræq́;.
Hic ubi conueniunt nymphæ te PAVLE *uocantes,*
Vt PAVLVM *syluæ undique, & arua*
Cuncta sonent. Pater interea Sapina amne uadoso
Emergens, paruusq́; madenteis
Concretus multa crines Calamuscus harena
Ingeminant PAVLVM *simul omnes.*

MORS NORMA VITAE EST OPTIMA.

SYMB. CXL.

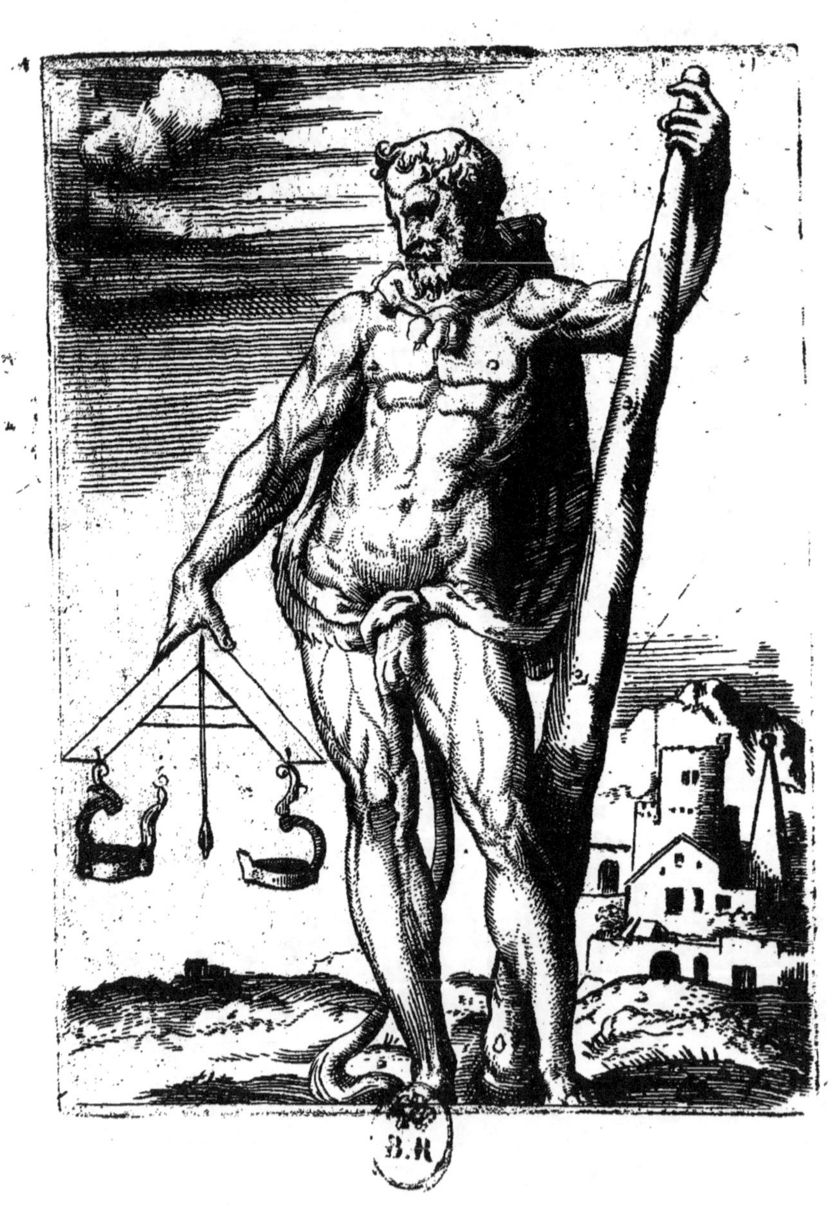

PHILIPPO GHISILIERIO.

SYMB. CXL.

Accensum dextra lychnum, extinctumq́; sinistra
  Ad perpendiclum hinc indè dioptra tenet.
Nodosa insignis claua, spolioq́; leonis,
  Hanc trutinat con[illegible] Amphitryoniades.
Librandæ hinc normam uitæ, mortisq́; notari
  Quid memorem? hæc ratio: hæc temperies animi est,
Quam præstans uirtute sua Fortis, sapiensq́;,
  Nil est quod timeat, quod doleat, cupiat.
Hæc tua erit iuuenis certissima notio, uitæ
  Optima libra. BENE EST VITA BEATA MORI.
Nanq; alius semper de alio, & tamen ille supremus
  Iudicat ipse dies de omnibus haud dubiè.

FERT TACITVS, VIVIT, VINCIT DIVINVS AMATOR.

SYMB. CXLI.

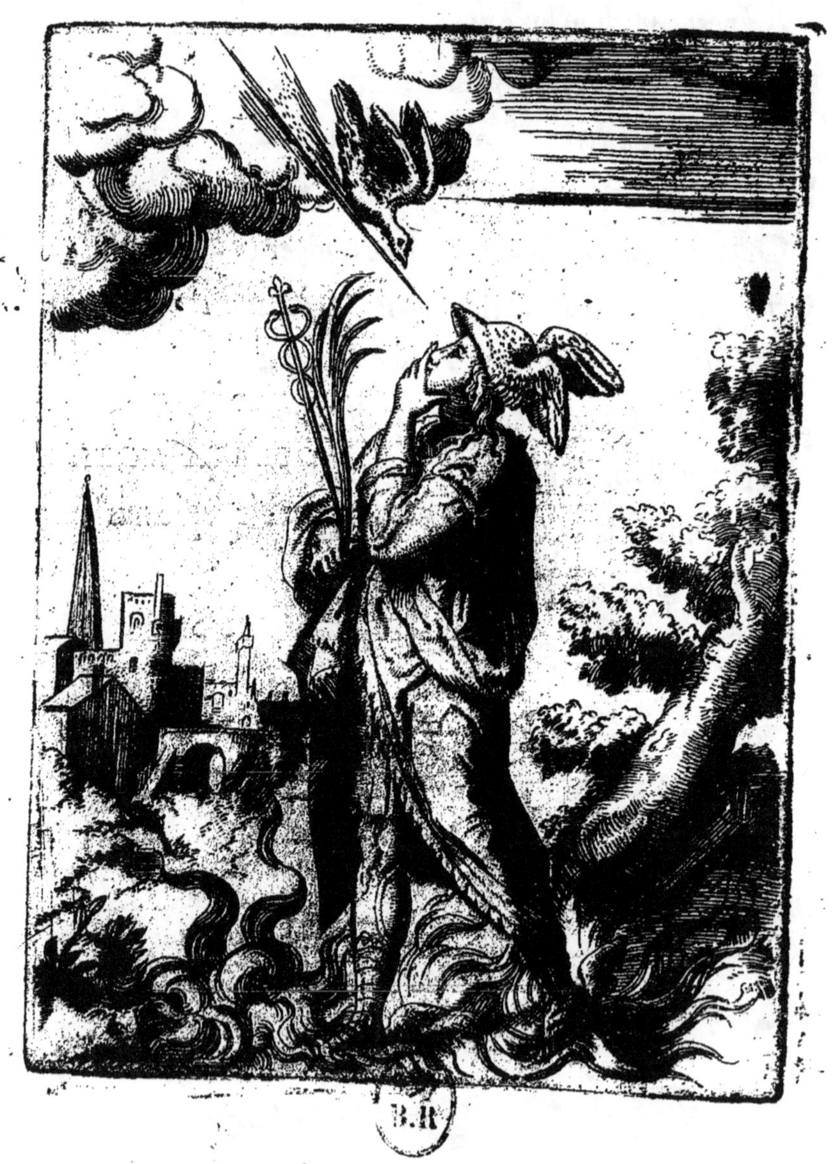

PEREGRINO ZAMBECCHARIO.

SYMB. CXLI.

Ardenti tacitus fero, uiuo uictor in igne,
Non ego diuino hoc igne mori dubitem.
Cernis ut ad patrium sublimis fertur olympum.
Huc nostra, undè orta est, mens simul approperat.
Eugè beate ignis zephyri aura incense supremi,
Mortale in nobis excoque quicquid inest.
Deniq; felici nos terq; quaterq; corona
Dignare, atq; tua perfice iustitia.

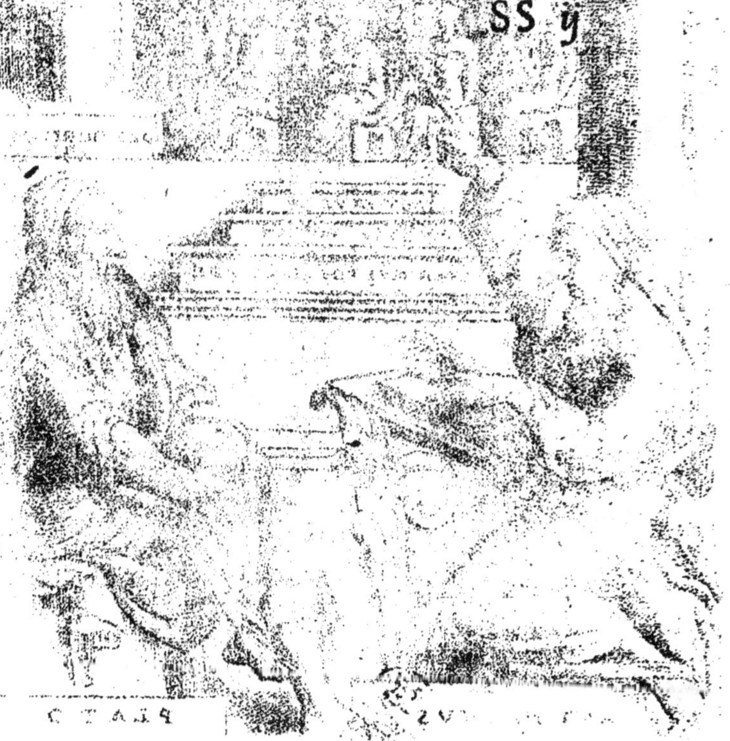

ΙΑΤΡΟΣ ΓΑΡ ΑΝΗΡ ΠΟΛΛΩΝ ΑΝΤΑΞΙΟΣ ΑΛΛΩΝ.

ʽΕΝ ΑΠΑΝΤΑ.

SYMB. CXLII.

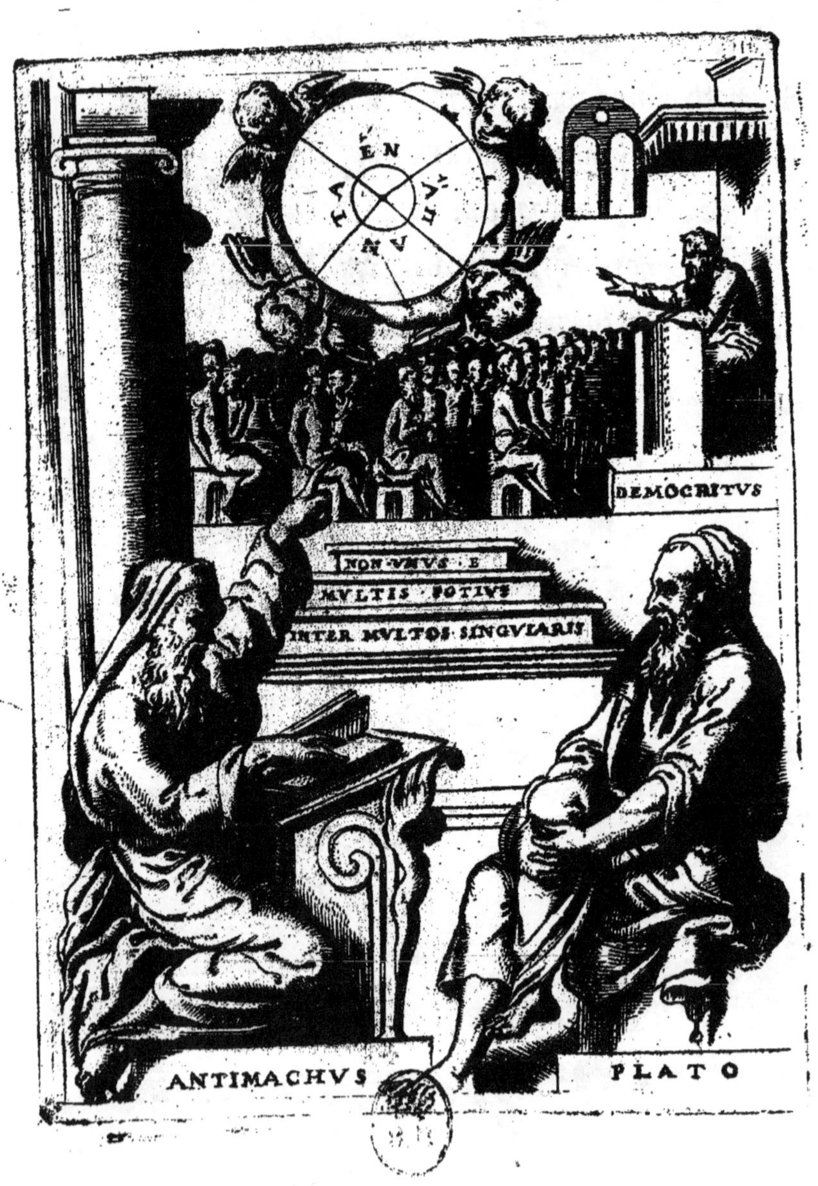

IANO VITALI POETAE CLARISS.

SYMB. CXLII.

Vt Cato pro centum Ciceroni millibus unus,
Vtq; Plato Antimacho olim omnium ad instar erat.
Scribo: Epicurus ait: non multis, at tibi amico,
Nanq; Theatrum ingens alter utriq; sumus.
Vnum pro populo, pro uno populum fore dixit
Quondam Abderites Physicus ille sibi.
Sic mihi lectores pauci satis, est satis unus,
Ac ne dissimulem sat quoq; nullus erit.
Dummodo Iane uelis mihi tu doctissime adesse,
Ipse Theatrum ingens, ipse Cato, ipse Plato es.
Quin, ut Democrito, populus pro uno est mihi, & ipse
Vnus pro toto sufficies populo.
Nam plus multò etiam, atq; alij uidisse uideris,
Complectens animo maxima quæq; tuo:
Vnum esse, una ui, uno constricta ingeniose
Consensu Naturæ omnia mirifico.
Quocunq; ingreditur Sapientia semper eadem est,
Instructu, atq; ornatu comitata suo.
Omnibus expicta, at perpaucis scripta dicatur,
Hæc oculos pascit dulcius, illa animum.

PHILOLOGIA SYMBOLICA.

MAGNAM HISCE HABENDAM GRATIAM LABORIBVS.

SYMB. CXLIII.

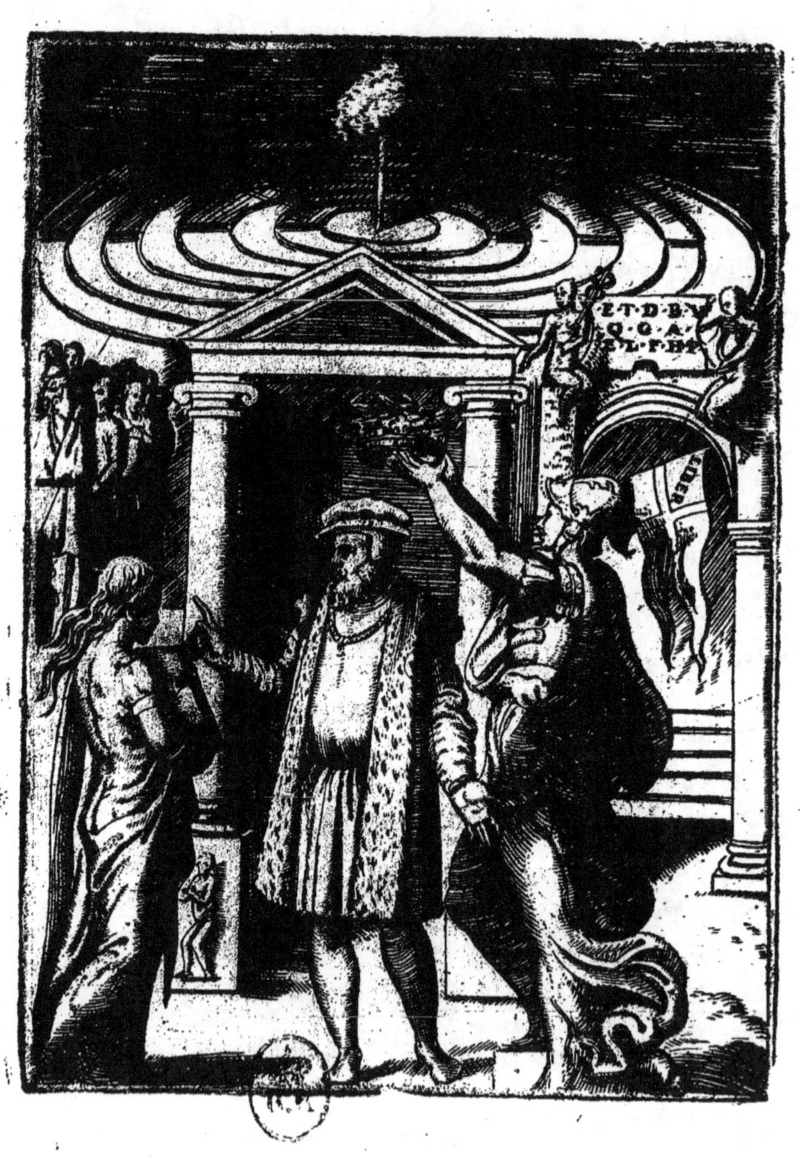

ALBERICI LONGI SALENTINI SYMBOLVM IN SYMBOLA ACHILLIS BOCCHII.

SYMB. CXLIII.

Hic labyrinthus erat tenebris contectus, & atris
Nubibus, hæ fuerant sæptæ adamante fores.
Quas duce Mercurio, Phœbóq; secundus Achilles
Fregit, & intrepidus per loca cæca ruit.
Quæq; olim in nebulis, somnóq; sepulta fuere
Symbola deduxit, symbolicamq; Deam.
Cernis ut optata iampridem luce fruatur,
Secteturq; sui uindicis illa pedes?
Negligit ut nigrum labens è uertice uelum;
Nudaq; cæsaries aurea tota micet?
Utq; uoluminibus gaudens incedat apertis;
Condita quæq; prius iam manifesta sient?
Cernis & ut duplici mulier formosa corona
Exornet uatis tempora docta sui?
Aurea prima datur, donata corona triumpho,
Hanc sequitur Phœbi laurea uatis amor.
Illa coronatrix mulier, bona Felsina dicta est,
Per quam stant uati pulchra tropæa suo.
Aspicis ut claris sint uerba inscripta tropæis?
Nunc lege, ut agnoscas quid sibi uerba uelint.
En tibi dat Bocchi uitam qui gentibus affers
E labyrinthæis flexibus hæc patria.

CAROLO RVINO ANTONII F. ET ISABELLAE FILICINAE RVINAE MATRI.

SYMB. CXLIIII.

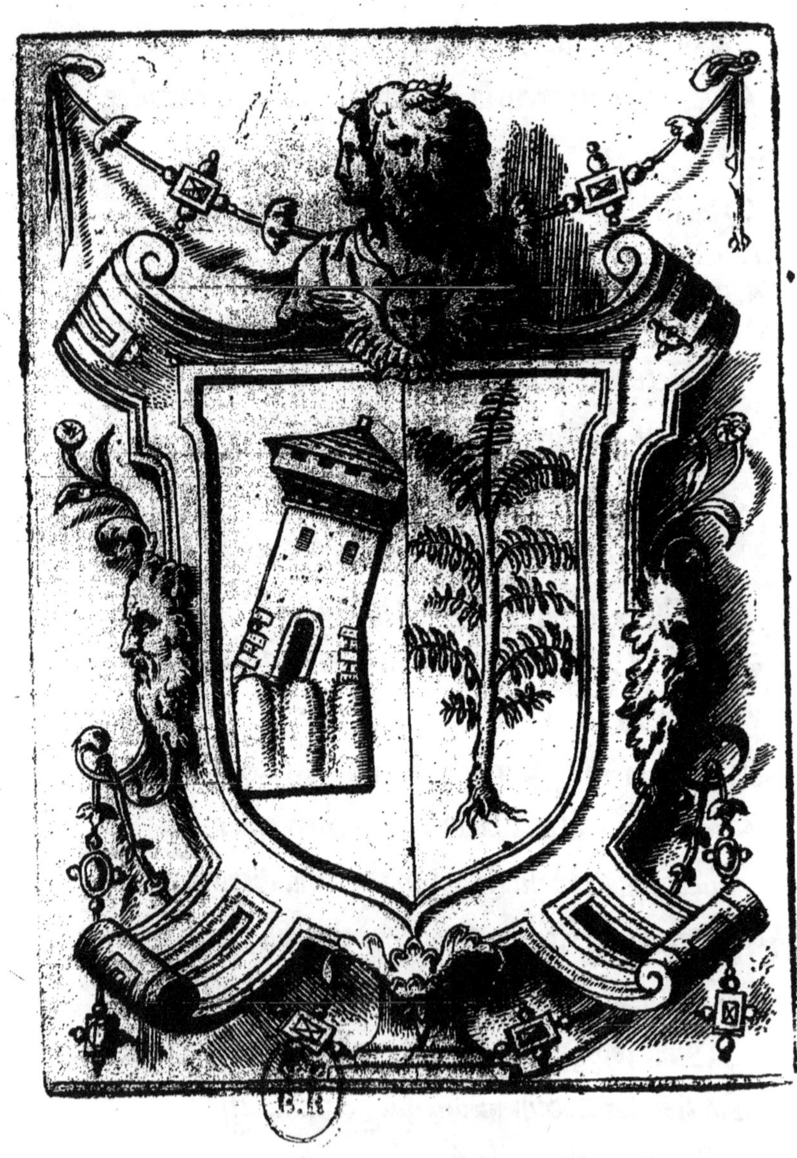

QVI FIDIT, SPERAT, QVI SPERAT PROFICIT INSTANS.

SYMB. CXLIIII.

Quam turrim uideo? Gentis domus illa Ruinæ est,
Cum celebrata satis, tum celebranda magis.
Atqui casuram dicas; casura uidetur,
Fallat ut inuidiam, non cadit illa tamen.
Mirum, sed quæso: tibi sic Di uota secundent,
Quæ uis tanta domum hanc liberat excidio?
Sustinet hanc humeris Virtus, fortuna, genusq;,
Nam tria signantur montibus ista tribus.
O firmas basses. Sed quænam insignia cerno
Iuncta his? obtinuit quæ Filicina domus.
Attamen illa filix torquet me, uera fatebor,
Non habita est etenim planta beata nimis.
Nonne beata nimis; talem florem unde Ruini
Antonij potuit carpere digna manus?
Floremne è filice? ecquisnam hic? Isabella pudoris,
Ac fidei exemplum, coniugijq; decus.
Dij tibi sint faciles, tua nec mala grando, nec imber,
Aurea perturbet germina casta filix.
Vis caput alatum est Mentis quæ tempora quæq;
Vel puncto absoluit temporis exiguo.
Deniq; felicem faciat Deus ille triceps, cui
Quæ fuerunt, quæ sunt, quæq; futura patent.
Quære, pete, insta, spe, officio, studioq; fideli,
Quæ cupis inuenies omnia, & accipies.

PYRRHO BOCCHIO FILIO
Ex mysticis aegyptiovrm litteris.

SYMB. CXLV.

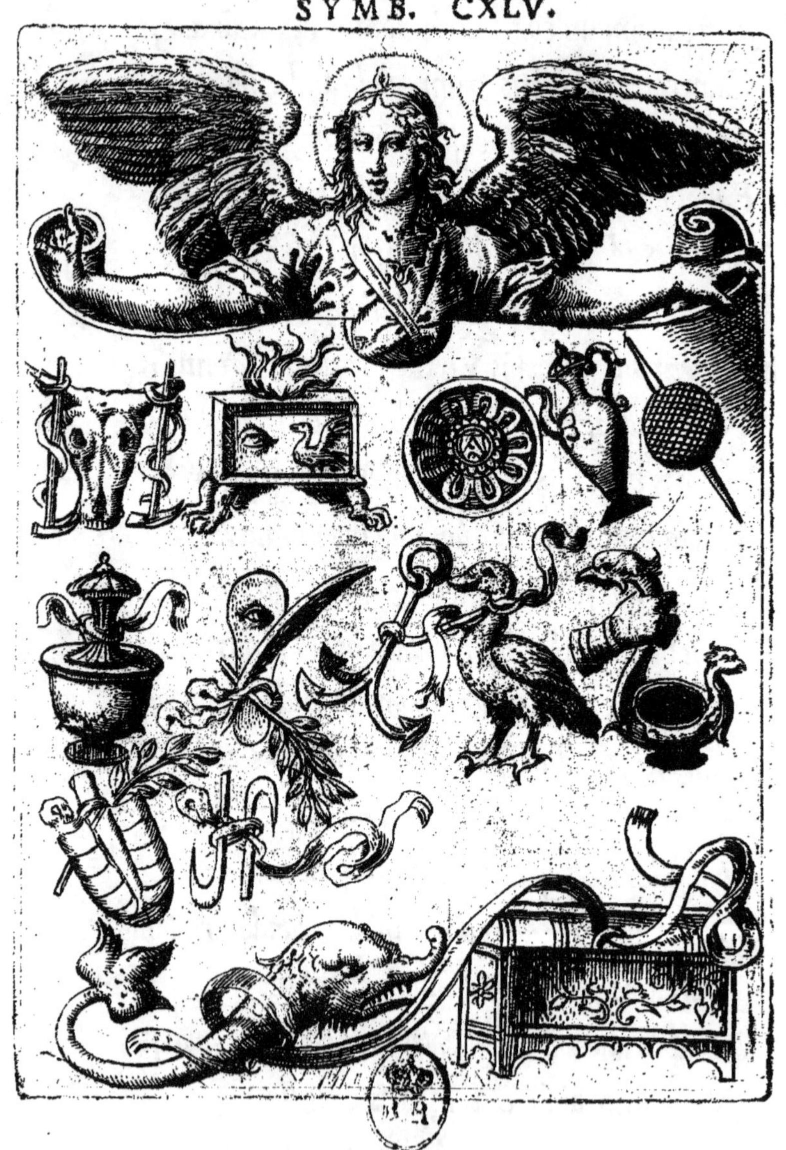

IVSTE, INNOCENTERQ. GENIVM COLAS TVVM.

SYMB. CXLV.

Quicunq; rebus uis benè tuis profici,
Numen tuum, & proprium Genium honore affice
Sibi debito, ut se familiarem præbeat
Ac seruet omni tempore illæsa omnia.
Custos fidelis, singularis, optimus
Cæcutientem ducit ipse te uidens,
Stultumq; sapiens, imbecillem fortis, &
Gnarus uiæ ignarum. ipse idem domesticus
Speculator, indiuiduus arbiter manet,
Inseparabilisq; testis: omnia
Seuerius mala improbat, probat bona,
Si ritè mens aduertitur, si sedulò
Cognoscitur, piè & colitur, ut attico
Ab socrate olim cultus esse dicitur,
Iustitia, & innocentia integerrima
Prospectat ille in rebus incertis, adest.
Præmonitor in dubijs, uiator diligens
Periculosis, opitulator omnibus
Potens egēnis, qui queat tum somnijs,
Signisq;, tum etiam fortè cum usus postulat,
Coràm bona tibi prosperare, auertere
Mala, excitare humillima, titubantia
Fulcire, clarare tenebrosa, sydera
Aduersa corrigere. Quid hoc salubrius
Dici potest magni Platonis dogmate?

IVLIO III. PONT. MAX.

SYMB. CXLVI.

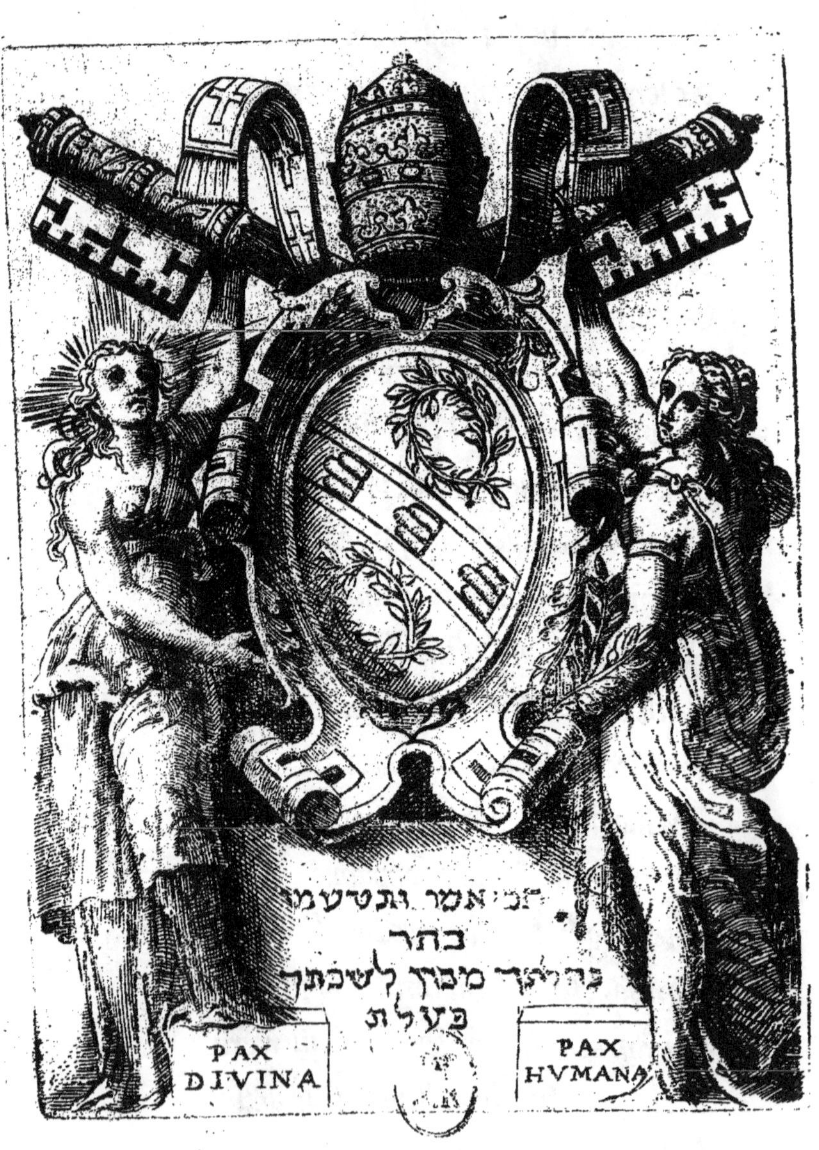

SYMB. CXLVI.

Trigeminus, eugè, Mons adest sanctissimæ
Hæreditatis, ubi supremus cælitum
Rex, pro benignitate, perductos sua
Nos collocabit, ubi statuet altam sibi
Domum, atq; sedem æternitatis inclytam,
Tandemq; lætis eriget mortalibus
Templum illud optatissimum, aureum optimi,
Pulcherrimi, iustissimiq; principis,
Vndè Benignitas interminata, Caritas,
Perfectioq; nos creat, nos allicit,
Beatq; dignatos corona duplici
Laurea: nempè una diuina, altera
Humana Pax est mentibus nostris data
De uiuida Virtute, de Prudentia,
Fide, Modestia, Aequitate, Gratia, hinc
Domi, ac foris ter maxima est felicitas.
Ergò ter ampliusq; IVLVM tertium
Clamemus, ut montes sonent ter maximum
IVLVM, IVLVM, & undiq; æquora omnia.

IN PSAL. CXV. PARAPHRASIS

NON ERGO nostræ gloriæ uictoriam à
Te cælitum Rex præpotens,
Non ergò nostræ gloriæ uictoriam à
Te, inquam, precamur, atq; si

SYMB. CXLVI.

Tanti merita sint nostra. sed ut impijs
Ne gentibus ludibrio
Sit nominis diuina maiestas tui.
Nos itaq; serua pro tua
Benignitate inenarrabili, & fide,
Quam olim dedisti, te optimum
Et maximum semper DEUM *nostrum fore.*
An obsecro diutius
Potes uidere, & perpeti, ut qui nos malè
Vexant, tui cum nominis
Iniuria dicant, ubi istorum est DEUS?
At noster in cœlo est DEUS,
Nihilq; non arbitrio facit suo.
Sed perditarum gentium
Simulacra inania, aurum, & argentum, & manu
Hominis opera facta omnia
Pro DIS *coluntur. artifex quidem his dedit*
Formam oris: at uocis tamen
Vsu carentem, quem nequiuit addere.
Oculos dedit etiam nihil
Quicq; uidentes, tum quibus nil hauriant
Aures. habent nares sine
Vlla ui odora. ad hæc manus nil tangere
Aptas, pedes nil ingredi,
Guttur nihil soni prorsum edere.
Sanè hisce confidant suis

SYMB. CXLVI.

Statuis inanibus homines uaniſſimi.
Tu MENS *amata, cui* Deum
Licet uidere, quanq; inaſpectabilem,
Omnem tuam fiduciam
Sitam in Domino *habeto: ipſe præſens ijs adeſt,*
Qui confugere ad eum ſciunt,
Illosq; liberat periclis omnibus.
O FORTIS, AVREI *Genus*
MONTIS BEATVM, AARON DOMVS, *confidite*
Domino: auxilio erit protinus
Quotquotq; dant ſe illi, uelut ſcuto teget.
Qui debita obſeruantia
Dominum colitis, huic fidite omninò sine
Dubitatione: ueſter enim
Adiutor, & uindex erit certiſſimus
Nunq; immemor noſtri fuit
Dominus. Proindè *& nunc benefaciet uiris*
Ipſum uidentibus piè
Benefaciet quoq; FORTIS, AC TER MAXIMI
MONTIS FAMILIAE *Olympicæ.*
Faciet idem uerentibus minoribus
Natu, atq; grandioribus,
Magis, magisq; beneficentiam in dies
Augebit erga uos ſuam.

SYMB. CXLVI.

Augebit inquam in uos, & omnes posteros.
Nam præter alios totius
Cœli, atq; terræ fabricator uos amat.
Cœlum hocce: uastum, inquam, arduum
Cœlum hocce sibi DOMINUS *reseruauit sine*
Humana ope. habitandas tamen
Laboriosis credidit mortalibus
Terras iacentes, à quibus
Coleretur inuiolatè, &, hymnis, & sacris
Honoribus perenniter.
Quod si DOMINE, *deleri ab impijs tuam*
Gentem sinis, laudes tuas
Quis prædicabit? Quis piè, & sanctè, ut decet,
Venerabitur te? an perfidi
Hostes, tuum sanctissimum nefariè
Qui nomen execrantur? an
Demortui? at terris nouam illi gloriam
Celebrare quí possint tuam?
Itaq; DOMINE *nos, atq; nostros posteros*
Saluos, & integros iube.
Non nominis nostri id quidem caussa, at tui.
Vt semper aliqua natio
Sit, quæ tuo sanctissimo adhibeat preces,
Cultus, honores, numini.

ΙΝΝΟΚΕΝΤΙΩ, ΤΩ ΙΕΡΩ, ΟΡΩ, ΒΟΥΛΕΥΤΗ. ΓΙΓΓΛΥΜΑΙΩ.

ΑΒΑΑΒΗΣ ΑΣΦΑΛΕΙΑ

ΣΥΜΒ. CXLIX.

Ἴχνεα τίς στάσιμα στερεώσει ὑπέρτατε πάντων
Νεῷ ἐν ἀγλαῷ σεῷ;
Νήνεμον εἰ τίς ὅρον σοῦ ἀνύσει, μήτι γε Ῥώμη,
Ὃν INNOKENTION καλεῖ,
Κηλῖδος ἐκτὸς ὅλης, νόμιος νημέρτεα φάσκων,
Ἐρῶν ἀλήθειαν σφόδρα.
Νητρεκέος τόδε θεσπέσιον σπούδασμα λόγοιο,
Τόσσ' εὐδοκίας ἔμπεδος
Ἱμερός. Εὐσεβείης ὀσφαντικὸς ἔνθεν ἐβλύσθη
Ὀσμός, πόθεν κλυτ' ἄδεια.

VV

SECVRITAS VERISSIMA INNOCENTIA.

SYMB. CXLIX.

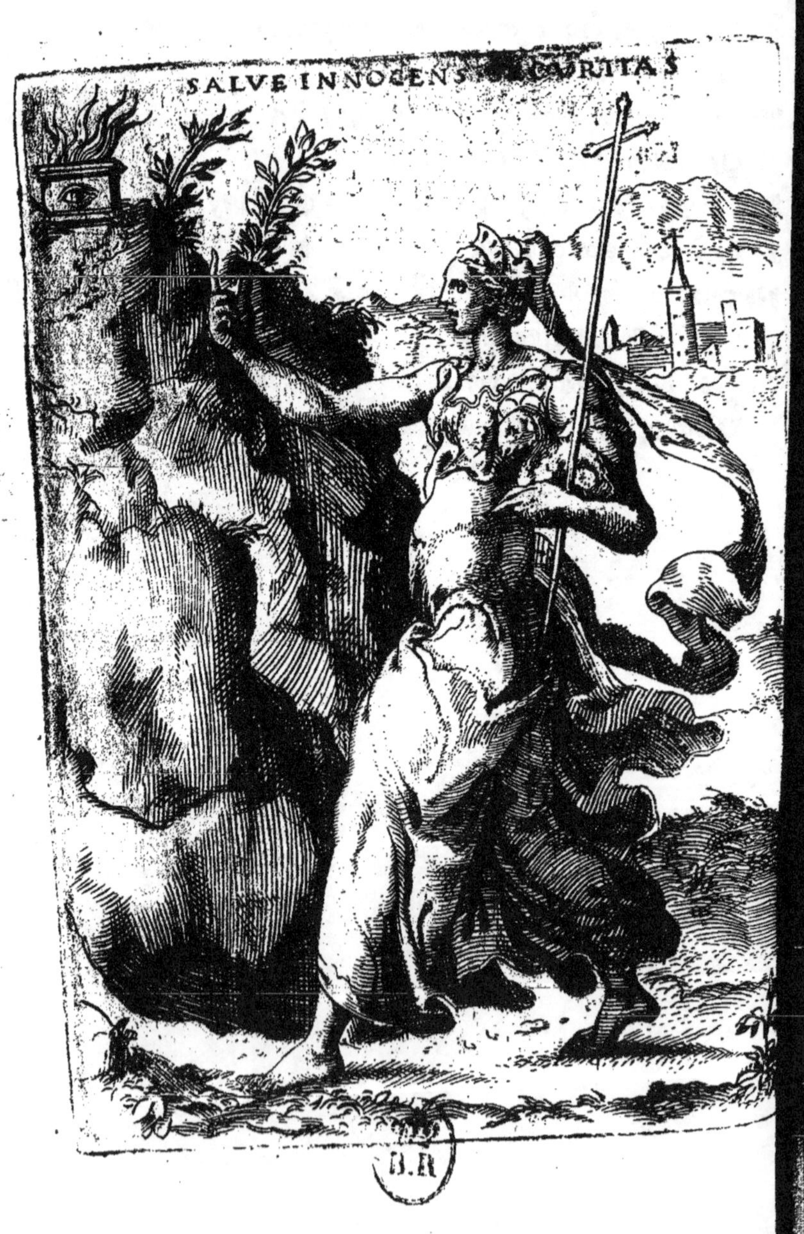

INNOCENTIO CARD. MONTANO APHORISMVS EX PSALMO XV. DAVIDIS.

SYMB. CXLIX.

Quis tua Cælicolum Pater optime, Maxime, templa
Beata tutus incolet?
Aut quis Olympiaca sancti requiescet in arce
MONTIS *tui? Nempè* INNOCENS
Integer & uitæ, macula semotus ab omni,
Qui ueritatem diligit.
Aeterni hoc studium illud inenarrabile uerbi, hæc
Iusti tenax fiducia
Propositi, expressa hinc solidæ pietatis imago,
Vnde inclyta est SECVRITAS.

ΕΙ ΘΕΟΣ ΥΠΕΡ ΕΜΟΥ, ΤΙΣ ΚΑΤΑ ΕΜΟΥ;
A ME DEVS SI EST, ECQVIS
ADVERSVM ME ERIT?
SYMB. CL.

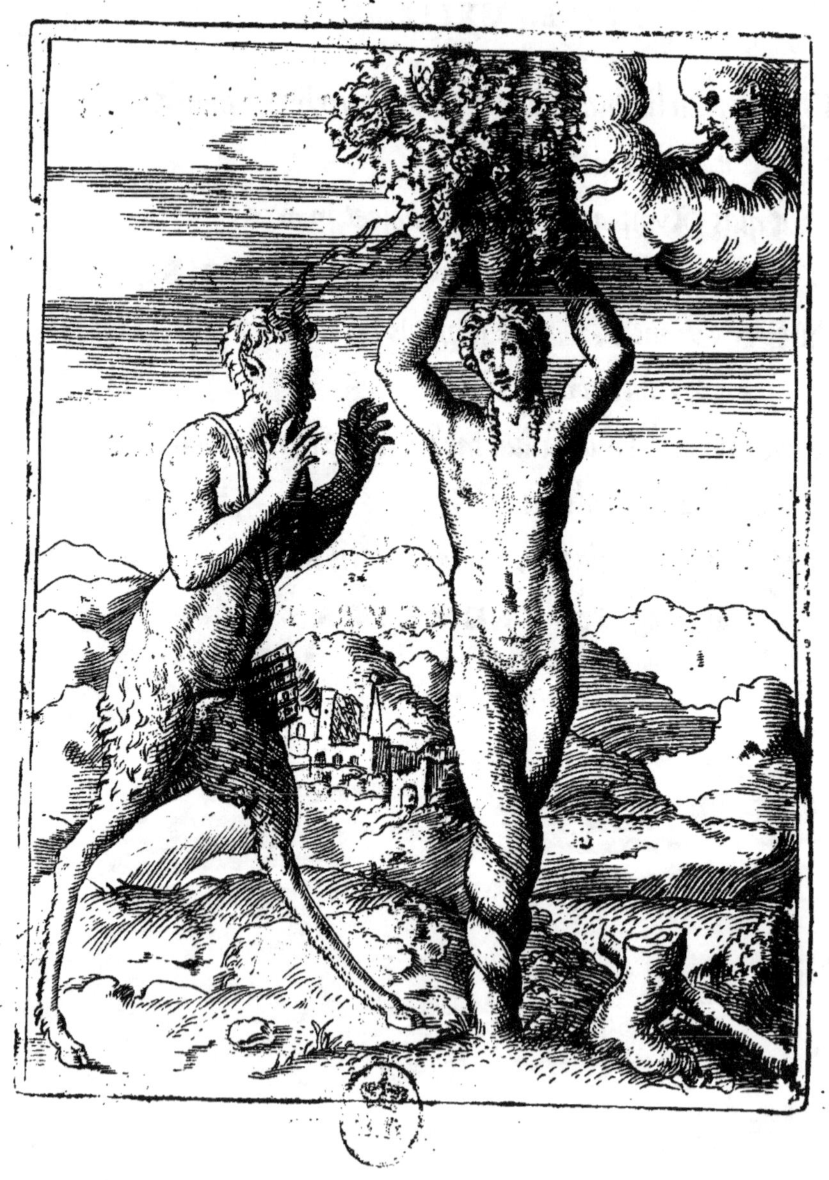

IO. BAPTISTAE PIGNAE PHILOSOPHO FERRARIENSI.

FABELLA BELLA PINVS EX PAVSANIA.

SYMB. CL.

Diui riuales duo quondam ardenter amabant
Formosam, Capripes Pan, Boreasq; Pitym.
Hanc sibi connubio iungi, propriamq; dicari
Instabat parili captus uterq; face.
Ipsa unum modò, detur si optio libera, malle
Pana, & Threicium posthabuit Boream.
Impatiens, ut sors ferè amantum est, ille repulsæ,
Mox furiali odio percitus infremuit,
Deprensam & fortè in medio uasti æquore campi
Adlisit duro soliuagam scopulo.
Mox terræ accepta in gremium cognominis arbor
Efficitur, sancta pro pietate Deum.
Eius perpetuos dein Arcas frondis honores
Præcinxit capiti pignora cara suo.
Iam licet aduertas, Borea spirante doloris
Antiqui memorem nunc quoq; flere Pitym.
Quid lacrymas formosa Pitys? si Pan tibi præsto est,
Quænam uis Boreæ tanta ut obesse queat?
Virtus Pan: Vitium Boreas: Anima est Pitys ipsa:
Diuina hanc pietas una beare potest.

OMNIA MENS SPECVLATVR, AGIT PRVDENTIA ET ARTE.

SYMB. CLI.

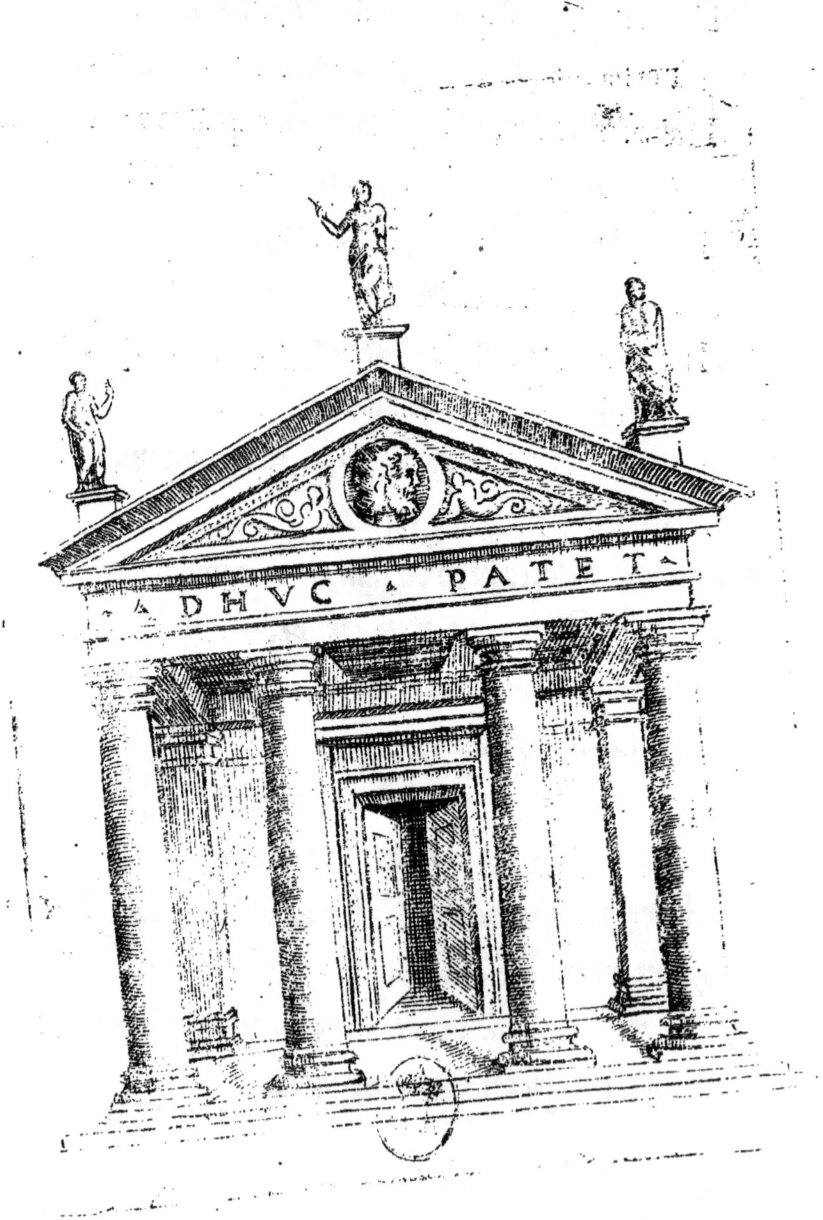

FRANCISCO BAIARDO PARMENSI.

SYMB. CLI.

Ingeniosa hominum, ac rerum Natura creatrix
Instrumenta dedit nobis duo maxima, quorum
Vti opera in primis extrinsecus instrumentis
Sit pote. corpori enim manus inserta est, animo mens.
Quippe recenseri mens inter maxima debet
Munera naturæ, hanc anima pater altus in ipsa
Haud secus accendit, q; lumen in igne corusco,
Quid quæris? duplex uis nostræ mentis habetur.
Hiñc gnaua inferior ratio, diuinior illinc
Mens ipsa, & longo sublimior interuallo.
Illa humana regit, diuina hæc suspicit altè
Contemplans, cœlo, & cœlestibus imperat astris.
Hinc tu IANE *bifrons, qui numine claudis aperta*
Clausa aperisq; tuo, modo nanq; Patulcius, idem
Et modo sacrifico uocitaris Clusius ore,
Cum reserare diem exoriens Sol crederis almum,
Claudere & occiduus spatiosi clauiger orbis,
Ianitor immensus superis, & manibus imis.
Da pater omnipotens in tempore ferrea nobis
Limina: adhuc quamuis pateant: tua claudere posse,
Expetit hoc Heros patriæ Baiardus amatæ
Octaui redeant fælicia secula pacis.

LIBRI QVINTI SYMBOLICA-
RVM QVAESTIONVM
FINIS.

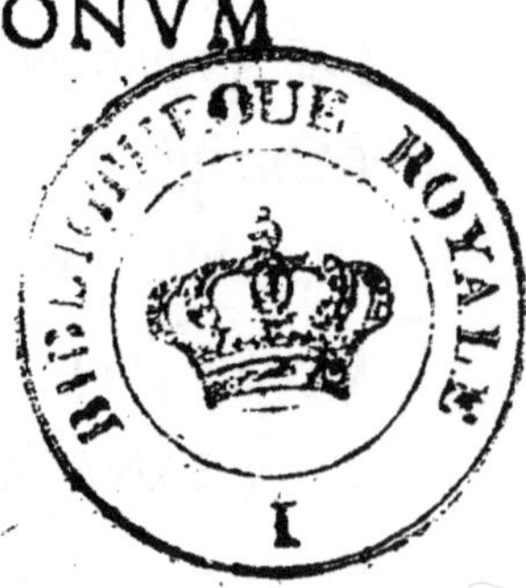

FATERIER PER QVEM PROFECERIS DECET.

HAEC nomina autorum omnium
Sunt, quos in opere hoc Bocchius,
Illiq; , per quos ipse iam
Profecit, & sequuntur, &
Passim citant. Tu candide
Lector boni fac consulas.
Ne profiteri deneges,
Si quid per hoc profeceris.
Benignum id, & plenissimum est
Pudoris integerrimi.

A

Abamnon philosophus.
Acarion.
Acesander.
Acestodorus.
Acro grammaticus.
Actius poeta.
Acusilaus.
Aelius, quem Varro audiuit.
Aelius Stilo.
Aemilius probus.
Africanus.
Agallius Cercyreus.
Agametor poeta pharsalius.
Agathon samius.
Agatocles.
Agroetus rerum scriptor.
Alceus.
Alcman poeta Lyricus.
Alexander Cocieus.
Alexander Mendesius.
Alexander philosophus.
Alexander pleuronius.
Alexander polyhistor.
Ambrosius Theologus.
Ammianus Marcellinus.
Anacreon.
Anaxagoras.
Anaximander.
Andreoclides.
Andro Teius.
Andromachus ἐν ἐτυμολογικοῖς.
Androtio.
Anticlides.
Antigonus.
Antimachus Colophonius
Antiochus Historicus.
Antipater poeta.
Antiphon.
Aphtonius Rhetor.
Apollodorus, qui de temporibus graecè scripsit.
Apollonius Grammaticus in catalogo nauium.
Apollonius Molonis.
Apollonius poeta.
Appianus Historicus.
Appio.
Aprisius.
Apronianus.
Apuleius grammaticus.
Apuleius philosophus.
Aratus poeta.
Archadius Antiochenus grammaticus.
Archemachus.
Aristanetus.
Aristarchus.
Aristides Orator.
Aristodemus.
Aristonicus.
Aristophanes grammaticus.
Aristophanes veteris comœdiæ poeta.
Aristoteles.
Aristus Salaminus.
Arrhianus philosophus, & scriptor rerum.
Artemidorus, qui fecit Epitomē Geographiæ.
Artemon.
Asclepiades.
Asconius pedianus.
Asinius Capito.
Atheneus.
Atrometus.
Atticus.
Aufustius.
Augustinus Theologus.
Auienus.
Aulus Gellius.
Ausonius poeta.

B

Bacchylides poeta.
Basilius Magnus.
Bembus.
Berosus.
Bocchus Rex.
Boethus Seuerinus.

A ij

Pomponius iuriscons.
Pomponius mella.
Porphyrio gramm.
Porphyrius philosophus.
Posidippus poeta.
Praxillas.
Priscianus gramm.
Probus gramm.
Proclus philosophus.
Procopius.
Proculus iuriscons.
Propertius poeta.
Proxenus.
Prudentius.
Pythagoras.
Pythocles.

Q

Quintilianus.
Quintus Calaber poeta.
Quintus Curtius hist.
Quod vult Deus qui ad Augustinum scripsit.

R

Rhemnius Fannius.
Rhianus.
Rhinton poeta.
Rufinus.

S

Sallustius.
Scamnon.
Sedulius.
Seleucus.
Seneca philosophus.
Seneca trag. poeta.
Serapion Ascalonites.
Serenus Sammonicus.
Seruius gramm.
Sestius.
Seuerianus Theologus.
Sextus philosophus.
Sibila.
Sidonius.
Silenus.
Silius Italicus.
Simonides.
Socrates.
Solinus.
Sophocles poeta.
Sophocleus gramm.
Sophron mimmograph.
Sositheus.
Sostratus, qui res Turchanicas scripsit.
Sozomenus philosophus.
Speusippus Platonicus.
Statius poeta.
Stephanus, qui de vrbibus scripsit.
Strabo.
Suidæ commentarij.
Suidas hist.
Symmachus.
Synchus Rhetor.

T

Terentius.
Tertullianus.
Thæetus.
Themistius
Theocritus Theologus.
Theogenes, qui de rebus Macedonicis scripsit.
Theon gramm.
Theophylactus Theolog.
Theophrastus philosoph.
Theopompus.
Thoas poeta.
Thrasibulus.
Thucydides hist.
Tibullus.
Timæus.
Timagnetus.
Timonax, qui Scythica scripsit
Tranquillus.
Triphon.
Triphiodorus poeta.
Trogus pompeius.

V

Valerius Flaccus.
Valerius maximus.
Varro.
Vegetius.
Virgilius Maro.
Verrius Flaccus.
Vibius sequester.
Vlpianus Iuriscons.

X

Xanthus Lydius.
Xenagoras.
Xenophon Ephesius Hist.
Xenophon philosophus.

Z

Zeno Stoicus.
Zenobius Hadriani temporibus Rhetor.
Zenodotus gramm.
Zosimus.

HACTENVS AVTORES CVRAVIMVS ADIICIENDOS.

VT QVEIS VALLEMVR PRAESIDIIS PATEAT.

ΣΥΝΤΑΓΜΑ.

SYMBOLICARVM QVAESTIONVM CLI. IN CLASSES QVATTVOR DISTRIBVTIO THEOLOGICA SEV ΤΑ ΜΕΤΑ ΤΑ ΦΥΣΙΚΑ PRIM. CLAS.

EX LIBRO PRIMO.

EX LIBRO SECVNDO PRIMAE CLAS.

Quæ sunt supra nos pertinere ad nos nihil.
Qui scire scit se nil, sapit.111.

pag.124.

Opinionibus sopitis firmiter
Tenenda capta ueritas.

EX LIBRO TERTIO PR. CLASS.

pag.132.

Silentio Deum cole.
Sæpe loqui nocuit, nunquam nocuit tacuisse.133.
Reuocanda mens à sensibus.
Diuina cui mens obtigit.133.

pag.154.

Omnia cui cedunt diuino cedat amori.
Pan uictus à cupidine in lucta cadit.155.

pag.160.

Vera in cognitione Dei cultuq; uoluptas.
Sic fruimur dulci nectare & Ambrosia.161.

pag.162.

Sculptoris iam nunc Ganymedem cerne Leocræ,
Pacati emblema hoc corporis, atque animi est.
Pax est læta pijs usque domi atque foris.163.

EX LIBRO QVARTO PR. CLAS.

pag.202.

Arcana quærens curiosius perit.

EX LIB. V. PR. CLAS.

pag.276.

Summum bonum præstat fides.
Fidem intimus amor in Deum.
Rite ipse cultus omnia.

Summa petat quicunque bonum summum expetit .277.

*pag.*284.

Mens orbem illustrat, retinet sapientia mentem.

Hæc est lucerna pensilis Farnesij.285

*pag.*298.

Præseferens librum Leo.

Alatus ille quid notet;

Hoc *nanque* Venetûm *est* Symbolum.

*Pax tuta est semper auspice iustitia.*299.

*pag.*314.

ΕʹΝΤΕΛΕΧΕΙΑ ΨΥΧΗʹ.

*pag.*326.

Fert tacitus, uiuit, uincit diuinus amator.

*pag.*328.

ΕʹΝ ΑΠΑΝΤΑ.

*pag.*341.

Αβλαβείης ἀσφάλεια.

*Securitas uerißima innocentia.*342.

IN SECVNDA CLAS. SVNT PHYSICA.

EX LIBRO PRIMO.

*pag.*11.

Riualitas *cupidinis durißima.*

M*agno ex amore sæpe magnus est timor.*13.

*pag.*14.

Amor negociosus est in ocio.

Q*uantum poßit amor, qui uitam in morte ministrat.*15.

*pag.*16.

M*edio de fonte leporum, surgit amarì aliquid*

C*omes uoluptatis dolor.*

EX LIB. II. SECVND. CLAS.

*pag.*82.

Cæcus qui pulchri non cernit lumina solis.

pag:20.

EX LIB. II. TERT. CLAS.

EX LIB. III. TERT. CLAS.

pag.179.

Fœlicitas prudentiæ
Et diligentiæ ultima est.

pag.184.

Iudex ineptus peste peior peßima
Coccygis & lusciniæ contentio.
Offensio aspera ex inepto iudice.185.

pag.186.

Compendiosa fama quæ & pulcherrima
Talis qualis haberi amabis, esto.
Cupido nimia gloriæ.
Plerosque transuersos agit.187.

pag.188.

Obruit inuidiam non ultio sed benefacta
Votum Herculi Ferrariæ duci inclyto,189.

EX LIB. QVART. TER. CLAS.

pag.196.

Valere plurimum celeritatem ad lucrum.

pag.198.

Semper suorum curam habendam regibus.

pag.200.

Quatefieri nullo impetu mentem bonam.

pag.204.

Non appeti debere gloriam, at sequi ueram
Inuidia enim peßima hac uincitur.

pag.206.

Vita est sine querella optima.

pag.212.

Fides ex bonitate charitasq;
Ac spes, est decus inde sempiternum.

pag.216.

Vulgò est minor lucello Honor
Frequentiam ad spectacula

pag. 266.

Virtutis & fœlicitatis ormula.

pag. 272.

Vsum magistrum unum optimum:
Et decus, & pretium recte fert experiens uir .273.

pag. 290.

Nec uixit male, qui natus moriensq; fefellit.

pag. 291.

ΛΑ´ΘΕ ΒΙΩ´ΣΑΣ.

pag. 298.

Præ se ferens librum Leo
Alatus ille quid notet.
Hoc nanque Venetûm est Symbolum
Pax tuta est semper auspice iustitia.299.

pag. 300.

Scenæ (quod aiunt) seruiendum, & tempori.

pag. 333.

Qui fidit sperat, qui sperat proficit instans;
Fastum is desidiam pigritiemq; fugit.

pag. 334.

Ex mysticis Aegyptiorum literis.
Iuste, innocenterq; Genium colas tuum. 335.

IN QVARTA CLASSE SVNT PHILOLOGICA.

EX LIBRO PRIMO.

pag. 4.

Pictura grauium ostenduntur pondera rerum,
Quæq; latent magis hæc per mage aperta patent.

pag. 30.

Vitæ immortalis studio mors temnitur atra.

pag.38.

Mors fortib. finis malorum est omnium.

pag.42.

Principium ac finem Princeps habet ab Ioue summo

pag.50.

Suspecta iure est in superbo comitas.

Εἰς ὄγκον τοῦ ἀσεβῶς πλεονεκτικοῦ. 51.

pag.52.

Intempesta dies: ut nox est desidioso,

In lentum inertem, & ociosum turpiter. 53.

pag.54.

Pabula læta animi hæc ne sperne, lætaberis ultrò.

Hoc illud Bocchi est nobile symposium.

Mensæ domesticæ decem hæc sunt Symbola. 55.

EX LIB. SECVNDO CLAS. IIII.

pag.72.

Ille Dei facile est quisquis sapientiæ amator.

Dura pati didicit plurima quisquis amat.

pag.74.

Ars docta naturam æmulatur, ut potest.

Quin uincit, usus dum adsit, & durus labor.

Quis agere mensuram ullius rei potest.

Si nescit ipsemet sui? 75.

pag.88.

Hic Hercules est Gallicus

Intelligat qui aures habet.

Cura et labore perfici eloquentiam. 89.

pag 102.

Ex disputatione ueritas patet,

Contentione euertitur. 102.

In disputatione turpis est

Rixosa concertatio. 103.

pag.122.

EX LIB. III, QVART. CLASS.

EX LIB. IIII. QVART. CLAS.

pag.258.
Qualem uirum præstare principem decet.
pag.265.
Nemo absque temperantia à diuina ope
Ritè impetrata profici putet sibi.263.
pag.270.
Aduersus iram Symbolum
Mos est nocentum lædere innocentiam.
Agni innocentis uindici integerrimo
Iure hoc dicatur Reginaldo Nerlio.271.
pag.281.
Ineptijs hominum uoratis unica
Intelligenda ueritas.
pag.295.
Quam sese cunque in partem sapiens dederit, stat.
pag.304.
Ars Rhetorum triplex, mouet, iuuat, docet.
Sed præpotens est ueritas diuinitus.
Sic monstra uitiorum domat prudentia.
pag.307.
Summa omnia tenet, scire qui scit se nihil.
pag.309.
Contemptio mortis metu cor liberat.
pag.317.
Prudens ac fortis ratio, meditatio, & usus
Edocet omnipotens omnia dura pati.
pag.324.
Mors norma uitæ est optima.
pag.330.
Magnam hisce habendam gratiam laboribus.

FINIS.

INDEX PERSONAR. ET. RER. QVAE IN HOC OPERE CONTINENTVR.

B

Q

Quatuor

FINIS.

OMISSA QVAE PONENDA SVNT LOCIS SVIS.

In calce prioris Symboli Alex. Farn. cuius principium est.

Pudicia Phoebi

Illa tria restituantur ab hoc carmine

Nam simul inuentum aut perfectum nil fuit vnquam.

Si rudia ista polire aliquis dignabitur olim,
Aut defecta explere, id forsitan efficietur
Quod cum fructu aliquo multos cognosse iuuarit.

Addatur item hoc Symbolum pag. 89.

SIC ANIMAE DVCTRIX, OBLECTATRIXQ. SVADA, A LVCIANO FINGITVR.

Quis capite inculto, glabro, canoq; Senex hic,
Qui cute rugata languidus, & victus,
Torridus, & qualis extrema sæpe senecta
Artifices vstos cernimus esse manu?
Gallicus Alcides est Ogmios, omnia quamuis
Hunc fore quam Alcidem tu mage crederis.
Monstrifica usque adeo est species, & ab Hercule abhorrens.
Illo qui grays pingitur in tabulis.
Cumq; huiuscemodi is sit, habet nihilominus omnem
Cultum, & gestamen verius Herculeum.
Fertq; Leonino (vt iam dudum) tergore amictus
Clauam dextra, arcum læua, humero pharetram.
Insidet excelso curru, ingentemq; triumphans
Turbam hominum vinctos auribus inde trahit.
Sunt tenues auro, atque Electro vincla chatenæ,
Quas pertusa tenet lingua regitq; Dei.
Temoni instantes firmant vestigia tauri,
Flammata geminus quos face pellit Amor.
Dic age Calliope quid imago hæc vult sibi? nempe est
Qui vetus Alcides Iunior is fuerat.
Olim Mercurius: nimirum dia facultas
Dicendi tardo præualet in senio.
Mens volucris iuuenum, instabilisq; vocata poetis:
Et meritò. at semper firma, grauisq; senum.
Propterea vates Smyrnæus mel senis olim
Fluxisse è dulci Nestoris ore canit.
Florida Troianorum oratio creditur esse.
Ad linguam vinctos auribus ille trahit?
Ne hoc est cur mirere quidem. cognatio linguæ,
Aurium & ipsarum cognita si tibi sit.
Auro diuina, ast Electro humana notatur
Cognitio, maius qua nihil aut melius.

Addatur pag. 111.

TIRESIAS FVSCAERARIVS.

Addatur pag. 114.

ALEXANDER ZAMBECCHARIVS.

Addantur etiam hæc in fine Symboli illius.

ALEX. CAMPEGII CARD. pag. 253.

IOANNI CAMPEGIO EPISCOPO BONON.

SVNT GENTILITIA HAEC INSIGNIA CAMPEGIORVM.

FELIX CVI VIGILAT, PIETASQ. FIDESQ. PERENNIS

Campegiæ præclara vides insignia gentis,
Quam multa Heroum lumina nobilitant,
Dextra semiaquila, at læua latrator Anubis
Absistit, reliqua est Aurea planities.
Omnibus aduigilat custos fidissimus iste
Nocte, dieq; bonis, grata sed illa Deo.
Immortale aurum: felix æquiq; boniq;
Campus, vbi & pietas floret & alma fides.
Fœlices, quibus hæc semper duo nomina summus
Iuppiter, aut virtus viuida adesse iubent.

Addatur item hoc carmen pag. 333.
post illud cuius initium est.

QVI FIDIT SPERAT, QVI SPERAT PROFICIT INSTANS

FASTVM IS DESIDIAM PIGRITIEMQ. FVGIT.

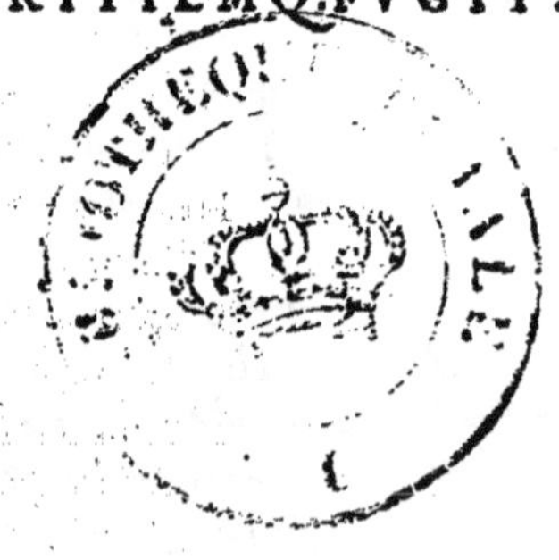

ERRATA QVAE LEGVNTVR HOC PASSIM LIBRO.

Pagina.	Versu.	Errata.	Corrige.
6.	27.	*constiui*	*constitui*
8.	7.	*huiusoperis*	*huius operis*
11.	9.	*vostris*	*uestris*
17.	11.	Namq;	Nànq;
23.	19.	*viuat*	*iuuat*
31.	14.	*delatus*	*delapsus*
33.	13.	*meus.*	*meus*
36.	1.	ANINI MAGNITVDO	MAGNITVDO ANIMI
37.	11.	*duceretur.ad necem*	*duceretur ad necem*
43.	10.	*que*	*quæ*
44.	1.	PRESTO	PRAESTO
45.	1.	*militans*	*militaris*
51.	1.	ΑΣΤΕΙΣΩ	ΑΣΤΕΙΩΣ
57.	1.	IN MATERIAM	MATERIAM
66.	7.	Teterimo	Teterrimo
66.	8.	*purißimisq; presto*	*Purißimusq; præsto*
69.	7.	*alterutruum*	*alterutrum*
75.	9.	*sapit intus*	*sapit. intus*
79.	8.	*quidam petit*	*quidam quærit*
81.	3.	*gestaret*	*gestares*
83.	1.	AMCORVM	AMICORVM
87.	3.	*Ecce coràm tropæa*	*Ecce tropæa*
87.	8.	*anteuenit, Pallada*	*anteuenit Pallada,*
103.	2.	*excusa*	*excussa*
107.	12.	*Prcuerbium*	*Prouerbium*
121.	17.	*ætærnæ*	*æternæ*
128.	3.	*ponit: non sinit*	*ponit: se non sinit*
137.	2.	*atq;*	*atq;*
151.	6.	Namq;	Nànq;
155.	10.	*nostrnm*	*nostrum*
155.	11.	*vict oria*	*victoria*
161.	4.	*corporis? ast*	*corporis, ast*
165.	8.	*magnitudnem*	*magnitudinem*
209.	10.	*desijungere*	*disiungere*
251.	3.	*cor ergò Deus est.*	*cor Deus ergò est.*
322.	7.	*fimuine*	*flumine*
334.	2.	AEGYPTIOVRM.	AEGYPTIORVM.

SERIES CHARTARVM.

A secundo folio, ponatur illud, cuius initium est.

VICTORIA EX LABORE &c.

In reliquis autem seruetur hic ordo.

A B C D E F G H I K L M N O P Q R S T V X Y Z AA BB CC DD EE FF GG HH II KK LL MM NN OO PP QQ RR SS TT VV A B C D E.

KK est ternio, reliqui omnes duerniones.

www.ingramcontent.com/pod-product-compliance
Lightning Source LLC
LaVergne TN
LVHW010532100826
845148LV00001B/166

* 9 7 8 2 0 1 2 5 2 1 8 6 5 *